TROPEN

Reni Eddo-Lodge

WARUM ICH NICHT LÄNGER LÄNGER MIT WEISSEN ÜBER HAUTFARBE SPRECHE

Aus dem Englischen von
Anette Grube

SACHBUCH

Tropen
www.tropen.de
Die Originalausgabe erschien unter dem Titel
»Why I'm No Longer Talking To White People About Race«
im Verlag Bloomsbury Publishing, London
© 2017, 2018 by Reni Eddo-Lodge
Für die deutsche Ausgabe
© 2019 by J. G. Cotta'sche Buchhandlung
Nachfolger GmbH, gegr. 1659, Stuttgart
Alle deutschsprachigen Rechte vorbehalten
Printed in Germany
Cover: Zero Media GmbH, München
unter Verwendung eines Entwurfs von
Greg Heinimann, Bloomsbury Publishing
Gesetzt in den Tropen Studios, Leipzig
Gedruckt und gebunden von CPI – Clausen & Bosse, Leck
ISBN 978-3-608-50419-4

Zweite Auflage, 2019

Bibliografische Information der Deutschen Nationalbibliothek
Die Deutsche Nationalbibliothek verzeichnet diese Publikation
in der Deutschen Nationalbibliografie; detaillierte bibliografische
Daten sind im Internet über http://dnb.d-nb.de abrufbar.

Für T & T

Inhalt

Vorwort

Am 22. Februar 2014 veröffentlichte ich einen Post auf meinem Blog. Ich gab ihm den Titel »Warum ich nicht länger mit Weißen über Hautfarbe spreche«. Er lautete:

Ich spreche nicht länger mit Weißen über das Thema Hautfarbe. Das betrifft nicht alle Weißen, sondern nur die große Mehrheit, die sich weigert, die Existenz von strukturellem Rassismus und seinen Symptomen anzuerkennen. Ich kann mich nicht mehr mit der emotionalen Distanz auseinandersetzen, die Weiße an den Tag legen, wenn eine Person of Colour von ihren Erfahrungen berichtet. Man sieht, wie sich ihr Blick verschließt und hart wird. Es ist, als würde ihnen Sirup in die Ohren gegossen, der ihre Gehörgänge verstopft. Es ist, als könnten sie uns nicht mehr hören.

Die emotionale Distanz ist die Folge eines Lebens, in dem sich jemand vollkommen unbewusst darüber ist, dass seine Hautfarbe die Norm darstellt und alle anderen davon abweichen. Bestenfalls wurde Weißen beigebracht, nicht zu erwähnen, dass People of Colour »anders« sind, falls es uns beleidigt. Sie glauben wirklich, dass die Erfahrungen, die sie aufgrund ihrer Hautfarbe gemacht haben, universell sein können und sollten. Ich kann mich nicht mehr mit ihrer Verwirrung und Abwehrhaltung auseinandersetzen, wenn sie versuchen mit der Tatsache klarzukommen, dass nicht alle die Welt so erleben wie sie. Sie mussten nie darüber nachdenken, was es – in Bezug auf Macht – bedeutet, weiß zu sein, und jedes Mal, wenn sie auch nur vorsichtig daran erinnert werden, interpretieren sie es als Affront. Ihr Blick verschleiert sich vor Langeweile oder funkelt vor Empörung. Ihre Lippen beginnen zu zucken, während sie in den Defensivmodus schalten. Sie räuspern sich, weil sie dich unterbrechen wollen, können es kaum erwarten, das Wort zu ergreifen, hören aber nicht wirklich zu, weil du unbedingt wissen sollst, dass du sie falsch verstanden hast.

Der Weg zum Verständnis von strukturellem Rassismus fordert von People of Colour immer noch, weißen Gefühlen Priorität einzuräumen. Auch wenn sie dich hören können, hören sie nicht zu. Es ist, als würde etwas mit den Worten passieren, kaum haben sie unseren Mund verlassen und ihre Ohren erreicht. Die Worte stoßen auf eine Barrikade des Leugnens und können sie nicht überwinden.

Es besteht keine emotionale Verbindung. Das ist nicht wirklich überraschend, weil sie nicht wissen, was es bedeutet, eine Person of Colour als wahrhaft ebenbürtig anzunehmen, als Person mit Gedanken und Gefühlen, die genauso berechtigt sind wie ihre. In dem Film *The Color of Fear*[1] von Lee Mun Wah sah ich People of Colour in dem Bemühen, einen starrköpfigen weißen Mann davon zu überzeugen, dass seine Worte ihnen einen weißen rassistischen Standard auferlegten und fortführten, in Tränen ausbrechen. Die ganze Zeit starrte er verständnislos und vollkommen verstört von ihrem Schmerz vor sich hin, bestenfalls trivialisierte er ihn, schlimmstenfalls zog er ihn ins Lächerliche.

Ich habe früher schon darüber geschrieben, dass diese weiße Verweigerung der allgegenwärtigen Politik der Hautfarbe entspricht, die mit der ihr eigenen Unsichtbarkeit arbeitet. Ich kann nicht länger mit Weißen über Hautfarbe sprechen – wegen der konsequenten Verleugnung, der ungeschickten Räder, die sie schlagen, und der geistigen Akrobatik, die sie vollführen, wenn sie darauf aufmerksam gemacht werden. Wer will schon auf eine Systemstruktur hingewiesen werden, die ihm auf Kosten anderer Vorteile bringt?

Ich kann dieses Gespräch nicht mehr führen, weil wir es oft von völlig unterschiedlichen Orten aus angehen. Ich kann mit ihnen nicht über die Einzelheiten eines Problems reden, wenn sie nicht einmal die Existenz des Problems anerkennen. Schlimmer noch ist die weiße Person, die willens ist, die Möglichkeit von besagtem Rassismus einzugestehen, aber glaubt, dass wir dieses Gespräch als Ebenbürtige führen. Das tun wir nicht.

Ganz zu schweigen davon, dass es für mich eine durchaus gefährliche Sache ist, ein Gespräch mit starrköpfigen Weißen zu führen. Während die Aufregung und die Sturheit zunehmen, muss ich unglaublich vorsichtig auftreten, denn wenn ich angesichts ihrer Weigerung mich zu verstehen, meine Frustration, Wut oder Verzweiflung zum Ausdruck bringe, fallen sie auf das althergebrachte, aber immer noch gängige Stereotyp von den zornigen Schwarzen zurück, die sie und ihre Sicherheit bedrohen. Höchstwahrscheinlich bezeichnen sie mich dann als fies und schikanös. Wahrscheinlich werden sich auch ihre weißen Freunde um sie scharen, die Geschichte umschreiben und die Lügen als Wahrheit ausgeben. *Das* ist den Versuch, sich mit ihnen und ihrem Rassismus auseinanderzusetzen, nicht wert.

In jedem Gespräch mit *Netten Weißen Leuten*, die sich, sobald es um das Thema Hautfarbe geht, ausgegrenzt fühlen und verstummen, gibt es eine Art ironischen und auffälligen Mangel an Verständnis oder Empathie für diejenigen von uns, die unser ganzes Leben lang unübersehbar als anders kenntlich sind und mit den Folgen leben müssen. People of Colour üben zwangsweise lebenslange Selbstzensur. Die Optionen sind: Sag die Wahrheit und rechne mit Repressalien, oder beiß' dir auf die Zunge und schau zu, dass du im Leben vorankommst. Es muss ein merkwürdiges Leben sein, wenn man immer die Erlaubnis hat, zu sprechen, sich aber empört, wenn man *einmal* gebeten wird, zuzuhören. Die Empörung geht vermutlich auf das nie infrage gestellte Anspruchsdenken der Weißen zurück.

Ich kann mich nicht mehr emotional bis zur Erschöpfung verausgaben, um diese Botschaft rüberzubringen, während ich gleichzeitig auf Zehenspitzen auf einem sehr schmalen Grat balanciere, um nur keiner individuellen weißen Person vorzuwerfen, sie würde strukturellen Rassismus perpetuieren, denn sonst werde ich als Charakterschwein gemeuchelt.

Deswegen spreche ich nicht länger mit Weißen über

Hautfarbe. Ich habe nicht die Macht, die Funktionsweise der Welt zu ändern, aber ich kann Grenzen setzen. Ich kann die Ansprüche abwehren, die sie mir gegenüber zu haben glauben, und ich fange damit an, indem ich keine Gespräche mehr führe. Das Pendel hat zu weit zu ihren Gunsten ausgeschlagen. Ihre Absicht ist es oft nicht, zuzuhören oder etwas zu lernen, sondern Macht auszuüben, mir nachzuweisen, dass ich mich täusche, mich emotional zu erschöpfen und den Status quo zu stärken. Ich spreche mit Weißen nicht mehr über Hautfarbe, außer es lässt sich absolut nicht vermeiden. Wenn sich in den Medien oder bei einer Konferenz die Möglichkeit bietet, dass jemand hört, was ich sage, und sich weniger allein fühlt, dann nehme ich teil. Aber ich will nichts mehr mit Leuten zu tun haben, die das nicht hören wollen, es ins Lächerliche ziehen und es offen gesagt nicht verdienen.

———

Kaum war er publiziert, nahm der Blogpost ein Eigenleben an. Jahre später treffe ich noch immer neue Leute in verschiedenen Ländern und Situationen, die mir erzählen, dass sie ihn gelesen haben. 2014, als der Post überall im Internet verlinkt wurde, wappnete ich mich gegen die übliche Menge rassistischer Kommentare. Doch die Reaktionen waren merklich anders, und zwar so sehr, dass es mich überraschte.

Es gab deutliche Unterschiede in den Reaktionen, und diese Unterschiede machten sich an der Hautfarbe fest. Ich bekam eine Fülle an Nachrichten von dunkelhäutigen Menschen. Viele »Dankeschöns« und viele »du hast Worte für meine Erfahrungen gefunden«. Es gab Berichte über Tränen und eine kleine Diskussion, wie man das Problem angehen sollte, wobei Bildung als Lösung für die Überbrückung dieser Distanz hoch eingeschätzt wurde. Diese Nachrichten zu lesen war eine Erleichterung. Ich wusste, wie schwierig es war, das Gefühl der Frustration in Worte zu fassen, und als Leute mich kontaktierten und mir dafür dankten, dass ich erklären konnte, was ihnen immer schwer gefallen war, freute ich mich, dass ich ihnen hatte helfen können. Ich merkte, dass wenn ich mich weniger allein fühlte, auch sie sich weniger allein fühlten.

Womit ich nicht gerechnet hatte, war eine Welle an Emotionen von Weißen, die meinten, dass ich der Welt etwas vorenthielt, wenn ich nicht mehr mit Weißen über Hautfarbe sprach, und dass das eine absolute Tragödie wäre. »Herzzerreißend« schien das Wort zu sein, das dieses Gefühl am besten beschrieb.

»Es tut mir so verdammt leid, dass man dich dazu gebracht hat, dich so zu fühlen«, schrieb ein Kommentator. »Als Weißer ist mir das systembedingte Privileg, das wir anderen tagtäglich verweigern und selbst genießen, quälend peinlich. Und quälend peinlich ist mir auch, dass es mir selbst bis vor ungefähr zehn Jahren nicht mal aufgefallen ist.«

Jemand anders bat: »Hör nicht auf, mit Weißen zu reden, deine Stimme ist klar und wichtig, und es gibt Möglichkeiten, andere zu erreichen.« Wieder jemand anders, diesmal eine schwarze Person, schrieb: »Es ist eine so mühsame Arbeit, andere zu überzeugen, aber wir sollten nicht damit aufhören.« Und ein letzter definitiver Kommentar lautete: »Bitte, gib Weiße nicht auf.«

Obwohl diese Reaktionen verständnisvoll waren, belegten sie doch jene Kommunikationskluft, über die ich in meinem Post geschrieben hatte. Es schien ein Missverständnis zu geben, an wen der Text gerichtet war. Ich hatte ihn nicht verfasst, damit Weiße sich schuldig fühlten oder um irgendeine Art von Erleuchtung zu provozieren. Damals wusste ich nicht, dass ich ungewollt einen Trennungsbrief an Weiße geschrieben hatte. Und ich rechnete auch nicht damit, dass weiße Leser im Internet, metaphorisch gesprochen, mit einem Ghettoblaster und einem Blumenstrauß vor meinem Schlafzimmerfenster Stellung beziehen, ihre Fehler und Mängel eingestehen und mich bitten würden, sie nicht zu verlassen. Das alles erschien mir seltsam, und mir war etwas unbehaglich. Denn ich wollte mit meinem Post nur sagen, dass ich genug hatte. Es war weder ein Hilferuf noch eine winselnde Bitte um das Verständnis und Mitgefühl von Weißen. Es war keine Aufforderung an Weiße, sich selbst zu geißeln. Ich hörte auf, mit Weißen über Hautfarbe zu sprechen, weil ich nicht glaube, dass Aufgeben ein Zeichen von Schwäche ist. Manchmal geht es dabei um Selbsterhaltung.

Ich habe aus »Warum ich nicht mehr mit Weißen über Hautfarbe spreche« ein Buch gemacht, um das Gespräch – paradoxerweise – fortzusetzen. Seit ich meine Grenze gezogen habe, spreche ich fast nur noch über Hautfarbe – bei Musikfestivals und in Fernsehstudios, in weiterführenden Schulen und bei Konferenzen politischer Parteien –, und der Bedarf nach diesen Gesprächen scheint nicht abzunehmen. Die Leute wollen darüber reden. Dieses Buch ist das Produkt von fünf Jahren Aufregung, Frustration, von erschöpfenden Erklärungen und ellenlangen Facebook-Kommentaren. Es geht nicht nur um die unübersehbare Seite, sondern auch um die versteckte Seite des Rassismus – die Aspekte, die schwer zu definieren sind, und die, die Selbstzweifel verursachen. Großbritannien tut sich noch immer schwer mit Hautfarbe und Unterschieden.

Seit ich 2014 den Blogpost schrieb, hat sich für mich viel verändert. Jetzt verbringe die meiste Zeit damit, mit Weißen über Hautfarbe zu sprechen. Die Verlagsbranche ist *sehr* weiß, es gab also keine Möglichkeit, dieses Buch zu publizieren, ohne mit zumindest *ein paar* Weißen über Hautfarbe zu sprechen. Und bei meinen Recherchen musste ich mit Weißen sprechen, mit denen auch nur ein Wort zu wechseln ich vorher für unmöglich gehalten hätte, darunter Nick Griffin, der frühere Vorsitzende der *British National Party*. Viele sind der Meinung, dass man ihm keine Plattform zur Verfügung stellen sollte, auf der er seine Ansichten unwidersprochen zum Ausdruck bringen kann, und ich habe mir wegen des Interviews auf Seite 132 den Kopf zerbrochen. Ich bin nicht die erste Person mit einer Plattform, die Nick Griffin sozusagen Sendezeit gibt, aber ich hoffe, dass ich mit seinen Aussagen verantwortlich umgegangen bin.

Ein kurzes Wort zu Definitionen. In diesem Buch wird der Ausdruck »Person / People of Colour« benutzt, um alle Menschen mit einer Hautfarbe zu definieren, die nicht weiß ist. Ich gebrauche ihn, weil es eine unendlich viel bessere Definition ist als »nicht-weiß« – eine Bezeichnung, die klingt, als würde etwas fehlen oder wäre unzulänglich. Ich benutze das Wort »schwarz«, wenn ich Menschen mit afrikanischem oder karibischem Erbe beschreiben will, einschließlich Personen mit Eltern unterschiedlicher Hautfarbe. Ich zitiere viel aus der Forschung, deswegen liest man gelegentlich den Ausdruck BME (»black and minority ethnic«; Schwarze und Minderheiten-Ethnie). Die Bezeichnung gefällt mir nicht sonderlich, weil sie an klinisches Diversitätsmonitoring erinnert, doch um die Forschung so präzise wie möglich zu interpretieren, habe ich mich dazu entschlossen, sie zu verwenden.

Ich schreibe – und lese –, um mich selbst zu vergewissern, dass andere Menschen empfinden, was auch ich empfinde, dass es nicht nur an mir liegt, dass es real ist, gültig und wahr. Ich bin mir meiner Hautfarbe nur deswegen so akut bewusst, weil ich, seitdem ich mich erinnern kann, von der Welt durchgängig als anders abgestempelt werde. Obwohl ich unsichtbares Weißsein häufig analysiere und über seine exklusive Natur nachdenke, bin ich als Beobachterin immer Außenstehende. Ich weiß, dass es den meisten Weißen nicht so ergeht, die sich im völligen Unbewusstsein ihrer Hautfarbe durch die Welt bewegen, bis die Dominanz derselben infrage gestellt wird. Wenn Weiße nach einer Zeitschrift greifen, im Internet browsen, Zeitung lesen oder den Fernseher einschalten, begegnen sie ständig Menschen, die aussehen wie sie und Macht- oder Autoritätspositionen innehaben, ohne dass ihnen das irgendwie seltsam vorkäme. Insbesondere in der Kultur ist die positive Bestätigung des Weißseins so weitverbreitet, dass der Durchschnittsweiße sie überhaupt nicht bemerkt. Diese Bestätigung wird seelenruhig akzeptiert. Weiß zu sein heißt, Mensch zu sein; weiß zu sein ist universell. Ich weiß das nur, weil ich nicht weiß bin.

Ich habe dieses Buch geschrieben, um dem Gefühl Ausdruck zu verleihen, dass der dreiste Status quo einem die eigene Stimme und das Selbstvertrauen raubt. Ich habe es geschrieben, um dem Mangel an historischem Wissen und politischem Hintergrund entgegenzuwirken. Beides braucht man, um die eigene Gegnerschaft zum Rassismus zu festigen. Ich hoffe, du benutzt es als Werkzeug.

Ich werde nie aufhören, über Hautfarbe zu sprechen. Jede Stimme, die sich gegen Rassismus erhebt, kratzt an seiner Macht. Wir können es uns nicht leisten zu schweigen. Dieses Buch ist ein Versuch zu sprechen.

1

Geschichte(n)

Erst im zweiten Jahr an der Universität begann ich, über schwarze britische Geschichte nachzudenken. Ich muss 19 oder 20 gewesen sein, und ich hatte eine neue Freundin. Wir studierten dasselbe, und wir unternahmen viel zusammen, vor allem, weil wir nah beieinander wohnten und Angst vor Einsamkeit hatten, und nicht so sehr, weil wir viele gemeinsame Interessen gehabt hätten. Als wir Kurse für das nächste Semester belegen mussten, entschlossen wir uns beide für ein Modul über den transatlantischen Sklavenhandel. Wir wussten nicht so recht, was uns erwartete. Schwarze Geschichte war mir bislang nur in Form amerikazentrischer Schaustücke und auf Lehrplänen in der Grundschule und auf dem Gymnasium begegnet. Es wurde großes Gewicht auf Rosa Parks, Harriet Tubmans *Underground Railroad* und Martin Luther King gelegt; die bekannten Gestalten der amerikanischen Bürgerrechtsbewegung erschienen mir zwar wichtig, aber sie waren Millionen Meilen von dem jungen schwarzen Mädchen entfernt, das im Norden Londons aufwuchs.

Doch das kurze Modul an der Universität veränderte

meine Perspektive radikal. Es brachte die Kolonialgeschichte Großbritanniens und den britischen Sklavenhandel zu mir nach Hause. Im Kurs erfuhr ich, dass man nur in einen Zug steigen musste, und in drei Stunden war man an einem früheren Sklavenhafen. Und genau das tat ich, ich fuhr nach Liverpool. Liverpool war der größte britische Sklavenhafen gewesen; eineinhalb Millionen Afrikaner waren durch die Häfen dieser Stadt gekommen. Das Albert Dock wurde vier Jahrzehnte, nachdem das letzte britische Sklavenschiff, die *Kitty's Amelia*, hier Segel gesetzt hatte, eröffnet, doch näher konnte ich der Vergangenheit nicht kommen. Ich starrte hinaus aufs Meer und dachte an Großbritanniens Mitschuld am Sklavenhandel. Als ich am Rand des Docks stand, empfand ich Verzweiflung. Und als ich an den ältesten Häusern der Stadt vorbeiging, fühlte ich mich elend. Wohin ich auch schaute, sah ich das Vermächtnis der Sklaverei.

An der Universität begannen die Dinge einen Sinn zu ergeben. Ich erinnere mich deutlich an eine Diskussion in einem Tutorium über die Frage, ob Rassismus schlicht Diskriminierung oder Diskriminierung plus Macht war. Als ich über Macht nachdachte, wurde mir klar, dass es bei Rassismus um so viel mehr als nur um persönliche Vorurteile ging. Es ging darum, in einer Position zu sein, von der aus man die Lebenschancen anderer Menschen negativ beeinflussen konnte. Meine Sichtweise veränderte sich drastisch. Meine Freundin kam noch zu ein paar Tutorien, bevor sie den Kurs endgültig aufgab. »Das ist einfach nichts für mich«, sagte sie.

Ihre Aussage war mir unangenehm. Heute weiß ich warum. Mir passte nicht, dass sie offenbar glaubte, dieser Teil der britischen Geschichte habe keinerlei Relevanz für sie. Die Fakten waren ihr gleichgültig. Vielleicht erschienen ihr die Berichte nicht real oder dringlich oder relevant für die Art und Weise, wie wir heute leben. Ich weiß nicht, was sie dachte, weil ich damals nicht über das Vokabular verfügte, ihr Fragen dazu zu stellen. Aber heute ist mir klar, dass ich es ihr übelnahm, weil ich spürte, dass die weiße Hautfarbe es ihr erlaubte, sich nicht für die brutale Geschichte Großbritanniens zu interessieren, die Augen zu schließen und zu gehen. Mir wäre es unmöglich gewesen, mich abzuwenden und mir diese Informationen nicht anzueignen.

Die technologische Entwicklung, die unser Leben so rasant verändert – Sprünge und das Hinausschieben von Grenzen innerhalb von Jahrzehnten statt Jahrhunderten – lässt die Vergangenheit so weit entfernt erscheinen wie nie zuvor. In diesem Kontext ist es einfach, Sklaverei als etwas Schreckliches zu betrachten, das vor sehr langer Zeit geschah. Man kann sich leicht davon überzeugen, dass die Vergangenheit keinen Einfluss auf unser Leben heute hat. Doch das Gesetz zur Abschaffung der Sklaverei im Britischen Empire wurde 1833 verabschiedet, vor noch nicht einmal 200 Jahren. Da die Briten 1562 mit dem Handel afrikanischer Sklaven begannen, existierte Sklaverei als britische Institution wesentlich länger, als sie jetzt abgeschafft ist – über 270 Jahre. Generation für Generation wurden schwarze Leben gestohlen, Familien und Gemeinschaften auseinandergerissen. Tausende Menschen wurden als Sklaven geboren und starben als Sklaven und erfuhren nie, was es heißt, frei zu sein. Das ganze Leben mussten sie Brutalität und Gewalt ertragen und in beständiger Angst leben. Generation für Generation wurde weißer Reichtum aus dem Profit der Sklaverei angehäuft und sickerte in die britische Gesellschaft.

Sklaverei war eine internationale Handelssparte. Weiße Europäer, darunter die Briten, handelten mit afrikanischen Eliten, tauschten Waren gegen afrikanische Menschen, die von manchen weißen Sklavenhändlern »schwarzes Vieh« genannt wurden. Es wird geschätzt, dass insgesamt elf Millionen Afrikaner über den Atlantik transportiert wurden, um unbezahlt auf Zuckerrohr- und Baumwollplantagen in Nord- und Südamerika sowie in der Karibik zu arbeiten.

Die Bücher, die darüber geführt wurden, sind den Büchern moderner Firmen nicht unähnlich, sie dokumentieren Gewinne und Verluste und führen gekaufte und verkaufte Schwarze auf. Dieses lebende Inventar – dieses »schwarze Vieh« – war die ideale Ware. Sklaven waren eine lukrative Anlage. Die Reproduktionsfähigkeit schwarzer Frauen wurde industrialisiert: In Sklaverei geborene Kinder waren automatisch Eigentum der Sklavenhalter, und das bedeutete grenzenlose Arbeitskräfte ohne Zusatzkosten. Die Reproduktion wurde mittels routinemäßiger Vergewaltigungen versklavter afrikanischer Frauen durch weiße Sklavenhalter noch vereinfacht.

Um Gewinn und Verlust zu ermitteln, musste der Tod von »schwarzem Vieh« dokumentiert werden, weil Todesfälle schlecht fürs Geschäft waren. Die riesigen Sklavenschiffe, die die Afrikaner über den Atlantik transportierten, wurden bis zur Kapazitätsgrenze beladen. Die Überfahrt konnte bis zu drei Monaten dauern. Jeder Sklave hatte so viel Platz wie in einem Sarg und musste inmitten von Dreck und Ausscheidungen leben. Tote und Sterbende wurden aus finanziellen Gründen über Bord geworfen: Für auf See verstorbene Sklaven konnte Geld von der Versicherung kassiert werden.

Die Zeichnung des Sklavenschiffes *Brooks*, erstmals 1788 vom Sklavereigegner William Elford publiziert, bildete typische Bedingungen in einem vollbeladenen Sklavenschiff ab.[1] Die Menschen wurden liegend einer neben dem anderen in vier Reihen zusammengepfercht (außerdem gab es drei weitere kurze Reihen im Heck des Schiffs), was die ungerührte Effizienz illustriert, mit der die aus afrikanischen Menschen bestehende Fracht transportiert wurde. Die *Brooks* gehörte dem Liverpooler Kaufmann Joseph Brooks.

Aber nicht nur in Liverpool wurde mit Sklaven gehandelt, auch in Bristol gab es einen Sklavenhafen, ebenso in Lancaster, Exeter, Plymouth, Bridport, Chester, Poulton-le-Fylde in Lancashire und natürlich in London.[2] Die versklavten Afrikaner kamen zwar regelmäßig durch britische Häfen, doch die Plantagen, auf denen sie arbeiten mussten, befanden sich nicht in Großbritannien, sondern in den britischen Kolonien. Die meisten waren in der Karibik, sodass die Leute in England im Gegensatz zu denen in Amerika nur das Geld sahen und nicht das Blut. Einige Briten besaßen Plantagen, die nahezu ausschließlich mit Sklavenarbeit betrieben wurden. Andere kauften nur eine Handvoll Plantagensklaven – mit der Absicht, einen Profit aus der Investition zu schlagen. Viele Schotten arbeiteten als Sklaventreiber auf Jamaika, und manche von ihnen nahmen ihre Sklaven mit, wenn sie nach Großbritannien zurückkehrten. Sklaven konnten wie jeder andere persönliche Besitz auch vererbt werden, und viele Briten lebten bequem von der Arbeit versklavter Schwarzer, ohne jemals direkt am Handel beteiligt gewesen zu sein.

Die *Society for Effecting the Abolition of the Slave Trade* (Gesellschaft zur Abschaffung des Sklavenhandels) wurde

1787 in London vom Staatsbeamten Granville Sharp und dem Aktivisten Thomas Clarkson gegründet. Neben Sharp und Clarkson gehörten zehn weitere Männer, die meisten von ihnen Quäker, der Gesellschaft an. Sie kämpften 47 Jahre lang, gewannen große Unterstützung und zogen wichtige Parlamentsabgeordnete an – der berühmteste war der Sklavereigegner William Wilberforce. Der öffentliche Druck, den sie auf die Gesellschaft ausübten, führte schließlich zum Erfolg, und 1833 erklärte ein Gesetz die Sklaverei im Britischen Empire für abgeschafft. Doch die Empfänger der Kompensationszahlungen für die Auflösung des finanziell bedeutenden Wirtschaftszweigs waren nicht die Sklaven. Es waren die 46 000 britischen Sklavenhalter, die Schecks für ihren finanziellen Verlust erhielten.[3] Diese Art der einseitigen Kompensation schien der logische Schlusspunkt für ein Land zu sein, das mit menschlichem Fleisch gehandelt hatte.

Auch wenn die Sklaverei formell abgeschafft war – ein Gesetz konnte die Wahrnehmung nicht von heute auf morgen ändern: Ehemals versklavte Afrikaner wurden nicht über Nacht von Quasi-Tieren zu Menschen. Knapp 200 Jahre später ist der Schaden immer noch nicht behoben.

———

Nach dem Studium war mein Hunger auf Informationen noch nicht gestillt. Ich wollte mehr über Schwarze in Großbritannien erfahren, nach der Sklaverei. Die Informationen waren allerdings nicht leicht aufzutreiben. Diese Seite der Geschichte war nur Personen zugänglich, denen sie wirklich am Herzen lag, und nur erfahrbar durch zeitaufwändiges, selbstgesteuertes Studium. Ich suchte aktiv danach und begann, indem ich mir den *Black History Month* näher anschaute.

Den *Black History Month* gibt es in Großbritannien noch nicht sehr lange. Erst 1987 begann die Stadtverwaltung von London Veranstaltungen zu organisieren, um die Beiträge zur Geschichte des Landes zu honorieren, die Schwarze geleistet hatten. Linda Bellos wurde in London geboren, ihr Vater war Nigerianer, ihre Mutter eine weiße Britin, und auf ihre Initiative hin wurde der britische *Black History Month* ins Leben gerufen. Damals war sie Vorsitzende des Stadtrats von Lambeth im Süden Londons und der *London Strategic Policy Unit* (Ausschuss für strategische Maßnahmen; Teil des mittlerweile aufgelösten *Greater London Council*). Die Idee für den *Black History Month* kam von Ansel Wong, der die Abteilung für Ethnische Chancengleichheit der *Strategic Policy Unit* leitete. »Ich habe gesagt, ja, das machen wir«, erklärte sie mir in ihrem Haus in Norwich.

»Ich hielt den *Black History Month* für eine gute Idee. Aber ich wollte nicht, dass er wie der amerikanische ablief, weil wir eine andere Geschichte haben ... Es gibt so viele Leute, die keine Ahnung haben – ich spreche von Weißen – von unserer Geschichte des Rassismus. Sie wissen nicht, warum wir in diesem Land sind.«

Ansel organisierte den ersten *Black History Month*, und Linda fungierte als Veranstalterin. In ganz London gab es Events. Die Entscheidung, ihn im Oktober abzuhalten, erfolgte überwiegend aus logistischen Gründen; in den Vereinigten Staaten findet er von Beginn an, seit 1970, im Februar statt. »Unser Ehrengast war Sally Mugabe«, erzählte Linda. »Wir hatten kaum Zeit, [sie] einzuladen. Wenn wir die Sache um zwei Wochen verschoben hätten, hätten die Leute nicht kommen können, die wir brauchten.

Wir waren inklusiver«, fügte sie hinzu. »Schwarz wurde bei uns politisch definiert. Afrikaner und Menschen vom Indischen Subkontinent.[4] Wir haben ihn nur zwei Jahre veranstaltet, weil Thatcher unser gesamtes Budget gekappt hat. Es wäre Luxus gewesen.«

Als nach zwei Jahren die Finanzierung durch die *London Strategic Policy Unit* auslief, wurde der *Black History Month* fortgesetzt, allerdings sporadisch. Heute ist er in Großbritannien fest etabliert und wird inzwischen seit 30 Jahren regelmäßig veranstaltet. Meist gibt es Ausstellungen von Künstlern der afrikanischen Diaspora, Diskussionsveranstaltungen und kulturelle Veranstaltungen wie Modenschauen und gastronomische Festivals. Im Gespräch mit Linda hatte ich den Eindruck, dass sie den heutigen Aktivitäten im Rahmen des *Black History Month* skeptisch gegenübersteht. Als ich sie fragte, warum sie sich für einen *Black History Month* in Großbritannien eingesetzt hatte, sagte sie: »Wir wollten würdigen, was Schwarze für das Land geleistet haben. Es ging nicht um Haare … es war ein Monat der Geschichte, nicht der Kultur. Wir haben diese Geschichte, eine Geschichte, derer ich mir dank der Erfahrungen meines Vaters bewusst bin.«

Die Geschichte des Schwarzseins in Großbritannien ist bruchstückhaft. Eine peinlich lange Zeit hatte ich nicht einmal gewusst, dass Schwarze in Großbritannien Sklaven gewesen waren. Allgemein herrschte die Ansicht, dass alle People of Colour erst vor kurzem eingewandert waren, nur selten wird über die Geschichte des Kolonialismus gesprochen oder *warum* sich Menschen aus Afrika und Asien in

Großbritannien niedergelassen hatten. Ich hatte etwas von der *Windrush*-Generation gehört, den 492 Menschen aus der Karibik, die 1948 mit dem Schiff nach England gekommen waren. Ich wusste davon, weil sie die älteren Verwandten von einigen meiner Mitschüler waren. Es gab keinen Vortrag über »Schwarze in Großbritannien«, in dem die *Windrusher* nicht erwähnt wurden. Doch das meiste, was ich über schwarze Geschichte wusste, war amerikanische Geschichte. Das ist eine Bildungslücke in einem Land, in dem sich Generationen dunkelhäutiger Menschen (darunter ich) weiterhin als Briten betrachten. Mir war mit diesem Kontext auch die Fähigkeit, mich selbst zu verstehen, verweigert worden. Ich musste wissen, warum ich das Gefühl hatte, die Leute meinten Menschen wie mich, wenn sie Union Jacks schwenkten und »Wir wollen unser Land zurück« riefen. Was war das für eine ererbte Geschichte, die mir das Gefühl gab, eine Fremde im Land meiner Geburt zu sein?

Am 1. November 2008 sagte Ambalavaner Sivanandan, Direktor des *Institute of Race Relations* (Institut für interethnische Beziehungen) bei einer Veranstaltung zum 50. Gründungstag des Instituts: »Wir sind hier, weil ihr dort wart.« Dieser Satz fand Eingang in das Vokabular schwarzer Briten. Ich wollte mehr über seine Bedeutung erfahren, ging zurück in die Vergangenheit und suchte nach Beweisen. Die erste Antwort, die ich fand, hieß Krieg.

Großbritanniens Beteiligung im Ersten Weltkrieg beschränkte sich nicht auf britische Staatsbürger. Aufgrund der rabiaten Ausweitung des Empires wurde auch von Menschen aus nicht-europäischen Ländern (von der Kolonisierung mal abgesehen) erwartet, dass sie bereit waren, für den

König und das Land zu sterben. Als der British Council 2013 Menschen zu ihrer Sichtweise auf den Ersten Weltkrieg befragte, kam heraus, dass die meisten Briten trotz der Bezeichnung »Weltkrieg« nichts über dessen internationale Auswirkungen wussten. »Aufgrund der Reichweite des Empire«, steht in dem Bericht, »wurden Soldaten und Arbeiter aus der ganzen Welt rekrutiert.«[5] In den sieben Ländern,[6] in denen der British Council die Befragung durchführte, glaubte die überwiegende Mehrheit der Befragten, dass sowohl Osteuropa als auch Westeuropa in den Ersten Weltkrieg involviert waren. Aber nur durchschnittlich 17 Prozent dachten, dass auch Menschen vom Subkontinent beteiligt waren, und lediglich elf Prozent wussten von Afrikas Einbindung.

Der verbreitete Irrglaube darüber, wer genau im Ersten Weltkrieg für Großbritannien gekämpft hat, könnte dazu geführt haben, dass der Beitrag dunkelhäutiger Menschen nahezu ausradiert und die Wahrheit dadurch verzerrt wurde. Über eine Million indischer Soldaten – oder Sepoys (indische Soldaten, die für Großbritannien dienten) – kämpften im Ersten Weltkrieg auf der Seite Englands.[7] Das Vereinigte Königreich hatte diesen Soldaten dafür die Unabhängigkeit ihres Landes versprochen. Sepoys reisten in dem Glauben nach England, dass sie mit ihrem Einsatz für Großbritannien einen Beitrag zur Freiheit ihres Landes leisteten.

Ihre Reise nach Europa war hart. Sie fuhren ohne angemessene Kleidung für den Klimawechsel mit dem Schiff. Viele Sepoys litten unter der nie zuvor erlebten bitteren Kälte, manche starben an ihren Folgen. Und auch während des Kriegs wurden die Sepoys nicht so behandelt, wie sie es erwartet hatten. Der ranghöchste Sepoy unterstand in der

Militärhierarchie immer noch dem rangniedrigsten weißen britischen Soldaten. Wurde ein Sepoy verletzt, wurde er im ausgelagerten Brighton Pavilion and Dome Hospital für indische Truppen behandelt. Das Krankenhaus war mit Stacheldraht umzäunt, um die verwundeten Sepoys am Kontakt mit der einheimischen Bevölkerung zu hindern. Rund 74 000 Sepoys kamen im Krieg ums Leben, aber Großbritannien weigerte sich, sein Versprechen zu erfüllen und Indien aus der Kolonialherrschaft zu entlassen.

Aus der Karibik kamen deutlich weniger Soldaten, um für Großbritannien in den Krieg zu ziehen.[8] Der *Memorial Gates Trust*, eine Stiftung, gegründet um der indischen, afrikanischen und karibischen Soldaten zu gedenken, die in beiden Weltkriegen für Großbritannien gefallen sind, gibt ihre Zahl mit 15 600 an. Diese Soldaten kämpften im British West Indies Regiment (BWIR). In der Karibik rekrutierte die britische Armee in armen Gegenden, und ähnlich wie in Indien glaubten manche der künftigen Rekruten, dass ihre Kriegsteilnahme politische Reformen zu Hause zur Folge hätte. Aber diese Meinung war nicht weit verbreitet; eine nicht unwesentliche Zahl von Menschen in der Karibik war gegen den Einsatz und nannte ihn einen »Krieg des weißen Mannes«. Trotz des Widerstands von einigen gaben Tausende andere ihre Arbeit auf und reisten nach Europa.

Auch diese Schiffsreise war hart. Großbritannien brauchte die Soldaten, doch die Regierung versorgte sie – genau wie die Sepoys – nicht mit der adäquaten Kleidung. 1916 musste die *Verdala*, die von der Karibik nach West Sussex unterwegs war, in Halifax im Osten Kanadas einen Halt einlegen. Hunderte der karibischen Rekruten litten unter Frostbeulen, einige starben in dem harten kalten Klima.

Nach ihrer Ankunft kämpfte die Mehrheit des BWIR nicht an der Seite der weißen Soldaten auf dem Schlachtfeld, sondern musste Hilfsdienste leisten und die Drecksarbeit für die weißen Soldaten erledigen. Zu ihren Pflichten zählten körperliche Arbeiten wie das Ausheben von Gräben, Straßenbau und das Fortschaffen verletzter Soldaten auf Bahren. Als sich die Reihen der weißen Soldaten lichteten, durften auch karibische Soldaten an die Front. Bis Kriegsende fielen fast 200 Männer im Kampf.

1918 war Verbitterung bei den karibischen Soldaten weit verbreitet. Als das BWIR in Tarent (Taranto), Italien stationiert war, erfuhren die Männer, dass der Sold weißer britischer Soldaten erhöht worden war, nicht jedoch ihr Lohn. Empört über diese Behandlung streikten die Soldaten und sammelten Unterschriften für eine Petition an den Außenminister. Daraus entwickelte sich rasch eine offene Rebellion. Während der Taranto-Meuterei erschoss ein schwarzen Unteroffizier einen streikenden Soldaten und eine Bombe explodierte. Die Rebellion wurde schnell niedergeschlagen, und 60 Soldaten des BWIR wurde wegen ihrer mutmaßlichen Beteiligung an der Meuterei der Prozess gemacht. Manche kamen ins Gefängnis, und ein Mann wurde zum Tod durch ein Erschießungskommando verurteilt.

Die misshandelten karibischen Soldaten kehrten nach Hause zurück, und die Niederschlagung der Taranto-Meuterei trug zur Stärkung der schwarzen Selbstbestimmungsbewegung in der Karibik bei. Es gab jedoch auch schwarze Soldaten, die beschlossen, nach Kriegsende in Großbritannien zu bleiben. Als die Soldaten demobilisiert wurden, begann man schwarze Exsoldaten, die in Großbritannien lebten, ins Visier zu nehmen.

Der Sommer scheint die Zeit der Aufstände zu sein. Am 6. Juni 1919, sieben Monate nach dem Ende des Ersten Weltkriegs, machten in Newport im Süden von Wales Gerüchte die Runde. Angeblich war eine weiße Frau von einem schwarzen Mann beleidigt worden. Eine wachsende Menge wütender und aufgeregter Weißer verbreitete die Nachricht, bis sich ein pöbelnder Mob sammelte und die Häuser von schwarzen Männern stürmte. Manche der schwarzen Männer wehrten sich und schossen. Schlägereien und Handgemenge während der nächsten Tage resultierten darin, dass ein Mann aus der Karibik einen Weißen erstach.

Nur fünf Tage später, am 11. Juni berichtete das *South Wales Echo*: »In einem Brake [Fahrzeug] saßen mehrere farbige Männer und weiße Frauen und fuhren die East Canal Wharf entlang. Dies erregte großes Aufsehen.«[9] In Cardiff, einer weiteren Hafenstadt, herrschte eine aufgeheizte Stimmung gegen Schwarze. Als ein aufgebrachter weißer Mob diese schwarzen Männer und weißen Frauen sah, warf er Steine auf das Fahrzeug. Es ist nicht klar, ob jemand verletzt wurde. Tage später stürzte sich eine andere wütende Menschenmenge in einem gewalttätigem Protest gegen Beziehungen zwischen Menschen unterschiedlicher Hautfarbe auf eine einzelne weiße Frau, von der man wusste, dass sie einen Afrikaner geheiratet hatte. Sie rissen ihr die Kleider vom Leib.

In der Hafenstadt Liverpool gewann vergleichbarer Hass an Boden. Nach dem Krieg war Arbeit rar, und über 100 schwarze Fabrikarbeiter verloren von heute auf morgen ihre Stellen, als sich weiße Arbeiter weigerten, mit ihnen zusammenzuarbeiten. Am 4. Juni 1919 stachen nach einem Streit wegen einer Zigarette zwei weiße Männer einem

Mann aus der Karibik mit einem Messer ins Gesicht. Es folgten zahllose Schlägereien, und die Polizei durchsuchte gezielt Wohnungen von Schwarzen. Die Raserei führte zu einem der schrecklichsten aus Rassenhass verübten Verbrechen in der britischen Geschichte. Der 24 Jahre alte schwarze Matrose Charles Wootton wurde von einer aufgebrachten weißen Menschenmenge angepöbelt und in das King's Dock geworfen. Als er zum Kai schwamm und verzweifelt versuchte, sich aus dem Wasser zu hieven, wurde er mit Ziegelsteinen beworfen, bis er unterging. Kurz darauf wurde sein lebloser Körper aus dem Dock gezogen. Es war ein öffentlicher Lynchmord. In den Tagen nach Charles Woottons Tod herrschte der weiße Mob in den Straßen von Liverpool und attackierte jede schwarze Person, die ihm begegnete.[10]

Dieser bösartige Rassenhass blieb der britischen Regierung nicht verborgen. Besorgt über die Unruhe, die sich im Land ausbreitete, reagierte der Staat auf die einzige Art und Weise, die er kannte – mit einer Rückführungskampagne. Im September 1919 wurden 600 Schwarze dorthin »zurückgeschickt, woher sie gekommen waren«.[11]

Trotz aller Anstrengung, das Gegenteil vorzutäuschen, ist Großbritannien alles andere als eine Monokultur. Die Geschichte zeigt uns, dass dieses Land, das ein weltweites Empire erschaffen hat, aus dem es mühelos Arbeitskräfte rekrutieren konnte, sich nach außen öffnete, wenn es dem eigenen Vorteil nutzte. Es war aber nicht bereit für die Auswirkungen und die Verantwortung, die eine Kolonialisierung von Ländern und Kulturen mit sich brachte. Dunkelhäutige Menschen mussten die Folgen ertragen.

Doch manche dieser Menschen wehrten sich. Dr Harold Moody, 1882 in Kingston, Jamaika, geboren, gehörte nicht zu den jungen Leuten aus der Karibik, die im Ersten Weltkrieg für die Briten kämpften. Er kam 1904 im Alter von 22 Jahren mit dem Ziel in Bristol an, seine Ausbildung fortzusetzen. Er wollte unbedingt Arzt werden und hatte in der erfolgreichen Apotheke seines Vaters in Kingston gearbeitet, um sich das Geld für ein Studium zu verdienen. Da Jamaika noch von den Briten regiert wurde, war sein Umzug nach England keine Überraschung; bei Jamaikanern galt Großbritannien als das »Vaterland«.

Nach seiner Ankunft stieg er in einen Zug zum Bahnhof Paddington in London und ging zu einem Hostel – der *Young Men's Christian Association*, bekannt als YMCA –, um sich von dort aus eine dauerhafte Unterkunft zu suchen. Während dieser ersten Tage auf britischem Boden musste er erfahren, dass das Vaterland nicht so gastfreundlich war, wie man ihm eingeredet hatte. Es war ein harter Kampf, bis er in Canonbury im Norden Londons eine Bleibe fand, nachdem er zuvor unzählige Male von potentiellen Vermietern abgewiesen worden war.

Anschließend nahm Harold sein Medizinstudium auf. 1912 schloss er es ab und begann mit der Arbeitssuche. Er bewarb sich auf eine Stelle im King's College Hospital, doch dort wollte man keinen Schwarzen einstellen.[12] Er versuchte es weiter, bewarb sich auf eine Stelle im Süden Londons beim *Board of Guardians* von Camberwell. Die Behörde gehörte zum *Poor Law Parish* Camberwells, einer lokalen staatlichen Organisation, die sich in einer Krankenstation um die alten und siechen Bewohner der Gegend kümmerte und Kinderheime sowie Armenhäuser leitete.

Auch dort wurde er abgewiesen mit der Begründung, »dass Arme nicht von einem Neger behandelt werden wollten«.[13] Entschlossen, der Gemeinde zu dienen, reagierte Harold auf diese Rückschläge, indem er sich dazu entschied, eine eigene Praxis zu gründen.

Ein Jahr nach seinem Abschluss eröffnete Dr Moody seine Praxis in 111 King's Road in Peckham im Südosten Londons. Obwohl er unverhohlene Akte rassistischer Diskriminierung erfahren hatte, war es Dr Moodys christlicher Glaube und nicht seine politische Einstellung, der seinen Aktivismus begründete. Für ihn war Rassismus ein religiöses Thema. Er engagierte sich in einer großen christlichen Gemeinde. Dank seiner ehrbaren Mittelklassestellung wurde er in den 1920er und 1930er Jahren zu einer leuchtenden Gestalt für Schwarze in Großbritannien. Er setzte sich für sie ein und wurde schnell als jemand bekannt, der half, wenn Hilfe benötigt wurde. Seine Beliebtheit und Dynamik veranlassten Dr Harold Moody 1931, die *League of Coloured Peoples* (Liga der farbigen Völker) zu gründen.

Die Liga war sowohl christliche Mission als auch politische Organisation. Ihre Ziele wurden in ihrer Vierteljahreszeitschrift *The Keys* veröffentlicht:

– Die sozialen, erzieherischen, wirtschaftlichen und politischen Interessen ihrer Mitglieder zu fördern und zu schützen
– Mitglieder für das Wohlergehen von farbigen Völkern in aller Welt zu interessieren
– Die Beziehungen zwischen den Ethnien zu verbessern
– Mit Organisationen, die Farbigen wohlgesonnen sind, zusammenzuarbeiten und sich ihnen anzuschließen[14]

The Keys erschien erstmals 1933 und fungierte, indem sie gegen Rassismus bei Stellenbesetzungen, bei Vermietungen und in der Gesellschaft kämpfte, als Sprachrohr der Liga. 1937 wurde in *The Keys* ein streng formulierter Briefwechsel mit einem Krankenhaus in Manchester veröffentlicht, das keine schwarzen Krankenschwestern einstellen wollte. Der Brief zitierte die Oberin des Krankenhauses, L. G. Duff Grant, die ganz offen geschrieben hatte, dass »wir hier nie farbige Schwestern zur Ausbildung aufgenommen haben. Die Frage wurde einmal im Schwesternausschuss gestellt, doch es gibt die eindeutige Regel, dass niemand mit negroider Herkunft in Betracht kommt«. Dr Moody, damals Präsident der Liga, schrieb an den Vorstand des Krankenhauses und erfuhr, dass eine derartige Regel überhaupt nicht existierte. »Es gibt«, lautete die Antwort von N. Cobboth, dem Vorstandsvorsitzenden, »keine Regel gegen die Zulassung farbiger Frauen zur Schwesternausbildung in der Manchester Royal Infirmary, und der Vorstand möchte nachdrücklich darauf hinweisen, dass jede Bewerbung nach ihrem Verdienst beurteilt wird«.[15]

Dr Moodys *League of Coloured Peoples* war vermutlich die erste Organisation in Großbritannien, die im 20. Jahrhundert gegen Rassismus eintrat, und sie sollte weitreichende Folgen für die zukünftigen Beziehungen zwischen den Ethnien in Großbritannien.

Während Dr Harold Moody in London Pionierarbeit für Schwarze leistete, gab ein Aspekt seines persönlichen Lebens – seine Beziehung zu einer weißen Frau und ihre gemeinsamen Kinder[16] – Anlass zu großem Streit in der damaligen britischen Gesellschaft. Beziehungen zwischen

Menschen unterschiedlicher Hautfarbe wurden zu Beginn des 20. Jahrhunderts kontrovers diskutiert, und im Nordwesten Englands galten diese Ehen als beunruhigend genug, um sie wissenschaftlich zu untersuchen. In den späten 1920er Jahren leitete die Anthropologin Rachel M. Fleming das sozialwissenschaftliche Institut der Universität Liverpool. Sie erforschte, was sie »hybride Kinder« – Kinder mit einem schwarzen Vater und einer weißen Mutter – nannte.[17] Da Liverpool eine Hafenstadt war, hatten sich viele schwarze Seeleute hier auf Dauer niedergelassen. Wissenschaftler schätzen, dass Liverpool damals 5000 schwarze Einwohner hatte. Trotz Rassenunruhen und dem Lynchmord an Charles Wootton gab es Beziehungen zwischen Menschen unterschiedlicher Hautfarbe, doch viele betrachteten sie als soziales Problem, das ausgemerzt werden musste.

In diesem Kontext gewann Rachel Fleming die Unterstützung von denen, die in Liverpool das Sagen hatten, und konnte so die »elenden« Kinder – sprich: jene mit Eltern unterschiedlicher Hautfarbe – erforschen. 1927 gründete sie die *Liverpool Association for the Welfare of Half-Caste Children* (Liverpooler Vereinigung für das Wohlergehen von Mischlingskindern). Muriel Fletcher, eine Bewährungshelferin, die an der University of Liverpool studiert hatte, fiel die Aufgabe zu, den ersten Bericht der Vereinigung zu schreiben. Aufgrund ihrer Arbeit in der Wohlfahrt hatte sie Kontakt zu einigen der ärmsten interethnischen Familien in der Stadt, und durch diese verzerrende Linse führte sie ihre Untersuchung durch.

Der *Report on an Investigation into the Colour Problem in Liverpool and Other Ports* (Forschungsbericht zum Farbigen Problem in Liverpool und anderen Hafenstädten) wurde im Juni 1930 veröffentlicht. Die spärlich belegten Schlussfolgerungen lauteten, dass Geschlechtskrankheiten bei schwarzen Matrosen doppelt so häufig auftraten wie bei weißen Matrosen, und dass Kinder mit Eltern unterschiedlicher Hautfarbe – oder, wie es im Bericht heißt, »Mischlingskinder« – deswegen häufiger kränklich waren. »Die Kinder scheinen oft erkältet zu sein, viele waren rachitisch, und es wurde von mehreren Fällen berichtet, in denen es eine schlimme Familiengeschichte mit Tuberkulose gab«, schrieb Ms Fletcher. Vermutlich in Anlehnung an die Einstellungen in jener Zeit hielt Fletcher Mädchen und Frauen mit Eltern unterschiedlicher Hautfarbe für verunreinigt und schrieb, dass »es in Liverpool nur zwei Fälle gibt, in denen Mischlingsmädchen einen weißen Mann geheiratet haben, und in einem Fall hat die Familie des Mädchens den Mann zur Heirat gezwungen«.[18] In ihrem Bericht ordnet Muriel Fletcher die weißen Frauen, die Beziehungen mit schwarzen Männern hatten, vier Kategorien zu: geistig schwach, Prostituierte, jung und leichtsinnig, und aufgrund unehelicher Kinder zur Heirat gezwungen.

Bei den für die Studie untersuchten Kindern wurden die Augen geprüft und die Nasen vermessen, ihre Gesichtszüge wurden entweder als »negroid« oder als »englisch« klassifiziert. Die Tatsache, dass junge Menschen mit Eltern unterschiedlicher Hautfarbe nur unter Schwierigkeiten Arbeit fanden, kommentierte Fletcher folgendermaßen: »Mütter des besseren Typs bedauerten, diese Kinder auf die Welt gebracht zu haben, da sie aufgrund ihrer Hautfarbe gehandicapt sind.« Ein Widerhall der damals höchst populären Eugenik findet sich in Muriel Fletchers Folgerung, dass die

Vermischung von Hautfarben – oder »Rassenmischung« wie Eugeniker es nannten – etwas so Abscheuliches war, dass Kinder mit Eltern unterschiedlicher Hautfarbe »kaum eine Zukunft« hatten.

Anhänger der zu Beginn des 20. Jahrhunderts populären Eugenik glaubten, dass die soziale Klasse durch biologische Faktoren wie Intelligenz, körperliche Gesundheit und durch das vage Kriterium »moralischer Werte« bestimmt wurde. Eugeniker rieten, dass diejenigen mit wünschenswerten Eigenschaften sich reproduzieren sollten, Menschen ohne diese Eigenschaften sollten davon absehen. Rassismus war diesem Denken inhärent: Weiße Hautfarbe war erstrebenswert, jede Andeutung eines schwarzen Erbes galt als eine Art Kontamination, und das führte zu einer harten Linie gegen Beziehungen zwischen Menschen unterschiedlicher Hautfarbe und Menschen mit Eltern unterschiedlicher Hautfarbe. Obwohl sich einflussreiche Personen wie John Maynard Keynes und George Bernard Shaw dafür aussprachen, wurden in Großbritannien keine Gesetze verabschiedet, die eugenische Maßnahmen legalisierten (zum Beispiel Zwangssterilisationen), und eine entsprechende Vorlage wurde 1931 vom Parlament abgelehnt.

Die Veröffentlichung von Muriel Fletchers Bericht hatte landesweite Auswirkungen, und ein Vertreter der *Anti-Slavery Society* nannte ihn ein »außergewöhnlich kluges Dokument mit überaus eindrucksvollen und verlässlichen Einzelheiten«. In einer neuen Studie zu diesem Bericht argumentiert der Wissenschaftler Mark Christian, dass er dauerhafte negative Auswirkungen auf die Schwarzen in Liverpool hatte und den Begriff »Mischling« fest im Vokabular verankerte.[19]

Infolge eines weiteren Weltkriegs herrschte erneut Mangel an Arbeitskräften, und wieder forderte Großbritannien zur Immigration auf. Die *Empire Windrush* fuhr aus der Karibik nach England, mit 490 karibischen Männern und zwei karibischen Frauen an Bord, die alle bereit waren mitanzupacken, um Großbritannien nach dem Krieg wiederaufzubauen.[20] Die *Windrush* legte am 22. Juni 1948 in Tilbury in Thurrock, Essex an. Im selben Jahr verabschiedete die Regierung den *British Nationality Act* – ein Gesetz, dass allen Commonwealth-Bürgern das Recht gab, überall als britische Bürger zu leben.

Die schwarze Bevölkerung des Landes wuchs. Zwischen 1951 und 1961 stieg der Bevölkerungsanteil der in der Karibik geborenen Briten von 15 000 auf 172 000,[21] wobei die Mehrheit aus Jamaika stammte (sie war von 6000 auf 100 000 angewachsen[22]).

1958 lebten 2500 Schwarze in Nottingham. Doch auch zehn Jahre nach Verabschiedung des Gesetzes, das Commonwealth-Bürger ausdrücklich in Großbritannien willkommen hieß, hatten sich die Einstellungen nicht geändert. In einer Lokalzeitung wurde von einer Vorschrift in den Pubs von Nottingham berichtet, die Schwarze zwang zu warten, bis die weißen Gäste bedient worden waren. Weiße Ressentiments gegen die schwarze Bevölkerung waren am Schwelen, und schwarze Ressentiments gegen weiße Ressentiments ebenfalls. Am 23. August 1958 geriet in einem Pub ein Streit zwischen einer weißen Frau und einem schwarzen Mann außer Kontrolle. Angaben darüber, was die folgenden Ereignisse provozierte, sind vage. Mit Sicherheit wissen wir: Später an diesem Tag zogen 1000 Menschen in die St Ann's Well Road, bewaffnet mit Rasiermessern, Flaschen und Messern, bereit, Unruhe zu stiften. Acht Personen mussten ins Krankenhaus.

Was in Nottingham passierte, passierte auch in anderen Landesteilen. Am 20. August ging in Notting Hill im Westen Londons eine Gruppe Teddy Boys – junge weiße Männer, die Rock 'n' Roll liebten, Anzüge und Schuhe mit Kreppsohlen trugen – auf die Straße, mit dem einzigen Ziel, Schwarze zu attackieren. Sie nannten sich selbst »Negerjäger«. In dieser Nacht kamen aufgrund ihrer gewaltsamen Angriffe fünf schwarze Männer ins Krankenhaus.[23]

Notting Hill war damals eine arme, übervölkerte Gegend, und verzweifelte Wohnungssuchende wurden von dem berüchtigten Slumlord-Vermieter Peter Rachman ausgebeutet. Rachmans Ruf war so schlecht, dass sein Name zu einem Synonym für die Misshandlung von Mietern wurde. *Chambers 21st Century Dictionary* definiert Rachmanismus heute als »Ausbeutung oder Erpressung durch einen Hausbesitzer, der Mieter zwingt, in Slumverhältnissen zu leben«.[24] Es waren Schwarze, die in Rachmans kleinen heruntergekommenen Wohnungen zu exorbitanten Mieten wohnten. Sie hatten kaum eine Wahl. Personen, die diese Zeit miterlebt haben, berichten, dass in den Fenstern anderer, respektablerer Häuser Schilder mit der Aufschrift »keine Schwarzen, keine Hunde, keine Iren« hingen.[25] Diese Umstände verschlimmerten die Beziehungen zwischen den Ethnien in der Hauptstadt.

Neun Tage nach der »Negerjagd« der Teddy Boys von Notting Hill stritt ein Ehepaar – er schwarz, sie eine weiße Schwedin – vor dem Eingang der U-Bahn-Station Latimer Road. Es war ein Feiertag im August. Viele hatten frei und so fand sich bald eine Gruppe weißer Männer ein, die die

Frau verteidigen wollte, vielleicht weil sie glaubte, sie würde angegriffen. Ein paar schwarze Männer bemerkten den Aufruhr und eilten ihrem Ehemann zu Hilfe. Sie begannen, einander zu verprügeln.

Später sagten weiße Randalierer in Interviews, dass ein Gerücht im Umlauf gewesen sei, wonach ein schwarzer Mann eine weiße Frau vergewaltigt habe.[26] Die Auseinandersetzung vor der U-Bahn-Station eskalierte, und bald liefen 200 Weiße durch die Straßen und riefen rassistische Parolen. Als sich die Kämpfe ausweiteten, beschimpften weiße Randalierer die Polizei, weil diese nicht zuließ, dass sie Schwarze angriffen. Die Unruhen dauerten drei ganze Tage an. Hakenkreuze wurden an die Türen schwarzer Familien geschmiert. Schwarze wehrten sich mit Waffen und selbstgebauten Molotowcocktails. Die Schwarzen, die auf der Straße von der Polizei angehalten wurden, beteuerten, dass sie sich verteidigen müssten. Es gab keine Toten, doch über 100 Personen – die meisten weiß – wurden verhaftet.

2002 wurden vorzeitig Regierungsunterlagen freigegeben, denen zu entnehmen war, dass die Polizei den damaligen Innenminister Rab Butler davon überzeugen konnte, dass es bei den Unruhen in Notting Hill nicht um Hautfarbe ging, sondern diese schlicht das Werk von Rowdys gewesen waren. »Es gab sicherlich böses Blut zwischen den weißen und farbigen Bewohnern des Gebiets«, schrieb Detective Sergeant M. Walters, »doch es steht zweifelsfrei fest, dass die Probleme von Schlägern, sowohl farbigen wie auch weißen, verursacht wurden, die die Gelegenheit ergriffen, Krawalle zu entfachen.« Die »Negerjagd« der Teddy Boys blieb unerwähnt.[27]

Nach Nottingham und Notting Hill verschlechterten sich

die Beziehungen zwischen den Ethnien in Großbritannien rapide. Den Post-*Windrush*-Schwarzen wurde klar, dass man ihnen nicht gestatten würde, in Ruhe hier zu leben, zu arbeiten, Steuern zu zahlen und sich zu assimilieren. Stattdessen würden sie für ihre schiere Präsenz im Land bestraft werden. Dunkelhäutige Arbeitskräfte hatten sich für Großbritanniens Erfolg in den beiden Weltkriegen als wesentlich erwiesen, doch in den folgenden Jahrzehnten erfuhren sie extreme Zurückweisung.

———

Während der 1950er Jahre wollte die Regierung nicht anerkennen, dass es Rassismus im Land gab. Dennoch bewegte sich etwas. 1960 versuchte der Hinterbänkler der Labour Party, Archibald Fenner Brockway, neunmal ein Antidiskriminierungsgesetz im Parlament einzubringen, um »Diskriminierung zum Schaden einer Person aufgrund von Hautfarbe, Ethnie oder Religion im Vereinigten Königreich« unter Strafe zu stellen.[28] Jedes Mal wurde er überstimmt.[29] Am anderen Ende des Spektrums hielt es Oswald Mosley, Gründer der *British Union of Fascists*, 1959 für angebracht, wieder in die parlamentarische Politik zurückzukehren, nachdem er 1930 zurückgetreten war. Er kandidierte in einem Wahlkreis in der Nähe von Notting Hill und trat für die Rückführung von Immigranten ein, erhielt jedoch nur 8,1 Prozent der Wählerstimmen.

Erst ein knappes Jahrzehnt nach den Krawallen in Nottingham und Notting Hill versuchte sich der Staat an einer Lösung des britischen Rassismusproblems. Der *Commonwealth Immigrants Act* trat am 31. Mai 1962 in Kraft und schränkte das Recht auf Einwanderung für Commonwealth-Bürger drastisch ein. Selbst die Wortwahl hatte sich geändert. Wurden im *British Nationality Act* von 1948 die Menschen in den Commonwealth-Staaten noch als »Bürger« bezeichnet, waren es 1962 »Immigranten«; damit wurden die Menschen, die nur 14 Jahre zuvor das Aufenthaltsrecht erhalten hatten, mit einer weiteren Schicht der Fremdheit belastet. Mit einer neu hinzugekommenen Betonung auf Facharbeitskräften schrieb der *Commonwealth Immigrants Act* fest, dass diejenigen, die sich im Land niederlassen wollten, eine Arbeitserlaubnis benötigten.[30] Das gilt auch heute noch.

Dann, 1965, passierte Großbritanniens allererstes Gesetz zu den Beziehungen zwischen den Ethnien das Parlament. Der *Race Relations Act* war ein seltsamer Schachzug der britischen Regierung, da sie doch nur drei Jahre zuvor die Bewegungsfreiheit ihrer Commonwealth-Bürger eingeschränkt hatte. Das Gesetz stellte unverhohlen rassistische Diskriminierung an öffentlichen Orten unter Strafe – nicht jedoch in Geschäften oder Privathäusern. Die BBC berichtete damals, dass zu den spezifischen Akten der Diskriminierung »die Weigerung, eine Person zu bedienen, eine unverhältnismäßige Verzögerung der Bedienung oder zu hohe Berechnung« gehörten.[31] Im Rahmen des Gesetzes wurde ein *Race Relations Board* (Amt für interethnische Beziehungen) gegründet,[32] dessen Aufgabe es war, Beschwerden über rassistische Vorfälle entgegenzunehmen und zu überprüfen – keine Kleinigkeit angesichts der Volkszählung von 1961, die die Gesamtbevölkerung mit 52 700 000 Personen bezifferte.[33] Wie viele nicht-weiße Menschen in Großbritannien lebten war unklar, da der Zensus bis 1991 keine Fragen zur Hautfarbe stellte. Es wurden kaum Beschwerden eingereicht, und wenn doch, waren sie praktisch vergeblich. Die Behörde hatte nicht die Befugnis diejenigen zu bestrafen, gegen die sich die Beschwerden richteten. Ihre Rolle bestand darin, zwischen Beschwerdeführer und der Organisation oder Person, gegen die eine Beschwerde vorlag, zu vermitteln.

Das erste Gesetz dieser Art in Großbritannien war ein lauwarmes. Es sah keine Handhabe gegen die weitverbreitete Diskriminierung auf dem Wohnungsmarkt vor, und es hatte genügend Schlupflöcher für die, die darauf aus waren, Schwarze in Großbritannien weiterhin als Bürger zweiter Klasse kleinzuhalten. Als Gegenmaßnahme gegen Jahrzehnte gezielter Gewalt und Schikane offenbar inadäquat, schien das *Race Relations Board* nur eine Alibifunktion zu erfüllen. Die meisten Schwarzen und Menschen vom Subkontinent wussten nicht einmal von seiner Existenz. Die Schwächen des Gesetzes von 1965 lagen auf der Hand. Der gleiche Staat, der Rassismus angesichts rassistischer Krawalle mit Rückführungskampagnen sanktioniert hatte, der gleiche Staat, der dunkelhäutige Menschen nach Belieben ins Land geholt und wieder aus dem Weg geschafft hatte, bemühte sich jetzt, Rassismus zu bekämpfen.

Drei Jahre später wurde das Gesetz verschärft und stellte jetzt Diskriminierung aufgrund von Hautfarbe bei Vermietungen, Stellensuche und öffentlichen Dienstleistungen unter Strafe. Staatliche Stellen waren allerdings von juristischer Verfolgung ausgenommen. Damals berichtete die BBC: »Der neue *Race Relations Act* soll ein Gegengewicht zum *Immigration Act* darstellen und das Versprechen der Regierung› erfüllen, Migranten ›fair, aber streng‹ zu behandeln.«[34]

Am 7. März 1965 wurden Afroamerikaner auf einem Bürgerrechtsmarsch, der von Martin Luther King angeführt wurde, brutal niedergeknüppelt. Sie demonstrierten für ihr verfassungsmäßiges Wahlrecht. Zwei Jahre vor diesem heute ikonischen Tag machte sich im Westen Englands der 19 Jahre alte Jamaikaner Guy Bailey auf den Weg zu einem Bewerbungsgespräch bei der Bristol Omnibus Company, dem Busunternehmen der Stadt. Paul Stephenson, ein Jugendarbeiter, hatte das Gespräch für Guy arrangiert, nachdem er sich versichert hatte, dass es freie Stellen gab und Guy für die Arbeit qualifiziert war. Doch als Guy zu dem Termin erschien, wurde er abgelehnt.

50 Jahre später erinnert sich Guy in einem Interview mit der BBC[35] an den Augenblick, als er von der Frau am Empfang abgewiesen wurde. »Sie sagte zum Manager: ›Ihr 14-Uhr-Termin ist da. Aber er ist schwarz.‹ Und der Manager sagte: ›Sagen Sie ihm, dass wir keine freien Stellen mehr haben, dass alle besetzt sind.‹«

Dass Guy abgewiesen wurde, war keine Überraschung für die 3000 Schwarzen, die damals in Bristol lebten; die meisten von ihnen kamen aus der Karibik und hatten sich nach dem Zweiten Weltkrieg in Großbritannien niedergelassen. Sie verdächtigten das städtische Busunternehmen seit langem des Rassismus; viele hatten Vorstellungsgespräche bei der Bristol Omnibus Company geführt, nur um abgelehnt zu werden. Die gesamte Belegschaft war weiß.

Doch Guy Baileys Gespräch war kein Zufall. Es war von einer kleinen Gruppe junger Männer geplant worden: Roy Hackett, Owen Henry, Audley Evans und Prince Brown. Die Gruppe nannte sich *West Indian Development Council* (Westindischer Entwicklungsrat). Sie hatten Paul Stephenson gebeten, bei ihrem Plan mitzumachen, und er hatte zugestimmt. Paul kannte Guy bereits, der Schüler in der Abendschule war, an der er unterrichtete. Guy war für das Vorstellungsgespräch hervorragend geeignet: Er war adrett, hatte bereits eine Stelle, studierte in seiner Freizeit und war in einer christlichen Jugendorganisation aktiv.

Kaum war Guy das Gespräch verweigert worden, veranstaltete die Gruppe eine Pressekonferenz. Lokaljournalisten drängten sich in Pauls Wohnung, um zu erfahren, was genau geschehen war. In einem Bus wurden Fotos gemacht, Owen saß wie Rosa Parks ganz hinten. Nachdem sowohl die lokale als auch die überregionale Presse über den Fall berichtet hatten, stieg der Druck auf den Geschäftsführer des Busunternehmens, Ian Patey. Als die *Bristol Evening Post* nachhakte, sagte er: »Ein Weißer in London wird es niemals zugeben, aber wer von ihnen will bei einem Unternehmen angestellt sein, in dem sie womöglich unter einem farbigen Vorgesetzten arbeiten müssen?«[36]

Paul und der *West Indian Development Council* gewannen die Unterstützung der Studenten vor Ort, Politiker sprachen sich für ihre Sache aus, und die Lokalpresse druckte wohlwollende Kommentare. Auf der anderen Seite wurde Paul aber wiederholt vom Busunternehmen und der *Transport and General Workers' Union* (TGWU; Gewerkschaft der Transportarbeiter) ignoriert. Auch wenn sie häufig unterschiedlicher Meinung waren, was arbeitsrechtliche Fragen betraf, einte das Management und die Gewerkschaft der Rassismus. Sie hatten eine Übereinkunft, die der Diskriminierung Tür und Tor öffnete: Das Busunternehmen stellte niemanden ein, den die örtliche Geschäftsstelle der TGWU nicht im Vorhinein billigte. Obwohl Ian Pateys Aussagen schriftlich vorlagen, wies die Bristol Omnibus Company die Verantwortung von sich und schob sie auf die Gewerkschaft. Rassismus hatte die Solidarität unter den Arbeitern vergiftet, und so bestand ein Gewerkschaftsvertreter darauf, dass mehr schwarze Arbeiter potentiellen weißen Bewerbern Arbeitsplätze wegnehmen und zusätzliche Angestellte die Arbeitszeit der bereits Eingestellten verkürzen würden.

Paul wurde für sein Engagement hart kritisiert. Ron Nethercott, Gewerkschaftsführer im Südwesten, schrieb einen Artikel in einer überregionalen Zeitung und nannte Paul »unehrlich« und »unverantwortlich«. Für seine Kritiker war sein Aktivismus die Ursache des Problems, nicht die Hautfarbe. Ein paar Bemerkungen hatten eine Verleumdungsklage zur Folge, die Paul gewann. Inzwischen boykottierten ausnahmslos alle karibischen Bewohner der Stadt die Busse. Einer ihrer Anführer sagte der Lokalzeitung: »Man merkt es zwar nicht gleich, aber viele Weiße unterstützen uns.« Trinidads Hochkommissar, Sir Learie Constantine, unterstützte die Kampagne. Über 100 Studenten demonstrierten, und alle, die die Busse boykottierten, gingen entweder zu Fuß oder fuhren mit dem Rad.

Am Tag bevor Martin Luther King vor 250 000 Menschen sagte, dass er einen Traum habe, trafen sich 500 Angestellte des Busunternehmens und kamen überein, die inoffizielle Schranke der Hautfarbe nicht länger aufrechtzuerhalten. Am nächsten Tag stimmte auch Ian Patey zu und besiegelte das Ende der Praxis. Auf einer Pressekonferenz sagte er: »Das einzige Kriterium wird sein, ob eine Person für die Stelle geeignet ist.« Wichtig ist jedoch festzuhalten, dass sich Bristol

Omnibus, mittlerweile mit anderen Unternehmen zusammengelegt und in First Somerset & Avon umbenannt, bis heute nicht für ihre Haltung entschuldigt hat. Ebenso wenig die Geschäftsstelle der TGWU in Bristol.

. Vom Busboykott in Bristol hörte ich zum ersten Mal 2013, als ich neben dem Studium in dem Thinktank *Runnymede Trust* arbeitete, der sich für hautfarbenunabhängige Chancengleichheit einsetzt. Eine kleine Gruppe von uns fuhr nach Bristol, um eine Kampagne zu starten. Abgesehen von einem Pop-up-»Komm und sprich über Rassismus«-Shop veranstalteten wir abends Events im Stadtzentrum. An einem nahm Paul Stephenson teil, der mittlerweile Ende 70 war. Im ersten Stock der Buchhandlung Foyles galt Paul, dessen Stimme vom Alter, vom Aktivismus und von gerechtem Zorn brüchig war, die ungeteilte Aufmerksamkeit aller Anwesenden. Mir kam es vor, als würde ich der Geschichte selbst zuhören.

Ungefähr zur gleichen Zeit, als die Bewohner von Bristol gegen Diskriminierung aufgrund von Hautfarbe kämpften, gewannen weiße Nationalisten in Großbritannien an Boden. Die 1967 gegründete *National Front*, eine Partei nur für Weiße, die strikt gegen Einwanderung ist und politisch weit rechts steht, schürte Zorn und Ressentiments unter den Briten. Sie unterhält seit jeher enge Beziehungen zu weißen rassistischen Bewegung auf der ganzen Welt. Während der 1970er Jahre, als sie den größten Zulauf hatte, schmückten sich ihre Mitglieder mit dem Union Jack und der englischen Flagge, als würde ihre Politik den Gipfel der britischen Wesensart repräsentieren. Nur zehn Jahre nach seiner Gründung stellte die *National Front* bei den Parlamentswahlen

1979 über 300 Kandidaten auf und gewann fast 200 000 Stimmen. Trotz der zunehmenden Beliebtheit weißer nationalistischer Politik während der 1970er Jahre waren es Schwarze und Menschen vom Subkontinent, die als die unberechenbaren Mitglieder der Gesellschaft galten. In den 1980er Jahren sank die Mitgliederzahl der *National Front*, doch ihre Ideologie fand andere Formen des Aktivismus.

In den 1980er Jahren beriefen sich Polizisten oft auf einen Artikel des archaischen *Vagrancy Act* (Gesetz gegen Landstreicherei) von 1824. Der Artikel gab ihnen das Recht, jeden anzuhalten, zu durchsuchen und festzunehmen, von dem sie vermuteten, dass er eine Straftat begehen könnte. Weil die Polizei keine Statistik darüber führte, wen sie unter Berufung auf dieses Gesetz anhielt, ist nur schwer zu schätzen, wie viele Personen für das Vergehen, nicht ehrbar auszusehen, belästigt wurden.[37] Antirassismus-Aktivisten betonten, dass Schwarze aufgrund dieses Gesetzes unfairerweise ins Visier genommen wurden. Die Entscheidung, wer verdächtig aussah und wer nicht, war zweifellos rassistisch motiviert – besonders in einem politischen Klima, in dem nur zehn Jahre zuvor Schwarzen Arbeit und Unterkunft verweigert worden waren.

Das Gesetz sorgte für ein angespanntes Verhältnis zwischen Schwarzen und der Polizei. Diese Stimmung wurde durch eine allgegenwärtige Angst vor Überfällen und Straßenräubern noch verstärkt. Nach einem gewaltsamen Straßenraub mit Todesfolge 1972 in Handsworth, Birmingham, berichtete die Presse ein Jahr lang ständig über Übergriffe dieser Art. »Mugging« war ein amerikanischer Ausdruck, übernommen aus Presseverlautbarungen der Polizei und

Medienberichten in überwiegend von Schwarzen bewohnten Städten. Die Angst davor wurde ebenfalls übernommen.

Straßenraub gab es schon immer, auch in Großbritannien. Doch der Import des Wortes »Mugging« implizierte, dass die Täter überwiegend schwarz waren und es sich dabei um eine exklusiv schwarze Straftat handelte. Zeitungen berichteten, dass dies ein neuer Trend sei. Die Angst vor »Mugging« war viel mehr als nur die Angst vor Verbrechen und Gewalt; es ging dabei auch um die Ängste derer, die in den 1960er Jahren die schwarze Bürgerrechtsbewegung gefürchtet hatten und von Themen wie Ethnie, Reparationen und Rache in Panik versetzt wurden.

Es gibt mindestens einen dokumentierten Vorfall, bei dem Polizisten junge schwarze Männer verhafteten, weil sie wie Kriminelle aussahen. Am 16. März 1972 nahm eine Gruppe weißer Polizisten in zivil im Bahnhof Oval im Süden Londons vier junge schwarze Männer – die zufälligerweise auch Mitglieder einer radikalen schwarzen Organisation waren – in einem Zug fest und sagten später vor Gericht aus, es sei »klar gewesen, dass sie vorhatten, die Passagiere zu bestehlen«. Die einzigen Zeugen der Staatsanwaltschaft waren allerdings die Polizisten, und die angeklagten jungen Männer hatten keinerlei Diebesgut bei sich.[38] Die *Oval 4* wurden zu je zwei Jahren Gefängnis verurteilt, jedoch nach einem Jahr im Berufungsverfahren freigelassen. Alle vier haben sich bis heute nichts zuschulden kommen lassen.

Während die Polizei eifrig Schwarze festnahm, weil sie verdächtig aussahen, schlug die *National Front* Kapital aus den landesweiten Ressentiments gegenüber Schwarzen. 1975 organisierte sie eine Demonstration gegen schwarzes »Mugging« durch das Londoner East End. Ein Jahr später unterstützte sie ein weiteres White-Power-Anliegen. Der Busfahrer Robert Relf aus Leamington Spa wurde 1976 durch die Medien bekannt, weil er vor seinem Haus ein Schild mit der Aufschrift »Zu verkaufen nur an eine englische Familie« aufgestellt hatte. Eine frühere Version des Schildes war noch extremer gewesen: »Um Feindseligkeiten in der Gegend zu vermeiden, definitiv keine Farbigen.« Das Schild verstieß gegen den *Race Relations Act*, und er wurde aufgefordert, es zu entfernen. Er weigerte sich und kam wegen Missachtung des Gerichts ins Gefängnis. Relf trat prompt in einen Hungerstreik. Die Boulevardpresse benutzte seine Inhaftierung als Munition gegen die von ihr so genannte »politische Korrektheit«. Für die *National Front* war er ein Märtyrer. Sie startete eine Kampagne, um ihn zu unterstützen, und organisierte »Free Relf«-Demonstrationen.

Die Konnotationen von schwarzer Hautfarbe und Kriminalität vermischten sich miteinander. 1984, drei Jahre nachdem der *Vagrancy Act* abgeschafft worden war, wurde »stop and search« eingeführt. Die Initiativen unterschieden sich kaum. Doch während das alte Gesetz der Polizei erlaubte, jeden zu verhaften, von dem sie meinte, er habe vor ein Verbrechen zu begehen, sah das neue vor, dass klare Anhaltspunkte für ein bereits begangenes Vergehen vorliegen mussten, bevor jemand angehalten und durchsucht werden konnte.[39] Auch wenn die Polizei schon immer darauf beharrt, solche Taktiken würden Verbrechen vorbeugen, wurde »stop and search« unverhältnismäßig häufig gegen Schwarze angewandt (Forschungsergebnisse aus dem Jahr 2015 belegen, dass Schwarze in manchen Landesteilen 17-mal häufiger angehalten und durchsucht wurden als Weiße).[40] Es war (und ist) das alte Gesetz unter einem neuen Namen.

Zwischen 1980 und 1982, als im Land Rezession herrschte, stieg die Arbeitslosigkeit bei schwarzen und asiatischen Männern um ungefähr 20 Prozent – bei weißen Männern dagegen nur um zwei Prozent.[41] Obwohl Schwarze und Menschen vom Subkontinent zu einem festen Bestandteil britischer Städte geworden waren, verursachte ihre Präsenz in manchen überwiegend weißen Gemeinden noch immer Unbehagen. Man war der Ansicht, dass arbeitslose junge Schwarze nicht arbeiten wollten und stattdessen lieber ein asoziales Leben führten. Der Polizist Dick Board erläuterte seine Meinung über arbeitslose junge Schwarze 1982 in einem Radiointerview von *BRMB Radio Birmingham*: »Wir sollten doch fair sein. Wir sprechen von einem bestimmten Typ Mensch. In den 1920er und 1930er Jahren ging es uns genauso schlecht, aber so etwas hat es nicht gegeben. Weder hatten wir diese himmelhoch steigende Kriminalitätsrate noch das, was die Amerikaner ›Mugging‹ nennen. Das heißt gewaltsamen Raub. Es gibt diesen anderen Menschentyp, der sich mit allen Mitteln durchsetzen will, auf Kosten aller anderen, auch seiner eigenen Leute. Darum geht es. Die Arbeitslosigkeit spielt keine Rolle, wir haben jetzt eine Situation, die vorsätzlich ausgenutzt wird, und es besteht kein Zweifel: Es ist ihnen vollkommen egal, ob sie Arbeit haben oder nicht, ja, sie sind froh, dass sie keinen Job haben«, sagte er und fuhr fort: »Dieses Gewäsch, dass sie Arbeit suchen und ›ich finde keinen Job‹ und so weiter … Viele von ihnen benutzen ihre Hautfarbe als Druckmittel gegen uns … sie benutzen sie und zwar gut. Es gibt genügend Leute im Land, die bereit sind, zuzuhören und nicht sehen wollen, was diese Typen tun.«[42]

Als Dick Board davon sprach, »was diese Typen tun«, bezog er sich, glaube ich, auf Straftaten. Zu der rezessionsbedingten Arbeitslosigkeit gesellte sich die gestiegene Angst vor Kriminalität in den Städten, die ganze Viertel mit überwiegend dunkelhäutiger Bevölkerung stigmatisierte.

Im Sommer 1981 gab es im ganzen Land weitere Krawalle – am 10. April in Brixton, London, am 3. Juli in Toxteth, Liverpool, am 10. Juli in Handsworth, Birmingham, und im selben Monat in Chapeltown, Leeds. Die sozialen Bedingungen in diesen Stadtteilen waren durchweg ähnlich. Arm. Schwarz. In Brixton und Toxteth trug das Verhalten der Polizei zu den Unruhen bei. In Brixton wurden die Krawalle von der Polizeioperation *Swamp* provoziert, bei der Beamte in nur sechs Tagen über 1000 Personen anhielten und durchsuchten.[43] Als Polizisten stehenblieben, um einem verletzten schwarzen Jungen zu helfen, kreiste sie eine Menschenmenge ein und die Situation eskalierte.[44] In Toxteth verfolgte die Polizei einen schwarzen Motorradfahrer, weil sie glaubte, das Motorrad wäre gestohlen. Er stürzte, und als ihn die Polizisten verhaften wollten, stellte sich ihnen eine wütende Menge entgegen. Auch hier eskalierte die Situation. Krawalle, so schien es, waren ansteckend.

Weil die Sieger die Geschichte schreiben, sind Beweise für die Polizeischikane von People of Colour in den frühen 1980er Jahren schwer zu finden. Doch das *Newham Monitoring Project* (Newhamer Überwachungsprojekt) widersetzte sich diesem Trend. Die Organisation wurde 1980 gegründet, nachdem der Teenager Akhtar Ali Baig von einer Bande weißer Skinheads auf dem Nachhauseweg vom College ermordet wurde. In dem Prozess sagte der Richter, dass der Mord »durch Rassenhass motiviert gewesen« sei.[45] Frustriert von der mangelnden Durchsetzung der Antirassismus-Gesetze taten sich die Menschen zusammen, um in Fällen von rassistischer Schikane logistische Unterstützung anzubieten, und das *Newham Monitoring Project* war geboren. Die Graswurzelorganisation engagierte sich gegen rassistische Gewalt – auch die der Polizei –, bis sie 2015 wegen fehlender Geldmittel schließen musste.

Das *Newham Monitoring Project* gab jedes Jahr einen Bericht heraus, und der Bericht von 1983 lässt erahnen, was es damals bedeutete, im Osten Londons schwarz zu sein. In diesem Jahr wurden dem Projekt 76 Fälle von Polizeischikane gemeldet. Von denen, die von der Polizei angehalten und anschließend verhaftet wurden, wurden 47 ohne Anklage wieder freigelassen. Von denen, die tatsächlich angeklagt wurden, ließ man alle wieder frei. Fallstudien zeichnen das Bild von schwarzen Familien, die von der Polizei belagert wurden: »Die Wohnung von Mr N und seiner Familie wurde allein dieses Jahr vier-, fünfmal durchsucht«, steht in dem Bericht. »Jedes Mal hatten die Polizisten einen Durchsuchungsbefehl dabei. Begründung war der Verdacht auf Diebesgut. Sie fanden nie etwas, und stellten deswegen auch keine Anzeige … Die Familie rechnet jederzeit damit, dass Polizisten in ihre Wohnung eindringen. Sie lebt in ständiger Angst vor dem nächsten Besuch der Polizei.«[46]

Dann der Fall des 45-jährigen Osei Owusu. Die Polizei kam zu ihm nach Hause und verlangte einen Alkoholtest von ihm. Er weigerte sich. Minuten später, »während er in seinem Bad war, brachen zehn bis zwölf Polizisten seine Wohnungstür auf und stürmten herein. Sie zerrten ihn nackt aus dem Bad, schlugen ihn brutal mit Schlagstöcken und brachten ihn auf das Polizeirevier Forest Gate. Dort wurde er gezwungen, ins Röhrchen zu pusten. Drei Alkoholtests blieben ergebnislos.«

In einem Fall nahm die Polizei eine ganze Familie ins Visier. »John Power ging vom Jugendclub nach Hause«, steht in dem Bericht. »Ein Polizeiwagen fuhr neben ihm her, und ein Polizist rief aus dem Auto: ›Hey, komm her, du schwarzer Scheißkerl.‹ John ging weiter. Weil er Angst hatte, dass etwas passieren könnte, rannte er nach Hause. Die Polizei folgte ihm, öffnete die Haustür, zerrte John heraus und schlug ihn.« Sobald sein Vater dazwischenging, »schlugen die Polizisten auch ihn«. Als Johns Schwester sah, was passierte, und vor Angst schrie, »sagte ein Polizist, sie solle die Klappe halten, schubste und schlug sie. Jeder der drei wurde in einen Streifenwagen gesetzt und zum Polizeirevier East Ham gefahren. Sie wurden wegen Behinderung der Polizei und tätlichem Angriff auf Polizeibeamte angezeigt«.

Während dieser Phase der Polizeibrutalität gab es auch eine Bewegung, die sich dafür einsetzte, das verlorene Vertrauen zwischen People of Colour und der Polizei wiederherzustellen. Die Polizei nahm sich die USA zum Vorbild und entwickelte eine neue Strategie. Beim »Community Policing« schickten die Stadtteile Polizeibeamte zu den Menschen, damit die Bewohner sie kennenlernen konnten. Der verstorbene Polizeipräsident John Alderson argumentierte zu Beginn der 1980er Jahre engagiert dafür, dass Polizisten mehr mit den Menschen, die in dem Gebiet, für das sie zuständig waren, wohnten, zu tun haben sollten.[47] Doch diese kommunale Strategie wirkte sich für die schwarzen Bewohner nicht positiv aus. Der Bericht des *Newham Monitoring Project* von 1983 illustriert dies anhand des Beispiels eines unschuldigen schwarzen Schuljungen, der von der Polizei festgehalten wurde. Die Schule des elfjährigen Shaun Robertson hatte einem Polizisten, der in einem Raubüberfall ermittelte, die Namen und Adressen aller schwarzen Schüler gegeben. Als der Polizist erwähnte, dass einer der Verdächtigen zwei vorstehende Schneidezähne hatte, ließ ihn jemand von der Belegschaft wissen, dass Shaun an diesem Tag beim Kieferorthopäden gewesen war. Auf diese Weise wurde er zum Verdächtigen.

Das *Committee for Community Relations* (Komitee für Gemeindebeziehungen) von Camden beschrieb die Doppelmoral der Polizei in seinem Jahresbericht von 1984: »Die Strategie der Polizei hat zwei Seiten. Die Brutalität, der Rassismus und die Verweigerung von Bürgerrechten sollen der Öffentlichkeit verborgen bleiben. Dem gegenüber stehen ›Community Policing‹, ›Nachbarschaftswachen‹, ›das Beratungskomitee der Polizei/Gemeinde‹, ›Kontaktbeamte‹ – das alles gehört zur Übung in Public Relations, die uns davon überzeugen soll, dass die Polizei ein wirkliches Interesse am Wohlergehen der Gemeinde hat.«[48]

Geschichten von Schwarzen, die diese Zeit erlebt haben, weisen einen gemeinsamen roten Faden auf – dass die Polizei sie nicht geschützt hat. Die Unruhen von 1981 führten sowohl seitens der örtlichen Verwaltungen als auch der Landesregierung zu einem erneuten Interesse an sozialem Zusammenhalt. Die Regierung gab eine Untersuchung zu den Ursachen der Unruhen von Brixton in Auftrag, die Lord Scarman durchführte. Ende des Jahres wurde der Bericht veröffentlicht. Er empfahl, dass die Polizei mehr BME Beamte rekrutieren sollte, kam aber zu dem Schluss, dass institutionalisierter Rassismus nicht das Problem war; stattdessen benannte er »Benachteiligung aufgrund der Hautfarbe« als akuten sozialen Missstand.

Als Reaktion auf die Empfehlungen des Berichts stellte das Hendon Police College seine erste multikulturelle Einheit auf. Der schwarze Soziologiedozent John Fernandes arbeitete 1982 am mittlerweile nicht mehr existenten Kilburn Polytechnikum. Als Angestellter des Londoner Bezirks Brent wurden John und mehrere seiner Kollegen zeitweise ans College der Polizei versetzt, um dort zu unterrichten. »Im Police College dachte man, o Gott, für den Fall, dass [Lord Scarman] vorbei kommt, tun wir besser was, um zu beweisen, dass wir uns des Problems annehmen «, sagte mir John am Telefon.

John und seine Kollegen sollten für das Hendon Police College einen Kurs über Multikulturalismus für Polizeikadetten in der Ausbildung entwickeln. Die Kadettenausbildung war eine Art Praktikum für junge Leute, die anschließend oft Stellen bei der Polizei bekamen. Johns Kollegen wählten ihn dafür aus, die multikulturelle Einheit des Hendon Police College zu leiten. Doch er stieß sofort auf Schwierigkeiten. Das erste Warnsignal war, dass das College den Fokus auf Multikulturalismus und nicht auf Antirassismus legen wollte. »Als schwarzer Soziologe war ich nicht gerade glücklich darüber«, erklärte John. »Ich wollte eine antirassistische Herangehensweise. Denn das Problem ist kein schwarzes Problem. Nicht meine Kultur, nicht meine

Religion sind das Problem. Sondern der Rassismus in den weißen Institutionen.«

Um nachzuweisen, dass sein Antirassismus-Ansatz nützlicher wäre, musste er Nachforschungen anstellen. »Wenn ich einen Kurs in meinem Sinne entwickeln wollte, musste ich Beweise vorlegen«, sagte er. »Ich konnte nicht einfach etwas behaupten und sagen, ich will einen Antirassismus- und keinen Multikulturalismus-Kurs machen.« Er musste belegen, dass die neuen Rekruten des College bereits rassistisch voreingenommen waren. »Ich hätte herausfinden können, dass keiner der Kadetten ein Rassist war oder vielleicht nur ein paar wenige, dann wäre es kein Problem gewesen und ich hätte den Kurs über Multikulturalismus gemacht.«

Er bat die Polizeikadetten anonym einen Aufsatz zum Thema »Schwarze in Großbritannien« zu schreiben. Das Ergebnis war schockierend.

»Schwarze in Großbritannien sind eine Plage«, stand in einem Aufsatz.[49] »Sie kommen aus einer unbedeutenden Bananenrepublik her, wo sie in Hütten gelebt und auf Feldern Reis und Bananen, Kokosnüsse und Tabak angebaut haben, und lassen sich hir [sic] auf unserer sowieso schon übervölkerten Insel nieder … Sie sind von Natur aus nicht intelegent [sic] und können auch gar nicht genug ausgebildet werden, um in einer zivilisierten Gesellschaft der westlichen Welt zu leben.«

»Die Wohnverhältnisse und die Ausstattung für sie könnten verbessert werden, aber das lohnt sich nicht, wenn sie sowieso alles kaputt machen«, stand in einem anderen Aufsatz.

»Ich finde, alle Schwarzen sind Nervensägen und sollten aus der Gesellschaft geworfen werden. Insgesamt sind die meisten Schwarzen arbeitslos wie Rastafarier [sic], die mit großen Schlapphüten, Rollschuhen und Stereoradios herumlaufen und Pot rauchen und dem Staat das Geld aus der Tasche ziehen.«

»Die Schwarzen in Großbritannien behaupten, sie sind Briten mit hilfe [sic] von Worten z. B., ich habe mein ganzes Leben hier gelebt und meine Mutter [sic]. Ich halte das für eine Ladung Schrott, weil Weiße, die, sagen wir, in Mosambik leben, auch nicht zum Land gehören. Schwarze komen [sic] zu leicht davon, damit meine ich, wenn ein Polizist einen Schwarzen verhaftet, gilt er als rassistischer Vorurteiler [sic]. Wenn man alle Schwarzen nach Afrika oder woher immer sie gekommen sind, zurückbringt, gäbe es weniger Arbeitslosigkeit und deswegen Geld, mit dem die Regierung Jobs schaffen kann.«

»Als ich das gelesen habe, dachte ich, ach, du lieber Gott«, sagte John. »Deswegen musste ich dafür sorgen, dass es ein Antirassismus-Kurs würde. Damit ich ihnen die Dinge erklären konnte, nicht um ihnen Vorhaltungen wegen ihrer Ansichten zu machen. Man muss ihnen erklären, warum sie alle so denken wie sie denken.« Nachdem er die Aufsätze ausgewertet und seine Beweise erhalten hatte, ging er mit den Ergebnissen nicht direkt zum Police College. Stattdessen plante er die Inhalte des Kurses und legte sie dem Vorstand des Kilburn Polytechnikums vor. Als er die Genehmigung des Vorstand hatte, legte er dem Hendon Police College den Lehrplan vor. »Sie waren nicht gewillt, mich den Antirassismus-Kurs machen zu lassen«, sagte John. Das College bat ihn außerdem, die rassistischen Aufsätze, die Grundlage des Kurses, auszuhändigen. »Sie argumentierten, dass ich sie ihnen geben sollte, weil das Papier, auf dem sie geschrieben waren, der Polizei gehörte.« John händigte sie nicht aus.

In dieser heiklen Situation entschied John, nicht mehr am Police College zu unterrichten. »Es war unmöglich, länger dort zu bleiben. Wie könnte ich, als schwarzer Wissenschaftler ... Ich hätte mich auf ihre Seite geschlagen, wenn ich den multikulturellen Kurs gehalten hätte. Deswegen musste ich gehen, ob ich nun meine Stelle aufs Spiel setzte oder nicht. Ich habe mich ganz bewusst dafür entschieden, da ich schwarz bin und einen antirassistischen Standpunkt vertrete, ich musste gehen. Es gab keine Möglichkeit zu bleiben.«

Da er den Standpunkt des College als Symptom eines größeren Problems betrachtete, wurde er zum Whistleblower. Die Medien hatten Wind von der Sache bekommen, die sich zu einem Skandal ausweitete. *Eastern Eye*, eine dokumentarische Fernsehserie von *London Weekend Television* (heute *ITV London*), strahlte eine halbstündige Sendung über Johns Untersuchung aus. Darin reagierte jemand aus der Leitung des College auf den Skandal: »Wenn ich auch nur den leisen Verdacht hätte, dass einer der jungen Kadetten wirklich tiefsitzende Vorurteile hat und nicht nur oberflächliche Vorurteile wie diese äußert, würde ich ihn nicht für den Polizeidienst empfehlen.«[50]

Ich fragte John, was aus den Polizeikadetten wurde. »Die Aufsätze waren nicht namentlich gekennzeichnet, sie waren anonym«, sagte er. »Ich wusste zwar, wer sie geschrieben hatte, aber ich gab ihre Namen nicht preis. Das wäre unprofessionell gewesen.« Wir wissen nicht, ob die Kadetten in den Polizeidienst aufgenommen wurden oder eine andere Laufbahn einschlugen. Wir wissen jedoch, dass John Fer-

nandes archaische Einstellungen aufdeckte, die die Polizei-
arbeit damals beeinflussten. Sein Antirassismus-Kurs wäre
bitter nötig gewesen.

Als angehende schwarze Politiker sahen, was in ihren Gemeinden passierte, begannen sie, auf eine bessere Vertretung von Schwarzen in der Politik zu drängen. Trotz der
sehr weißen Führungsriege war die Labour Party damals
zur politischen Heimat der dunkelhäutigen Mittelschicht
geworden. Die Partei musste sich nicht allzu sehr um die
schwarze Unterstützung bemühen; sie erfolgte aus Notwendigkeit, nicht unbedingt aus Überzeugung. Nur 20 Jahre
zuvor war der konservative Abgeordnete Peter Griffiths in
Smethwick, Midlands, mit Hilfe des Slogans »If you want a
nigger for a neighbour, vote Labour« (Willst du einen Neger
als Nachbarn, wähle Labour) zum Repräsentanten im Parlament gewählt worden.

1983 gründeten Leo Dickson und Marc Wadsworth die
schwarzen Ortsvereine der Labour Party in Vauxhall, London. Es war eine parteiinterne Bewegung, die sich für eine
schwarze (im politischen Sinn von nicht-weiß) Vertretung
in der Labour Party einsetzte. Im selben Jahr fanden Parlamentswahlen statt, und aufgrund der niedrigen schwarzen Wahlbeteiligung blieb der Labour Party nichts anderes übrig, als einzugestehen, dass sie mehr tun musste, um
für Schwarze attraktiv zu werden. Ein 1984 von der Vauxhall Labour Party publiziertes Pamphlet erläutert die Strategie hinter der Gründung der schwarzen Ortsvereine und
die darauffolgende heftige Diskussion innerhalb der Partei.
In dem Pamphlet schrieben Leo und Marc: »Unser Wahlkreis (Brixton) ist ein sozialer Brennpunkt, in dem Mani-

festationen des heutigen britischen Rassismus allgegenwärtig sind.«[51] Es war keine Überraschung, dass der Vorstoß für mehr schwarze Repräsentanten in der linken Partei aus dem Süden Londons kam – einem Stadtgebiet, in dem damals seit drei Jahrzehnten afrikanische und karibische Migranten lebten.

Nach der Veröffentlichung des Pamphlets der Vauxhall Labour Party wurde in den Medien eine aufgeregte Diskussion über die Legitimität der schwarzen Ortsvereine geführt. Um in der Partei an Boden zu gewinnen und Zugang zu anderen schwarzen Parteimitgliedern zu erhalten, trugen die Organisatoren der Ortsvereine dem Leitungsgremium der Partei ihren Standpunkt vor. Daraufhin informierte das Leitungsgremium seinerseits alle Parteimitglieder, gleich welcher Hautfarbe, von einem Treffen einer »black caucus« (schwarzen Fraktion). Leo und Marc waren nun in der unangenehmen Position, die Forderung nach schwarzen Kandidaten vor einigen Ortsvereinen vertreten zu müssen. Sie stießen auf überwiegend weiße Opposition.

Als die Medien von den parteiinternen Debatten über die Logistik der Angelegenheit erfuhren, vermeldeten sie eine rassistische Auseinandersetzung. In Übereinstimmung mit dem Vauxhall-Ortsverein brachte der damalige Vorsitzende der Labour Party, Neil Kinnock, im Juli 1984 allgemeine Zustimmung zur Beendigung der Rassendiskriminierung innerhalb der Partei zum Ausdruck, bezeichnete die Gründung von schwarzen Ortsvereinen jedoch als eine »Abspaltung aufgrund der Hautfarbe«.

Der Parteitag der Labour Party 1984 war von großer Bedeutung. Die Mitglieder sollten darüber abstimmen, ob die schwarzen Ortsvereine formell in das Statut der Partei aufgenommen würden. Der verstorbene Abgeordnete Bernie Grant (damals Stadtrat in Haringey, London) unterstütze den Antrag und sagte: »Unser Problem ist, dass Schwarze im Moment keine Priorität für die Partei und die Gewerkschaften haben. Schwarze Ortsvereine sollen dafür sorgen, dass sie zur Priorität werden ... Wir sind besorgt, weil uns mitgeteilt wurde, dass die Parteiführung gegen schwarze Ortsvereine ist. Ein Genosse hat gesagt, dass schwarze Ortsvereine sich in schwarze Ghettos verwandeln werden.«[52] Der Aktivist Darcus Howe, der einen Bericht über den Parteitag für *Race Today* schrieb, sprach von einer konzertierten Anstrengung, die schwarzen Ortsvereine zu zerschlagen: »... Das Argument war einfach: Schwarze Ortsvereine spalten die Arbeiterklasse.«[53] Der Antrag, die schwarzen Ortsvereine formell ins Parteistatut aufzunehmen, wurde abgelehnt, doch der Kampf darum hatte zur Folge, dass 1987 die ersten schwarzen Abgeordneten ins britische Unterhaus gewählt wurden – Diane Abbott, Paul Boateng und Bernie Grant.

An einem Septembermorgen im Jahr 1985 brachen Polizisten die Haustür der Familie Groce in Brixton, Südlondon, auf. Dort wohnten die 37-jährige Cherry Groce und fünf ihrer sechs Kinder. Die Familie hörte Schreie und Schläge. Cherry ließ ihren elfjährigen Sohn Lee in ihrem Schlafzimmer allein, um herauszufinden, was vor sich ging. Dabei schoss ihr ein Polizist in die Brust. Cherry sagte später aus, dass die Polizei sie, während sie blutend auf dem Boden lag, weiter anschrie und fragte, wo ihr ältester Sohn sei.[54] Die Aussage ihres Sohnes bestätigt das. 2014 erinnerte sich Lee in einem Gespräch mit *Channel 4 News* an diese Stunden, die sein Leben veränderten. »Ich sah sie auf dem Boden. Einfach auf dem Boden liegen. Und ich sah diesen Polizisten, der mit der Pistole dastand. Er zielte mit der Pistole auf sie, die Beine weit auseinander, und schrie: ›Wo ist Michael Groce? Wo ist Michael Groce?‹ Ich stellte mich auf das Bett und schrie: ›Was habt ihr meiner Mum angetan?‹ Der Polizist drehte sich um, zielte mit der Pistole auf mich und sagte: ›Halt die Klappe!‹«[55] Michael Groce, der 1985 21 war, wurde verdächtigt, an einem bewaffneten Raubüberfall beteiligt gewesen zu sein. Er wohnte nicht mehr bei Cherry, als die Razzia stattfand.

Cherry wurde am selben Morgen in das St Thomas' Hospital gebracht.[56] Unterdessen verbreitete sich im Viertel die Nachricht, dass Cherry angeschossen worden war, und die Menschen drängten auf die Straßen von Brixton. Um die Menschenmenge zu zerstreuen, legte die Polizei Kampfausrüstung an. Die Zusammenstöße zwischen Polizei und Bevölkerung dauerten zwei Tage.[57] Es kam zu Diebstählen und Plünderungen. Dutzende wurden verletzt, und ein Fotojournalist, der Bilder von den Unruhen machen wollte, wurde getötet.

1985 patrouillierte ein großes Polizeiaufgebot in Broadwater Farm, Tottenham. Doch nach den Ereignissen in Brixton wurden die Polizisten abgezogen.[58] Am 5. Oktober, eine knappe Woche nach den Unruhen von Brixton, wurde Floyd Jarrett in seinem Auto von der Polizei angehalten. Seine Steuermarke war abgelaufen. Wegen einer kleinen Diskrepanz zwischen Steuermarke und Nummernschild wurde er wegen Verdacht auf Autodiebstahl festgenommen. Im Polizeirevier von Tottenham schlug Detective Sergeant Randall, der nicht mehr im Dienst war, seinen Kollegen vor, Floyds Haus nach weiterem Diebesgut zu durchsuchen. Der

Schlüssel zum Haus von Floyds Mutter wurde ihm ohne sein Wissen abgenommen, und vier Polizisten drangen in das Haus ein. Einer von ihnen war DC Randall.

Sie stießen auf Floyds Mutter Cynthia, ihre Tochter Patricia und ihre kleine Enkelin. Später im Jahr sagte Patricia bei der Untersuchung zum Tod ihrer Mutter aus: »Ich habe gesehen, wie Randall meiner Mutter den linken Arm um die Schulter legte und sie mit seinem Körper wegstieß, und sie stürzte mit ausgestrecktem linken Arm und zerbrach dabei einen kleinen Tisch.« DC Randall behauptete, sie nicht berührt zu haben. Anhand des Autopsieberichts entschied die Untersuchungskommission, dass DC Randalls Stoß nicht vorsätzlich erfolgte, jedoch Cynthia Jarretts Sturz herbeiführte. Wie dem auch sei, sie brach zusammen. Cynthia wurde ins North Middlesex Hospital gebracht, wo sie am Abend an einem Herzinfarkt starb. Die Untersuchungskommission, vor der Patricia aussagte, entschied auf Unfalltod.

Am nächsten Tag versammelte sich eine Menschenmenge vor dem Polizeirevier von Tottenham und forderte Rechenschaft für Cynthias Tod. Laut einem Bericht des Aktivisten Stafford Scott[59] erschien DC Randall, der nachgewiesenermaßen am Vortag dabei gewesen war, am Fenster des Reviers. Demonstranten, die ihn für schuldig hielten, warfen Gegenstände auf ihn. Im darauffolgenden Chaos wurden über 200 Polizisten verletzt. Ein Polizist, PC Blakelock, wurde von Randalierern getötet.

Eine spätere Untersuchung der Ereignisse an diesem Abend kam zu folgenden Schlüssen: »Wir wollen festhalten, was die Beweise der Ermittlungen und des Gerichts belegen: 1. Die Beamten, die Floyd Jarrett anhielten, überprüften seinen Wagen im Computer, offenbar aus keinem anderen Grund, als dass er ein junger schwarzer Mann war. 2. Sie verhafteten ihn und hielten ihn auf den Verdacht hin fest, dass der Wagen gestohlen war, obwohl es keinen einsehbaren Grund für diesen Verdacht gab. 3. Sie beschuldigten ihn der Körperverletzung, was sich als falsch herausstellte.«[60] Die Behauptung der Polizisten, dass die Familie Jarrett sie angeschrien und angegriffen habe, während sie das Haus durchsuchten, erwies sich ebenfalls als falsch.

In Brixton war Cherry Groce aufgrund der Schusswunde von der Hüfte abwärts gelähmt. Ihre Kinder kümmerten sich rund um die Uhr um sie. 26 Jahre später, im Alter von 63, starb sie an Nierenversagen. Ihre Ärzte bestätigten, dass ihr Tod in direktem Zusammenhang mit der Schusswunde stand. 2014 machte eine Untersuchungskommission die Polizei für ihren Tod verantwortlich und stellte fest, dass sie die Razzia bei den Groces weder ausreichend geplant noch ordnungsgemäß überprüft hatte, wer in dem Haus wohnte.[61] Im selben Jahr entschuldigte sich der Polizeipräsident, Sir Bernard Hogan-Howe, bei der Familie.

30 Jahre nach den Unruhen von 1985 wurde der Grund für die erbärmliche Vernachlässigung schwarzer Wohnviertel in britischen Großstädten allgemein bekannt. Akten aus 10 Downing Street, die für das Nationalarchiv freigegeben wurden, war zu entnehmen, dass der Parlamentsabgeordnete Oliver Letwin, damals Berater von Premierministerin Margaret Thatcher, Vorschläge von Kabinettsministern ablehnte, die vorsahen, in den Städten proaktiv zu werden und heruntergekommene und vernachlässigte Viertel zu sanieren. Letwin, noch immer Parlamentsmitglied, war gegen die Initiativen. »Ursache von Unruhen, Kriminalität und sozialer Desintegration sind ausschließlich Individuen

und ihre Einstellungen«, schrieb er zusammen mit Hartley Booth, Berater für soziale Brennpunkte, an Thatcher. »Solange es verwerfliche moralische Einstellungen gibt, werden alle Bemühungen, die Situation in sozialen Brennpunkten zu verbessern, scheitern. David Youngs [Abgeordneter der Labour Party] junge Unternehmer werden ins Disco- und Drogengeschäft einsteigen.«[62]

Als ich die Literatur zu den Zusammenstößen zwischen Schwarzen und der Polizei durchforstete, stieß ich auf einen weiteren Konflikt – einen Konflikt der Perspektiven. Während die einen die Ereignisse von Tottenham und Brixton als Unruhen bezeichneten, nannten andere sie einen Aufstand – eine Rebellion ansonsten nicht gehörter Menschen. Ich glaube, dass in beiden Perspektiven Wahrheit steckt, und dass die extreme Notlösung, Unruhe zu stiften, nur die extreme Not der Lebensbedingungen besagter Unruhestifter widerspiegelt. Sprache ist wichtig – und der Ausdruck »Rassenunruhen« impliziert zweifelsohne die Verbindung von schwarzer Hautfarbe und Kriminalität und übersieht dabei, worauf Schwarze reagierten. Die Bedingungen haben sich offenbar nicht geändert. Als die Unruhen im August 2011 in London nahezu Schritt für Schritt widerspiegelten, was 1985 in Brixton passiert war, fragte ich mich, wie oft sich Geschichte wiederholen muss, bevor wir die eigentlichen Probleme angehen.

Ich erinnere an diese Geschichten, nicht, um die Vergangenheit zwanghaft wiederaufleben zu lassen, sondern ganz einfach, um die Vergangenheit zu kennen. Vielleicht gebe ich damit nur meine Unkenntnis preis, aber ich kannte die Geschichte schwarzer Briten nicht, bis ich aktiv danach suchte.

Ich hatte gehört, dass das Verhältnis zwischen Schwarzen und der Polizei in Großbritannien immer schwierig gewesen war. Aber ich hatte nicht nach dem Grund dafür gefragt. Ich verstand es besser, als ich erfuhr, dass Unschuldige ums Leben gekommen waren, dass in Häuser und Wohnungen eingedrungen wurde, obwohl kaum Beweise vorlagen, die eine Durchsuchung rechtfertigten, dass Teenager und junge Erwachsene gefilzt wurden, um sie rituell zu demütigen. Ich verstehe jetzt, warum sich in so einer Umgebung Feindseligkeiten zusammenbrauen konnten, und warum manche darauf bestanden, dass die Polizei die größte Straßengang war.

Doch ich glaube nicht, dass ich mit meiner Unkenntnis allein war. Dass ich nach entscheidenden Momenten in der schwarzen Geschichte Großbritanniens suchen musste, legt für mich den Schluss nahe, dass ich vorsätzlich in Unkenntnis gehalten wurde. Während es der schwarzen Geschichte in diesem Land an Sauerstoff mangelt, gilt der Kampf gegen Rassismus in den USA weltweit als der Kampf gegen den Rassismus, der uns inspirieren sollte – dabei wird die britische schwarze Geschichte so sehr ausgeblendet, dass wir überzeugt sind, bei uns hätte es nie ein Problem mit Hautfarbe gegeben.

Wir müssen aufhören, uns selbst zu belügen, und wir müssen aufhören, andere zu belügen. Die Annahme, dass es in Großbritannien keine Bürgerrechtsbewegung gab, ist nicht nur schlichtweg falsch, sie erweist unserer schwarzen Geschichte einen schlechten Dienst, und es bleiben klaffende Lücken, an deren Stelle die Geschichte des Fortschritts stehen sollte. Das schwarze Großbritannien verdient einen Kontext. In einem Interview mit *Radio Times* betonte der Schauspieler David Oyelowo den Mangel an historischen britischen Filmen über Schwarze und sagte: »Wir machen Historienfilme [in Großbritannien], aber so gut wie nie kommen Schwarze vor, obwohl wir hier seit Jahrhunderten leben. Einmal bin ich mit einem Drehbuch für einen historischen Film mit einem schwarzen Protagonisten zu einem britischen Produzenten gegangen, und er hat gesagt, wenn es nicht Jane Austen ist oder Dickens, dann verstehen es die Leute nicht. Und ich dachte: Okay – du verhinderst, dass die Leute einen Kontext bekommen für das Land, in dem sie leben, und du marginalisierst mich. Damit kann ich nicht leben. Ich muss hier weg.«[63] Angesichts dieses kollektiven Vergessens, müssen wir um unsere Erinnerung kämpfen.

Ich weiß, dass es noch viel mehr über die Geschichte und die Geschichten von People of Colour in Großbritannien zu lernen gibt, wenn man sich die Mühe macht und danach sucht. Nachdem das Land im Juni 2016 dafür gestimmt hatte, die Europäische Union zu verlassen, hieß es, dass ein drastischer Anstieg von Hasskriminalität registriert wurde und dass der Rassismus in Großbritannien wieder auf dem Vormarsch sei. Doch ein Blick in unsere Geschichte zeigt, dass Rassismus nicht aus dem Nichts entsteht, sondern dass er vielmehr in der britischen Gesellschaft verankert ist. Er steckt im Kern unserer staatlichen Strukturen. Er ist nichts Externes. Er ist Teil des Systems.

2

Das System

Am Abend des 22. April 1993 verließ der 18-jährige Stephen Lawrence zusammen mit seinem Freund Duwayne Brooks das Haus seines Onkel in Plumstead im Südosten Londons. Als Stephen und Duwayne an der Bushaltestelle warteten, wollte Stephen über die Straße gehen, um nachzusehen, ob der Bus kam. Er schaffte es nicht auf die andere Seite. Später ergab eine Ermittlung, dass er auf eine Bande junger weißer Männer in seinem Alter stieß und von ihnen umzingelt wurde. Stephen wurde attackiert, mehrmals wurde mit einem Messer auf ihn eingestochen. Duwayne flüchtete, und Stephen folgte ihm, lief ungefähr 100 Meter, bevor er aufgrund des Blutverlustes zusammenbrach. Er verblutete auf der Straße.

Einen Tag nach Stephens Tod wurde in einer Telefonzelle in der Nähe der Bushaltestelle eine Liste mit den Namen der späteren Hauptverdächtigen hinterlassen. In den folgenden Monaten führten die Hinweise auf dieser Namensliste zu Überwachungen und Festnahmen. Zwei Männer wurden angeklagt. Doch Ende Juli 1993 wurden die Anklagen mit der polizeilichen Begründung fallengelassen, dass die Aussagen von Duwayne, dem einzigen Zeugen des Verbrechens, nicht ausreichend glaubwürdig seien. Später im Jahr erfolgte eine amtliche Untersuchung. Sie wurde unterbrochen, als der Anwalt der Familie neue Beweise vorlegte. Ein Jahr später entschied das Gericht, die Verdächtigen nicht weiter zu verfolgen, wiederum mit der Begründung, dass die Beweise nicht ausreichen.

Stephens Eltern reichten eine Privatklage gegen drei der Verdächtigen ein. Unterdessen hatten polizeiliche Überwachungen ergeben, dass dieselben Männer, die des Mordes an Stephen Lawrence verdächtigt wurden, durch aggressive und rassistische Sprüche auffielen. Im April 1996 wurde die Privatklage der Familie abgewiesen. Der Richter entschied, dass die Aussage von Stephens Freund Duwayne Brooks nicht rechtsgültig war.

1997 wurde das Ergebnis der 1993 eingeleiteten amtlichen Untersuchung verkündet. Die fünf Verdächtigen verweigerten die Aussage, dennoch wurde geurteilt, dass in einem »nicht provozierten rassistischen Akt« eine widerrechtliche Tötung stattgefunden hatte. Im selben Jahr führte die Polizei von Kent aufgrund einer offiziellen Beschwerde, die Stephen Lawrences Eltern bei der Beschwerdestelle der Polizei eingereicht hatten, eine interne Untersuchung durch. Neun Monate später stand fest, dass es »signifikante Schwächen, Unterlassungen und nicht genutzte Gelegenheiten« bei den polizeilichen Ermittlungen zum Tod von Stephen Lawrence gegeben hatte. Bob Ayling, stellvertretender Polizeichef von Kent, sagte zwei Jahre später in BBC *Newsnight*, die Ermittlungen zu Stephens Tod hätten »gravierende Mängel« aufgewiesen. Ayling gab zu, dass sich ein weiterer Hauptzeuge gemeldet und bei einem rangniedrigen Polizisten ausgesagt hatte; seine Aussage war verworfen worden. Dreimal hatte eine Frau, die offenbar einem der Verdächtigen nahestand, bei der Polizei angerufen, doch auch ihre Aussage war nicht weiterverfolgt worden.

Heute ist allgemein bekannt, dass die Ermittlungen zu Stephens Ermordung eine Scharade waren. Doch 1997 vertraute die Öffentlichkeit noch darauf, dass die Polizei das Verbrechen aufklären konnte. Im Juli desselben Jahres verkündete der damalige Innenminister Jack Straw, dass es eine gerichtliche Untersuchung von Stephen Lawrences Tod und den anschließenden Ermittlungen der Polizei geben würde. Den Vorsitz führte ein Richter des Hohen Gerichtshofes namens Sir William Macpherson.

Unzufrieden damit, wie die Polizei mit dem Fall umging, und frustriert von ihrer scheinbar nie endenden Suche nach Gerechtigkeit, rief Stephens Familie den damaligen Polizeipräsidenten von London, Sir Paul Condon, 1998 dazu auf, zurückzutreten. Er reagierte darauf nicht mit seinem Rücktritt, sondern mit einer Entschuldigung. »Ich bedaure zutiefst, dass wir Stephens rassistische Mörder nicht zur Rechenschaft ziehen konnten, und ich möchte mich heute noch einmal persönlich bei Mr und Mrs Lawrence für unser Versagen entschuldigen«, sagte er bei der Beweisaufnahme während der gerichtlichen Untersuchung. »Wir haben gehört, was die Leute sagen, und ich erkenne an, dass große Sorge herrscht, die Polizei sei rassistisch. Ich gebe zu, dass wir nicht genug getan haben, um gegen rassistische Straftaten und Schikane vorzugehen.«

Trotz dieses Eingeständnisses weigerte sich Sir Paul anzuerkennen, dass der Rassismus der Londoner Polizei *institutionalisiert* war. Damals sagte Doreen, Stephens Mutter und Galionsfigur im Kampf der Familie Lawrence um Gerechtigkeit, zur Presse: »Sir Paul kann gut mit schönen Worten umgehen. Eine Antwort, warum Stephens Mörder noch auf freiem Fuß sind, habe ich immer noch nicht.«[1]

Später sagten die Lawrences: »Vielleicht brauchen wir noch eine öffentliche Untersuchung zur Korruption bei der Polizei, bevor der Präsident akzeptiert, dass diese jungen Männer irgendwie geschützt wurden. Wenn die amtliche Untersuchung nicht stattgefunden hätte, würde er immer noch behaupten, dass die Beamten alles getan haben, um die Mörder unseres Sohnes der Gerechtigkeit zuzuführen.«[2]

Der Bericht von Sir William Macphersons Untersuchung wurde im Februar 1999 veröffentlicht. Die Schlussfolgerung war, dass die Ermittlungen zum Tod von Stephen Lawrence »von einer Kombination professioneller Inkompetenz, institutionalisiertem Rassismus und einem Führungsversagen ranghoher Beamter gekennzeichnet waren«. Dieser institutionalisierte Rassismus, erklärte der Bericht, ist »das kollektive Versagen einer Organisation, Menschen aufgrund ihrer Hautfarbe, Kultur oder ethnischen Abstammung mit angemessenen und professionellen Dienstleistungen zu versorgen. Er manifestiert sich in Abläufen, Einstellungen und Verhaltensweisen, die aufgrund von unbewussten Vorurteilen, Unkenntnis, Gedankenlosigkeit und rassistischen Stereotypen zur Diskriminierung und Benachteiligung von Menschen mit BME Hintergrund führen.«[3] Wichtig ist, dass der Bericht institutionalisierten Rassismus als kollektives Verhalten, als Arbeitsplatzkultur beschreibt, die von einem strukturellen Status quo und einem Konsens gestützt wird – und häufig von Behörden entschuldigt und ignoriert wird. Neben vielem anderen empfahl der Bericht, dass die

Polizei wesentlich mehr Schwarze einstellen und das Bewusstsein für Rassismus und kulturelle Diversität aller Polizisten geschult werden sollte.

2004 entschied die Staatsanwaltschaft nach einer weiteren Prüfung, dass nicht genügend Beweise vorlägen, um die Verdächtigen im Mordfall von Stephen Lawrence anzuklagen. 2005 wurde ein 800 Jahre altes Gesetz aufgehoben, das verbot, jemanden zweimal wegen desselben Vergehens anzuklagen. Nach einer Überprüfung der forensischen Beweise wurde den Verdächtigen erneut der Prozess gemacht.

Am 4. Januar 2012, *19 Jahre* nach Stephens Tod, wurden zwei der fünf Verdächtigen endlich schuldig gesprochen und verurteilt. Als Gary Dobson und David Norris Stephen töteten, waren sie Teenager. Als sie ins Gefängnis kamen, waren Dobson und Norris erwachsene Männer zwischen Mitte und Ende 30. Während Stephens Leben mit 18 endete, hatten sie ihres weitergelebt, unbehelligt, ja partiell unterstützt von der Polizei.

Das Urteil lautete für beide Männer lebenslänglich. Als er das Urteil verkündete, beschrieb Richter Treacy das Verbrechen als einen »Mord, der im Gewissen der Nation eine Narbe hinterlassen hat«. Es war ein bedeutender Tag für Großbritannien, wenn auch längst überfällig. Viele fragten sich, wie es möglich gewesen war, dass die Polizei auf so katastrophale Weise versagt hatte, und warum es so lange gedauert hatte, bis der Gerechtigkeit endlich zum Durchbruch verholfen wurde.

Ich war drei Jahre alt, als Stephen Lawrence starb, und ich war 22, als zwei seiner Mörder verurteilt wurden und ins Gefängnis kamen. Doreen Lawrences Kampf für Gerechtigkeit erstreckte sich über meine gesamte Kindheit und Jugend. Ich erinnere mich daran, dass Berichte über Stephen Lawrences Fall zu den wenigen Meldungen im Fernsehen gehörten, die ich als Kind bewusst wahrnahm. Ein bösartiger rassistischer Angriff, ein erstochener schwarzer Junge, der verblutete, eine Mutter, die verzweifelt um Gerechtigkeit kämpft. Sein Tod verfolgte mich. Ich begann, das Vertrauen in das System zu verlieren.

Ich hatte immer geglaubt, ein vages Sicherheitsgefühl im Hinterkopf, dass ich die Polizei rufen könnte und sie mir helfen würde, sollte ich eines Tages nach Hause kommen und feststellen müssen, dass meine Sachen durchwühlt und meine Wertgegenständen verschwunden waren. Doch wenn ich aus dem Fall Stephen Lawrence etwas gelernt habe, dann dass man sich nicht auf ein notwendigerweise faires Verhalten der Polizei verlassen kann.

Der Maßstab für Rassismus wurde lange von den leicht zu verurteilenden Aktivitäten weißer Extremisten und Nationalisten gesetzt. Die weißen Extremisten werden von den drei großen Parteien stets rundweg verdammt. Der reaktionäre weiße Stolz, der so oft im Widerspruch zu sozialem Fortschritt steht, ist nie wirklich verschwunden. Er manifestiert sich im Auf- und Abstieg von Gruppierungen wie der *National Front*, der *British National Party* und der *English Defence League* (Englische Verteidigungsliga, EDL). Ihre politischen Aktivitäten, ob sie nun vermummt durch geschäftige Straßen stürmen oder in Anzügen auf Parteitagen Ehrbarkeit vortäuschen, haben praktische Konsequenzen im Leben von Menschen, die nicht weiß oder britisch sind.

Wäre jede Form von Rassismus so leicht zu erkennen, zu verstehen und anzuprangern wie weißer Extremismus, wäre die Aufgabe des Antirassisten einfach. Viele Menschen glauben, dass eine Tat nicht rassistisch sein kann, wenn kein körperlicher Angriff erfolgt oder das Wort »Nigger« nicht fällt. Wenn keine schwarze Person auf der Straße angespuckt wird oder kein weißer extremistischer Politiker im Anzug den Mangel britischer Jobs für britische Arbeiter beklagt, dann sei das nicht rassistisch (und wenn der Politiker im Anzug es doch beklagt, dann steht der Rassismus seiner Äußerung zur Diskussion, weil es schließlich nicht rassistisch sein kann, wenn man das eigene Land schützen will!). Und dann ist da die offenkundige Frage – wenn der weiße Extremismus wirklich die Messlatte ist, an der wir jede Form von Rassismus messen, warum und wieso gedeiht der Rassismus dann in Vierteln, in denen die Verantwortlichen sich von weißer extremistischer Politik distanzieren? Das Problem muss tiefer liegen.

Wir sagen uns, dass gute Menschen nicht rassistisch sein können. Wir glauben offenbar, dass nur böse Menschen echte Rassisten sind. Wir sagen uns, bei Rassismus gehe es um moralische Werte, wenn es tatsächlich um die Überlebensstrategie systemischer Macht geht. Wenn große Teile der Bevölkerung für Politiker und politische Programme stimmen, die explizit rassistische Wahlkampfaussagen machen, sagen wir uns, dass der größte Teil der Wählerschaft einfach *nicht rassistisch sein kann*, denn sonst wären sie herzlose Ungeheuer. Aber es geht nicht um gute und schlechte Menschen.

Aufgrund seiner verdeckten Natur ist struktureller Rassismus nur schwer zur Rechenschaft zu ziehen. Er entgleitet einem so rasch, wie einem ein nasses Stück Seife aus den Händen rutscht. Er ist nicht so leicht zu erkennen wie eine

Englandflagge und ein nackter Bauch bei einem Aufmarsch der *English Defence League*. Er tritt viel ehrbarer auf.

Mir gefällt, dass das Wort strukturell sich abstrakt anfühlt und klingt. *Strukturell*. Was heißt das überhaupt? Ich benutze das Wort strukturell statt institutionalisiert, weil es auf größere Räume anwendbar ist als nur auf unsere traditionellen Institutionen. Wenn man an den größeren Zusammenhang denkt, erkennt man die Strukturen besser. Struktureller Rassismus sind Dutzende, Hunderte, oder Tausende Menschen mit derselben Voreingenommenheit, die sich zu einer Organisation zusammenschließen und dementsprechend handeln. Struktureller Rassismus ist eine undurchdringliche weiße Arbeitsplatzkultur, die von solchen Leuten eingerichtet wird und in der sich jeder, der dieser Kultur nicht entspricht, anpassen muss oder ausgeschlossen wird. *Strukturell* ist oft die einzige Möglichkeit einzufangen, was normalerweise nicht wahrgenommen wird – schweigend hochgezogene Augenbrauen, implizite Voreingenommenheit, spontane Urteile über Kompetenz. Im selben Jahr, in dem ich beschloss, nicht mehr mit Weißen über Hautfarbe zu sprechen, verzeichnete eine Studie über die Einstellungen der Briten einen signifikanten Anstieg der Anzahl der Menschen, die ihren eigenen Rassismus gern eingestanden.[4] Der größte Anstieg war laut *Guardian* bei »weißen berufstätigen Männern zwischen 35 und 64 Jahren, gut ausgebildet und mit sehr hohem Gehalt« festzustellen.[5] So sieht struktureller Rassismus aus. Es geht nicht nur um persönliche Vorurteile, sondern um die kollektiven Auswirkungen von Voreingenommenheit. Es ist die Art Rassismus, die mächtig genug ist, die Chancen im Leben einer Person drastisch zu beeinflussen. Gut ausgebildete, gut verdienende weiße Männer sind wahrscheinlich Hausbesitzer, Chefs, Geschäftsführer, Schulleiter oder Vizekanzler an Universitäten. Sie sind mit großer Sicherheit Menschen in Positionen, die Einfluss auf das Leben anderer haben. Sie sind höchstwahrscheinlich Personen, die Arbeitsplatzkulturen bestimmen. Sie gehen vermutlich vor Kollegen und Bekannten nicht mit ihrer politischen Einstellung hausieren, weil rassistische Ansichten sozial stigmatisiert werden. Ihr Rassismus ist verdeckt. Er zeigt sich nicht darin, dass sie auf der Straße Fremde anspucken. Er versteckt sich hinter einem bedauernden Lächeln, wenn sie einer armen Seele erklären, dass sie die Stelle nicht bekommt. Er zeigt sich in der verächtlichen Handbewegung, mit der sie einen Lebenslauf in den Papierkorb werfen, weil der Name des Bewerbers ausländisch klingt.

Es ist ein düsteres Bild. Verschiedene Studien zeigen, wie Rassismus in das Gefüge unserer Welt eingewebt ist. Wir müssen darum neu definieren, was es heißt, rassistisch zu sein, wie sich Rassismus manifestiert, und was wir tun müssen, um ihm ein Ende zu setzen.

Wie es scheint, werden Schwarze bei jedem wichtigen Schritt in ihrem Leben mit Benachteiligung konfrontiert. Nehmen wir an, ein schwarzer Junge erlebt seinen ersten Tag in der Schule, der ersten britischen Institution, die er ohne seine Eltern durchlaufen wird. Mum und Dad sind voller Hoffnung, dass etwas aus ihm werden wird – Künstler, vielleicht Arzt oder der nächste Premierminister –, hier werden für ihn die Grundlagen gelegt, um diese Wunschziele zu erreichen. Doch vielleicht sollten seine Eltern ihre Aufregung zügeln, denn es gibt Belege dafür, dass die Wahrscheinlichkeit gegen ihn spricht. Laut Bildungsministerium ist es für einen schwarzen Jungen dreimal wahrscheinlicher, auf Dauer von der Schule verwiesen zu werden, als für die gesamte Schülerschaft.[6] Aber nehmen wir weiter an, dass der schwarze Junge (denn es ist immer ein Junge – es gibt wenige bis keine Studien über die Lebenschancen von schwarzen Mädchen) den Rauswurf vermeidet und es bis zum Examen schafft. Er wird sich der unsichtbaren Barrieren, die sich ihm in den Weg stellen, nicht explizit bewusst sein, aber es gibt sie. Mit elf, wenn er sich auf die Aufnahmeprüfung für eine weiterführende Schule vorbereitet, wird er Forschungsergebnissen zufolge von seinen eigenen Lehrern systematisch schlechter benotet – ein Phänomen, dass korrigiert wird, wenn die externen Prüfer, die nicht an seiner Schule unterrichten, seine Arbeit bewerten.[7] Es ist Anonymität notwendig, damit er die Noten bekommt, die er verdient.

Doch wir bleiben optimistisch und nehmen weiter an, dass es unser fiktives schwarzes Kind auf eine gute weiterführende Schule schafft, seine Schwerpunktfächer liebt und entschlossen ist, zu studieren. Studien belegen, dass sich sein Schicksal auf drastische Weise ändern könnte, da mehr schwarze Schüler als weiße Schüler nach der sechsten Klasse oder nach dem College weiterstudieren. Und dennoch werden schwarze Studenten seltener an den renommierten, forschungsorientierten Universitäten des Landes zugelassen als weiße.[8]

Vielleicht hat das schwarze Kind – mittlerweile ein junger Erwachsener – die Noten, die es braucht, und wird wider alle Wahrscheinlichkeit an einer guten Universität aufgenommen. Drei Jahre später fragt er seine Bachelor-Prüfungsergebnisse ab, wartet ungeduldig auf die Abschlussnote, die sein Ticket in die Arbeitswelt sein wird. Er hofft zumindest auf eine Zwei, drückt jedoch die Daumen für eine Eins – denn alle Stellenanzeigen, die er bislang gelesen hat, weisen explizit darauf hin, dass Studenten mit einem schlechteren Abschluss als Zwei keine Zeit mit einer Bewerbung verschwenden sollten.

Wir wollen ihn zwar nicht desillusionieren, aber es sieht nicht gut aus. Zwischen 2012 und 2013 war der größte Anteil der Studierenden mit dem schlechteren Abschluss – einer Drei oder Bestanden – schwarz, der kleinste Anteil weiß.[9] Da schwarze Kinder mit einer höheren Wahrscheinlichkeit weiterführende Schulen besuchen als weiße, ist es fadenscheinig zu behaupten, dieser Leistungsabstand sei auf einen Mangel an Intelligenz, Talent oder Ehrgeiz zurückzuführen. Ein Blick auf die auffällige Abwesenheit dunkelhäutiger Gesichter im Lehrkörper der Universitäten könnte zum Verständnis dieses systematischen Scheiterns beitragen. 2016 stellte die *Higher Education Statistics Agency* fest, dass fast 70 Prozent der Professoren, die an britischen Universitäten lehren, weiße Männer sind.[10] Ein düsterer Hinweis darauf, wie Intelligenz aus universitärer Perspektive auszusehen hat.

Weil er in diesem Buch nur existiert, um etwas zu beweisen, stellen wir uns vor, dass unser junger schwarzer Mann es in einem Stück aus dem Bildungssystem herausschafft, eine gute Universität mit einem guten Abschluss verlässt und wie alle entschlossenen Absolventen nach einer guten Stelle sucht. Er weiß es zwar nicht, aber auch außerhalb des Bildungssystems muss er aufgrund seiner Hautfarbe gravierende Nachteile auf sich nehmen. Vielleicht sieht er die Weißen, die mit ihm gemeinsam studiert haben und beobachtet ihren mühelosen Übergang von der alkoholverliebten Studentenkultur in die schicke junge Arbeitswelt.

Voller Hoffnung verschickt er weiterhin seinen Lebenslauf, weil er an die Leistungsgesellschaft glaubt. Er glaubt, dass es keinen Unterschied zwischen ihm und seinen ehemaligen Kommilitonen gibt. Sie haben dieselben Vorlesungen gehört und die gleichen Bücher gelesen. Doch seine potentiellen Arbeitgeber sehen das womöglich anders. 2009 schickten Forscher des *Department of Work and Pensions* Bewerbungsschreiben mit vergleichbarem Ausbildungsweg, ähnlichen Fähigkeiten und Berufserfahrungen an eine Vielzahl möglicher Arbeitgeber. Der einzige offenkundige Unterschied in den Bewerbungen waren die Namen – sie klangen entweder weiß und britisch oder nicht. Ergebnis der Studie war, dass Bewerber mit weiß klingenden Namen wesentlich öfter zu einem Vorstellungsgespräch eingeladen wurden als Bewerber mit afrikanisch oder asiatisch klingenden Namen.[11] »Ein hohes Maß an Diskriminierung aufgrund des Namens zugunsten weißer Bewerber wurde festgestellt«, steht in dem Bericht.

Unser junger Mann könnte also eine lange Zeit arbeitslos sein und nur gerade so über die Runden kommen. 2012 wurde bekannt, dass die Sparpolitik junge schwarze Männer besonders hart traf; die Arbeitslosigkeit in dieser demografischen Gruppe stieg sogar auf ein höheres Niveau als während der Rezession von 2008. Erschreckende 45 Prozent der 16- bis 24-jährigen Schwarzen waren 2012 arbeitslos, verglichen mit 27 Prozent im Jahr 2002.[12] Insgesamt gibt es bei ethnischen Minderheiten in England und Wales historisch gesehen einen geringeren Beschäftigungsstand und eine höhere Arbeitslosenrate als bei Weißen.[13] Schaut man sich die Beschäftigungszahlen zwischen 1991 und 2011 an, zeigt sich, dass schwarze Männer im Schnitt doppelt so häufig von

Arbeitslosigkeit betroffen sind als weiße Männer. Gleiches gilt für schwarze Frauen aus der Karibik und aus Afrika im Vergleich mit weißen Frauen.

Das Leben besteht aus mehr als einer guten Ausbildung und einem anständigen Job. Produktivität allein macht das Leben noch nicht lebenswert. Was ist mit dem sozialen und persönlichen Leben unseres jungen schwarzen Mannes? Auf dem Weg zu Freunden oder zur Schule oder zur Arbeit wird er vielleicht von der Polizei angehalten und durchsucht. Mit großer Sicherheit wird er in Kontakt mit der Polizei kommen. Ein Bericht von 2013 gibt an, dass für Schwarze die Wahrscheinlichkeit wegen Drogenbesitzes angeklagt zu werden, zweimal so hoch ist, obwohl sie weniger Drogen konsumieren als Weiße. Zudem ist es wahrscheinlicher, dass Schwarze wegen Drogenbesitzes härter von der Polizei behandelt werden (es ist fünfmal wahrscheinlicher, dass sie angezeigt statt nur verwarnt werden).[14] Das wird unseren jungen schwarzen Mann vermutlich nicht überraschen, und er wird an eine erdrückende Polizeipräsenz in seinem Leben gewöhnt sein. Er wird mit ziemlicher Sicherheit gesehen haben, wie seine Brüder, Onkel und älteren männlichen Freunde von der Polizei routinemäßig abgetastet wurden. Unerbittliche Polizeikontrollen bei der schwarzen Bevölkerung bedeuten, dass Schwarze in der britischen DNS-Datenbank überrepräsentiert sind. Es gibt zwar keine neuen, aktuellen Zahlen, doch ein Bericht der *Equalities and Human Rights Commission* von 2009 schätzt, dass ungefähr 30 Prozent aller in Großbritannien lebenden schwarzen Männer in der DNS-Datenbank erfasst sind, verglichen mit zehn Prozent der weißen und zehn Prozent der Männer vom Subkontinent. Außerdem wird angenommen, die

Wahrscheinlichkeit, dass ihre DNS-Profile in die Datenbank der Polizei aufgenommen werden, sei für schwarze
Männer ungefähr viermal so hoch wie für weiße Männer.
Die Kommission kommentierte: »… Wir sind besorgt, dass
die große Zahl schwarzer Männer in der Datenbank (schät-
zungsweise mindestens einer von drei schwarzen Männern)
den Eindruck vermittelt, dass Menschen dieser Hautfarbe
einen ›fremden Keil‹ der Kriminalität repräsentieren.«[15]

Wir müssen hoffen, dass unser schwarzer Mann später
im Leben weder körperliche noch psychische Gesundheits-
probleme haben wird. Ein Bericht des englischen Gesund-
heitssystems NHS von 2003 erklärt: »Alle Untersuchungs-
ergebnisse bestätigen, dass Menschen mit afrikanischem
oder afrikanisch-karibischem Hintergrund ein höheres Risiko als alle anderen ethnischen Gruppierungen in England
aufweisen, zwangsweise in psychiatrische Kliniken einge-
wiesen zu werden.«[16] Im selben Jahr ergänzte eine Untersuchung des Todes von David Bennett, einem Schwarzen,
der auf einer psychiatrischen Station starb, »dass [Schwarze]
tendenziell höhere Dosen antipsychotischer Medikamente
erhalten als Weiße mit vergleichbaren gesundheitlichen
Problemen. Sie werden vom Personal grundsätzlich als
aggressiver, bedrohlicher, gefährlicher und als schwieriger
behandelbar betrachtet. Die Wahrscheinlichkeit, Langzeit-
patienten zu werden, ist für sie höher als wieder aus der Kli-
nik entlassen zu werden«.[17] Als Schwarzer wird bei ihm im
Alter seltener Demenz diagnostiziert als bei Weißen. Wenn
doch, erfolgt die Diagnose später als bei weißen Briten.[18]

Die Chancen im Leben unseres schwarzen Mannes werden auf Schritt und Tritt behindert und nachteilig beeinflusst. Die Menschen, die in den Institutionen arbeiten, mit

denen er zu tun hat, sind nicht offen oder merklich rassistisch. Manche von ihnen werden selbst schwarz sein. Aber es ist nicht wirklich wichtig, welche Hautfarbe sie haben. Sie kommen aus und leben in einer Gesellschaft, die strukturell rassistisch ist, und die unbewusste Voreingenommenheit sickert in ihre Arbeit, wenn sie mit der breiten Öffentlichkeit interagieren. Angesichts dieser auf viel zu vielen Ebenen der Gesellschaft fest verwurzelten Voreingenommenheit kann unser schwarzer Mann sein Bestes geben, die Regeln des Spiels sind grundsätzlich manipuliert. Seine Eltern und Freunde mögen ihm einreden, dass er alles schaffen kann, wenn er sich nur genug anstrengt. Es stimmt nachgewiesenermaßen nicht, und die, die es doch schaffen, sind erfolgreiche Ausnahmen in einem System, das auf ihr Scheitern abzielt. Wenn sie erfolgreich genug sind, auf dem Radarschirm eines Programms positiver Diskriminierung aufzutauchen, werden manche sogar behaupten, dass es sich um politische Symbolik handle, nicht um Talent.

Die Statistiken sind erschütternd. Doch sie sind nicht das Resultat eines Mangels an schwarzer Exzellenz, Begabung, Bildung, harter Arbeit oder Kreativität. Hier sind andere, unheilvollere Kräfte am Werk.

Es gibt unendlich viele Belege dafür, dass die Chancen in deinem Leben eingeschränkt und verzögert werden, wenn du in Großbritannien mit schwarzer Hautfarbe auf die Welt kommst. Dennoch bestehen viele darauf, dass jeder Versuch, faire Voraussetzungen zu schaffen, einer Sonderbehandlung gleichkäme und wir uns auf Chancengleichheit konzentrieren müssen, ohne zu begreifen, dass faire Voraussetzungen zu schaffen *bedeutet*, Chancengleichheit zu ermöglichen. Das ist alles andere als neu. Vor über zehn Jahren schrieb Neil Davenport in *Spiked Online*, dass »positive Diskriminierung die Vorstellungen von gleichen Fähigkeiten unabhängig der Hautfarbe erst herausstellt und betont, anstatt sie zu überwinden«.[19] Statt positive Diskriminierung als Lösung eines systeminhärenten Problems zu betrachten, wird sie häufig als einer der Faktoren genannt, der die grassierende »politische Korrektheit« weitertreibt, und Quotenregelungen gehören in den letzten Jahren zu den am heißesten diskutierten Methoden, homogene Arbeitsbereiche abzuschaffen. Die Methode funktioniert ungefähr so: Ranghohen Personen in einer Organisation fällt auf (entweder aufgrund internen oder externen Drucks), dass ihr Arbeitsplatz nicht die Realität der Welt, in der sie leben, reflektiert, und sie ändern ihre Einstellungspolitik, um das Ungleichgewicht zu mindern. Quoten wurden in vielen Bereichen als Lösungsstrategie vorgeschlagen – von der Politik über Sport bis zum Theater –, und sie erfahren immer einen Rückschlag.

2002 ergriff die *National Football League* (NFL) in Amerika Maßnahmen, um den Mangel an schwarzen Managern anzugehen. Nach dem Vorsitzenden des NFL-Diversitätskomitees Dan Rooney benannt, sah die Rooney-Regel relativ milde Methoden vor, People of Colour Chancen zu eröffnen. Wenn eine hohe Stelle als Trainer oder in der Verwaltung zu besetzen war, mussten die Mannschaften mindestens einen Schwarzen oder Angehörigen einer ethnischen Minderheit zum Vorstellungsgespräch einladen. Das galt nur für die Shortlist. Die Teams waren nicht verpflichtet, diese Person auch einzustellen. Die Regel sah keine Quote vor. Ebenso wenig musste die Shortlist ausschließlich mit Schwarzen besetzt werden; es gab auch keine strikten prozentualen Vorgaben. Es war ein unglaublich zahmer, »behutsamer« Versuch, die Waagschalen einander anzunähern. Die Rooney-Regel wurde ein Jahr nach ihrer Vorstellung eingeführt. Ein Jahrzehnt später gab es Belege dafür, dass sie funktionierte. In diesen zehn Jahren waren in den USA zwölf schwarze Trainer eingestellt worden, und 17 Teams hatten entweder einen schwarzen oder Latino-Trainer, manche sogar in rascher Folge. Die Chefs luden jetzt Kandidaten zu Vorstellungsgesprächen ein, die sie zuvor nicht in Betracht gezogen hätten.

Aufgrund dieses Erfolgs beschäftigte sich der britische Fußball ungefähr zehn Jahre nach der Einführung der Regel in den USA mit der Idee. Ein paar Mannschaftsdirektoren sahen es als guten Weg, der hässlichen Geschichte des unverhohlenen Rassismus im britischen Fußball Einhalt zu gebieten und die Wunden zu heilen, die Affenlaute und auf schwarze Spieler geworfene Bananen in der Vergangenheit gerissen hatten. Der damalige Vorsitzende des Fußballverbands (Football Association, FA), Greg Dyke, nickte zustimmend und bestätigte der BBC 2014, dass der Inklusionsbeirat des Verbands eine Version der Regel in Betracht zog. 2015 waren die Zahlen hinsichtlich der Diversität im britischen Fußball erbärmlich. Obwohl Menschen mit BME Hintergrund in beiden Ligen mit insgesamt 25 Prozent vertreten waren, arbeitete in der 1. Liga nur ein schwarzer Manager, und in der 2. Liga waren es lediglich sechs. In Schottlands ersten vier Divisionen gab es überhaupt keinen schwarzen Manager und in der walisischen Liga nur einen.[20]

Trotz der absolut harmlosen Natur der Rooney-Regel brachte die Idee, sie auch im britischen Fußball einzuführen, die Nation ins Schleudern. Der Vorsitzende des Blackpool FC, Karl Oyston, nannte sie »Symbolpolitik« und eine »absolute Beleidigung« aller, die mit Sport zu tun hatten.[21] Der Manager von Carlisle United, Keith Curle, bezeichnete sie als Übung im Abhaken von Kästchen.[22] Richard Scudamore, Geschäftsführer der Premier League, nannte die Rooney-Regel überflüssig und stellte einen Plan vor, stattdessen einen Pool schwarzer Trainer aufzubauen.[23] So, wie darüber diskutiert wurde, hätte man meinen können, der Verband plane nicht, eine Person of Colour auf die Bewerberliste zu setzen, sondern wolle die Vereinsdirektoren in den nächsten Supermarkt schicken, wo sie der erstbesten schwarzen Person in der Gemüseabteilung ihre hochrangigste Stelle anbieten sollten. 2016 führte die 2. Englische Liga die Rooney-Regel verpflichtend ein. Die Premier League entschied sich dafür, sie nicht einmal auf freiwilliger Basis zu implementieren.[24]

Ungefähr zur Zeit der Diskussion um die Rooney-Regel fand eine ähnliche Debatte in der Wirtschaft statt. Der damalige Minister für Unternehmen, Innovation und Qualifikation, Vince Cable, legte Vorschläge vor, Unternehmensvorstände zu diversifizieren, und nannte als Ziel 20 Prozent BME Direktoren in den 100 börsennotierten Unternehmen innerhalb von nur fünf Jahren. Eine Studie im selben Jahr stellte fest, dass in über der Hälfte der 100 börsennotierten Firmen keine einzige Person of Colour im Vorstand saß.[25] Da es bei der Diskussion um Vorstände bislang nur um eine extrem weiße Version von Gender gegangen war, hatte Cables Eingreifen etwas Erfrischendes. Aber wieder wurde gegen die Idee Sturm gelaufen. Der Generaldirektor des *Institute of Directors*, Simon Walker, sagte zum *Telegraph*:

»Unternehmen stellen Vorstände aufgrund von Kompetenz ein. Sie treffen vielleicht nicht immer gute Entscheidungen, aber es gibt in britischen Vorstandsetagen kaum Anzeichen für systematische rassistische Voreingenommenheit.«[26]

Die Debatte um Quoten, die für mehr Frauen und People of Colour in Richterämtern sorgen sollten, veranlasste Oberrichter Lord Justice Leveson bei einem öffentlichen Vortrag zu verkünden, dass eine Einführung derselben höchst erniedrigend sei. »Ein Berufungsprinzip zu schaffen, das nicht auf Verdienst beruht, sondern ein Gleichgewicht von Gender und Ethnie herstellen will«, sagte er vor seinem Publikum, »wird unweigerlich dazu führen, dass diese Ernennungen ganz bestimmt nicht allein auf Leistung zurückzuführen sind«.[27] Der Hohe Gerichtshof wurde bereits 1875 eingerichtet, doch die erste schwarze Person im Richteramt, Dame Linda Dobbs, erst 2004 berufen. Sie wurde in Sierra Leone geboren, hatte in Großbritannien Jura studiert und wurde 1981 als Anwältin zugelassen. In einem Interview mit dem Videoarchiv *First 100 Years* ging sie näher auf Diskriminierungen ein, mit denen sie konfrontiert war: »Damals war es schwierig, sich wegen etwas zu beschweren. Es gab da keine Vorgehensweise. Es wurde nichts offiziell festgehalten, und zu versuchen zu beweisen, Sie wissen schon, dass man diskriminiert wurde, war also sehr schwierig.«[28] Dame Linda Dobbs trat 2013 in den Ruhestand. 2015 waren nur sieben Prozent aller Richter an Gerichten schwarz oder Angehörige einer ethnischen Minderheit.

Wenn es um Frauen geht, löst der Mangel an Repräsentation sofort Rufe nach umfassenden Quoten aus. 2015 forderte die London School of Economics Genderquoten auf allen staatlichen und privaten Leitungsebenen. Als eine

Studie im selben Jahr zeigte, dass weniger als 20 Prozent der leitenden Managerstellen in London von Frauen besetzt waren, forderten Frauen im Finanzsektor Quoten, um die Überrepräsentation von Männern abzubauen.[29] Laut einer Befragung im Jahr 2013 befürwortete die Hälfte der Frauen in der Bauindustrie – viele von ihnen arbeiteten in Firmen mit nur zehn Prozent Frauen in der Belegschaft – Quoten.[30]

Die Sprache, die benutzt wird, um das Bewusstsein für ähnliche Probleme zu schärfen, wenn es um Hautfarbe geht, ist wesentlich weniger eindeutig. Statt Quoten in Betracht zu ziehen – anhand derer sich der Fortschritt in Zahlen bemessen lässt –, sind die vorgeschlagenen Lösungen vage. Der Direktor des *Office for Standards in Education, Children's Services and Skills*, eine Abteilung des Bildungsministeriums, schlug 2015 den Einsatz positiver Diskriminierung bei der Einstellung von Lehrern vor und unterstrich, dass die ethnische Zusammensetzung der Lehrerschaft die der Schüler widerspiegeln sollte, die sie unterrichten.[31] Als er die Greater Manchester Police leitete, forderte Sir Peter Fahy einen Wandel der Gesetzgebung zur Gleichstellung, damit die Polizei positive Diskriminierung einsetzen und mehr schwarze Beamte einstellen konnte, doch er wies darauf hin, dass es dabei nicht um »Vorgaben« im Sinne von Quoten gehen sollte.[32] Die Probleme der Unterrepräsentation, die Frauen und Menschen mit BME Hintergrund betreffen, scheinen denselben Ursprung zu haben, doch die Lösungsvorschläge unterscheiden sich radikal. Wenn Projekte positiver Diskriminierung keine harten Vorgaben machen, laufen sie Gefahr, zwar etwas tun, aber tatsächlich nur wenig zu erreichen.

Initiativen positiver Diskriminierung erfahren oft heftigen Widerstand. Vorhaben, welche die Überrepräsentation von Weißen angehen, werden unweigerlich auf Symbolpolitik reduziert, nichts als eine Beleidigung der guten, hart arbeitenden Menschen, die ihre Chefposten ausschließlich aufgrund ihrer Leistungen besetzen. Wann immer ich an Podiumsdiskussionen teilnehme, scheinen Leistungsgesellschaft und Quoten Themen zu sein, die das Publikum intensiv beschäftigen. Die wichtigsten Fragen dazu lauten: Ist das fair? Bedeuten Quoten, dass Frauen und People of Colour eine Sonderbehandlung, einen Vorsprung bekommen, die anderen verweigert werden? Sollten wir Kandidaten nicht aufgrund ihrer Verdienste beurteilen? Die implizite Annahme aller Opposition gegen positive Diskriminierung ist, dass sie einfach nicht fair ist.

Der Nachdruck liegt auf Verdienst, der unterstellt, dass die aktuell weiße Mehrheit in der Leitungsriege von Unternehmen allein durch harte Arbeit und ohne Hilfe Dritter zustande gekommen ist, als wäre weiße Hautfarbe allein nicht schon ein Vorsprung, als würde sie nicht eine Vertrautheit implizieren, die einen Arbeitgeber für einen Bewerber einnimmt. Wenn die Repräsentation von People of Colour in all den oben von mir aufgeführten Bereichen so fatal ist, kommt es einem Selbstbetrug gleich tatsächlich zu glauben, dass die homogene Schwemme weißer Männer mittleren Alters, die derzeit die höheren Ränge der meisten Unternehmen verstopft, allein aufgrund ihrer Begabung dort angespült wurde. Wir leben nicht in einer auf Leistung gegründeten Gesellschaft, und vorzugeben, dass harte Arbeit immer zum Erfolg führt, ist ein Akt vorsätzlicher Ignoranz.

Wer aufgrund von Bedenken, nicht die richtige Person für eine Stelle zu finden, gegen positive Diskriminierung ist, zeigt unfreiwillig, dass er glaubt zu wissen, wie Talent aussieht und welche Art von Personen über Talent verfügen. Ich bezweifle ernsthaft, dass so viele Leitungspositionen mit weißen Männern mittleren Alters besetzt wären, wenn das derzeitige System korrekt funktionieren und die derzeitige Einstellungspraxis unter allen Umständen die richtigen Leute für die richtigen Jobs rekrutieren und empfehlen würde. Wer auf Fairness beharrt, übersieht, dass die Rahmenbedingungen im Moment alles andere als fair sind. Auf die unfaire Repräsentation angesprochen, führen manche die hautfarbenspezifische Zusammensetzung der Bevölkerung Großbritanniens an und meinen, da ja nur eine Minderheit der Briten nicht weiß ist, sollte dieser und nur dieser Prozentsatz in Organisationen vertreten sein. Dieser mathematische Ansatz ist die wahre Symbolpolitik. Er zeugt von einer Besessenheit von zählbaren Körpern in einem Raum, statt die richtigen Leute einzustellen, die im Interesse der Marginalisierten arbeiten. Repräsentation heißt nicht immer, dass der Repräsentant für die arbeitet, die der Repräsentation bedürfen.

Um ehrlich zu sein muss ich zugeben, dass ich das Bemühen, schwarze Repräsentation zu vergrößern, eine Weile für verdächtig hielt. Ich verstand nicht, warum es notwendig war. Ich verstand auch nicht, warum mich meine Mutter, während ich heranwuchs, immer ermahnte, doppelt so hart zu arbeiten wie meine weißen Mitstreiter. Soweit es mich betraf, waren wir alle gleich. Als sie mir als Studentin die Bewerbungsunterlagen für das Diversitätsprogramm einer überregionalen Zeitung schickte, war ich wütend, empört und beschämt. Zuerst weigerte ich mich, mich überhaupt zu bewerben, und erklärte ihr: »Wenn ich mit Weißen konkurriere, dann nur, wenn alle die gleichen Chancen haben.« Nachdem sie mich drängte, bewarb ich mich, absolvierte den Vorstellungstermin und bekam schließlich das Praktikum.

Als ich dort zu arbeiten anfing, fielen mir sofort ein paar Dinge auf. Während der Einstellungsphase war ich eine der wenigen, die nicht in Oxford oder Cambridge studierten oder dort studiert hatten. Und während des Praktikums wurde mir dann schnell klar, warum das Diversitätsprogramm überhaupt nötig war. Praktika speziell für BME Bewerber erschienen mir damals grundsätzlich unfair, doch kaum war ich durch die Tür getreten, sah ich, dass die Schwarzen, die dort arbeiteten, vor allem das Essen brachten und putzten, nicht aber die Nachrichtenagenda bestimmten. Zudem war damals der Zugang zu einem Praktikum normalerweise nicht formalisiert. Bis vor kurzem erfuhr man von einem Medienpraktikum durch Hörensagen und Vetternwirtschaft, von jemandem, der jemanden kannte, der jemanden kannte. Wenn man niemanden in der Familie, im Freundeskreis oder weiteren Bekanntenkreis hatte, der in diesem Bereich arbeitete, oder nicht bereit war, ohne Bezahlung zu arbeiten, hatte man keine Chance. Ich jobbte monatelang als Verkäuferin, damit ich es mir leisten konnte, drei Wochen unbezahlt zu arbeiten, und ich wohnte bei meiner Familie in London, sodass die Ausgaben für meinen Lebensunterhalt minimal waren.

Damals akzeptierte ich widerstrebend, dass positive Diskriminierung nicht hieß, auf Kosten der Weißen nur noch Schwarze einzustellen, sondern dass es schlicht darum ging, dass eine Organisation die Gesellschaft widerspiegeln sollte, der sie dient.

Struktureller Rassismus meint keine Auseinandersetzung zwischen unschuldigen, reinen, verfolgten People of Colour und bösartigen, fiesen Weißen. Es geht darum, wie Großbritanniens Verhältnis zur Hautfarbe die Chancengleichheit beeinflusst und verzerrt. Ich glaube, dass wir uns mit dem Versagen der Leistungsgesellschaft versöhnen, indem wir darauf bestehen, Hautfarbe einfach nicht zu *sehen*. Dann fühlen wir uns fortschrittlich. Doch die Behauptung, Hautfarbe nicht zu sehen, ist gleichbedeutend mit zwangsweiser Assimilation. Meine schwarze Hautfarbe wurde gegen meinen Willen politisiert, aber ich möchte nicht, dass sie in dem Bemühen, eine Art heikle falsche Harmonie herzustellen, vorsätzlich ignoriert wird. Und obwohl sich viele mit der Lüge der Farbenblindheit beruhigen, belegen die oben erwähnten hautfarbenabhängigen drastischen Unterschiede der Chancen im Leben, dass sie von unseren Institutionen zwar gepredigt, aber nicht praktiziert wird.

Wenn wir im Zeitalter der Farbenblindheit leben und uns mit der Lüge der Leistungsgesellschaft selbst etwas vormachen, dann müssen die einen schweigen, damit die anderen erfolgreich sein können. 2014 habe ich die schwarze Feministin und Wissenschaftlerin Dr Kimberlé Crenshaw interviewt, und sie sprach über die Politik der Farbenblindheit. »Die Idee ist, dass man, um Hautfarbe abzuschaffen, jede Art von Diskurs abschaffen muss, eingeschlossen der Bemühungen, rassistische Strukturen und Hierarchien zu thematisieren«, sagte sie. »Es sind diese kosmopolitisch denkenden ›die Last der Vergangenheit abwerfen, und du solltest das auch‹[-Leute] des 21. Jahrhunderts. Auf ihrer Seite sind Menschen, die sich als links, fortschrittlich und sehr kritisch betrachten, die sich in gewisser Weise mit den Post-Hautfarbe-Liberalen und den farbenblinden Konservativen zusammentun und sagen: ›Wenn wir Hautfarbe wirklich überwinden wollen, dann müssen wir aufhören, darüber zu sprechen.‹«

Das Konzept der Farbenblindheit ist eine infantile, schlecht durchdachte Analyse des Rassismus. Sie beginnt und endet mit »eine Person wegen ihrer Hautfarbe zu diskriminieren ist schlecht«, ohne die unterschiedlichen Arten und Weisen anzuerkennen, auf die sich strukturelle Macht in einem solchen Austausch manifestiert. Mit einer derart unausgegorenen Analyse wird diese Definition von Rassismus oft dazu benutzt, People of Colour, die versuchen, den alltäglichen Rassismus in Worte zu fassen, zum Schweigen zu bringen. Und wenn People of Colour darauf hinweisen, wird ihnen rassistisches Verhalten gegenüber Weißen vorgeworfen, und wieder wird die Verantwortung verschoben. Farbenblindheit leugnet strukturellen Rassismus und die Geschichte weißer Dominanz.

Uns selbst immer wieder einzureden – und schlimmer noch, unseren Kindern einzureden –, dass wir alle gleich sind, ist eine irreführende, wenn auch wohlmeinende Lüge. Da können wir gleich die unverhohlene Rassentrennung von früher wieder einführen. Der Mythos, dass wir alle gleich sind, leugnet das ökonomische, politische und soziale Vermächtnis einer britischen Gesellschaft, die sich historisch entlang der Hautfarbe organisiert hat. Tatsächlich sind wir, materiell gesehen, alles andere als gleich. Das Spiel ist unglaublich unfair. Es ist ein soziales Konstrukt, das erschaffen wurde, um rassistische Hierarchien und Ungerechtigkeit aufrechtzuerhalten. Und der *Unterschied*, dessen sich People of Colour von Geburt an vage bewusst sind, ist nicht gutartig. Er ist belastet mit Rassismus, rassistischen Stereotypen und, bei Frauen, rassistisch motivierter Misogynie.

Weißen Kindern wird beigebracht, Hautfarbe nicht zu »sehen«, dunkelhäutigen Kindern wird eingebläut – oft ohne Erklärung –, doppelt so hart zu arbeiten wie unsere weißen Altersgenossen, wenn wir Erfolg haben wollen. Hier herrscht ein Ungleichgewicht. Farbenblindheit reicht nicht bis zu den Wurzeln von Rassismus. Dunkelhäutigen Kindern ist es kaum möglich, sich so weit zu bilden, dass sie rassistische Stereotypen hinter sich lassen können, aber wenn wir genug individuellen Reichtum anhäufen, können wir so tun, als würden sie uns nichts mehr ausmachen.

Hautfarbe nicht zu sehen ist keine Hilfe bei der Dekonstruktion rassistischer Strukturen oder der materiellen Verbesserung der Bedingungen, denen People of Colour täglich ausgesetzt sind. Um ungerechte, rassistische Strukturen aufzulösen, müssen wir Hautfarbe sehen. Wir müssen sehen, wer von seiner Hautfarbe profitiert, wer von hautfarbenspezifischen negativen Stereotypen unverhältnismäßig stark betroffen ist, und wem aufgrund der Hautfarbe, der Klasse oder des Geschlechts Macht und Privilegien – verdientermaßen oder nicht – zugestanden werden. Hautfarbe zu sehen ist eine Voraussetzung, um das System zu verändern.

3

Was ist White Privilege?

Als ich vier war, fragte ich meine Mutter, wann ich weiß werden würde, weil alle guten Menschen im Fernsehen weiß waren, und alle bösen dunkelhäutig. Ich betrachtete mich als guten Menschen, deswegen dachte ich, dass ich irgendwann weiß werden würde. Meine Mutter erinnert sich immer noch an den enttäuschten Ausdruck auf meinem Gesicht, als sie mir die schlechte Nachricht mitteilte.

Weiß ist neutral. Weiß ist die Norm. Weil wir in ein bereits existierendes Drehbuch hineingeboren werden, das uns sagt, was wir aufgrund ihrer Hautfarbe, ihres Akzents und ihres sozialen Status von Fremden zu erwarten haben, ist die gesamte Menschheit weiß kodiert. Schwarzsein ist das »andere«, und deshalb verdächtig. Diejenigen, die in unserer kollektiven Vorstellung eine Gefahr darstellen, sind nicht weiß. Diese Botschaften sind von so durchschlagender Wirkung, dass mein vierjähriges Ich sie dank des Fernsehens bereits entschlüsselt hatte und wusste, dass alle, die aussahen wie ich, schlimmstenfalls Verbrecher und bestenfalls aufsässige Nebenfiguren waren.

Wie soll ich White Privilege definieren? Es ist so schwierig, eine Leerstelle zu beschreiben, etwas, das abwesend ist. Und White Privilege ist die Abwesenheit der negativen Folgen von Rassismus. Die Abwesenheit struktureller Diskriminierung, die Abwesenheit der Tatsache, dass deine Hautfarbe zuallererst als Problem gesehen wird, die Abwesenheit des »aufgrund meiner Hautfarbe ist es weniger wahrscheinlich, dass ich erfolgreich sein werde«. Es ist die Abwesenheit schräger Blicke, die dich treffen, weil angenommen wird, dass du dich am falschen Ort aufhältst, die Abwesenheit kultureller Erwartungen, die Abwesenheit von Gewalt, die deine Vorfahren aufgrund ihrer Hautfarbe erleiden mussten, die Abwesenheit lebenslanger subtiler Marginalisierung und Abstempelung zum Anderen – der Ausschluss vom Narrativ, ein Mensch zu sein. Die Beschreibung und Definition dieser Abwesenheit bedeutet, das Weißsein nicht länger ins Zentrum zu stellen und Weiße daran zu erinnern, dass ihre Erfahrung nicht die Norm für den Rest von uns ist. White Privilege ist natürlich viel einfacher zu identifizieren, wenn man nicht in seinen Genuss kommt, und ich beobachte die geschlossene Welt des Weißseins als Außenstehende. Ich wollte einst weiß sein, doch in meinem Hinterkopf wusste ich, dass ich nur eine schlechte Imitation dessen wäre, was ich nie sein würde, sollte ich mich selbst mit Assimilation betrügen.

Es ist vielleicht eine Überraschung, dass es ein weißer Mann war, der die Bezeichnung »White Privilege« als erster verwendet hat. Theodore W. Allen wurde 1919 in Indianapolis, Indiana geboren. Als Erwachsener engagierte er sich in der Gewerkschaftsarbeit. Tief bewegt von der Bürgerrechtsbewegung in den 1960er Jahren, begann er nach der Lektüre von Autoren wie W. E. B. Du Bois zu erkunden, was er »das Privileg der weißen Hautfarbe« nannte. Da er in der Gewerkschaftsbewegung aktiv war, hatte er eine antikapitalistische Perspektive auf Hautfarbe. 1967 griff er den oft zitierten Satz der Bürgerrechtsbewegung »ein Angriff auf einen von uns ist ein Angriff auf uns alle« auf und schrieb: »… die Verletzung, die dem schwarzen Arbeiter beigebracht wird, hat im Privileg des weißen Arbeiters ihr Gegenstück. Zu erwarten, dass der weiße Arbeiter dabei hilft, die Verletzung des Negers rückgängig zu machen, heißt, ihn aufzufordern, gegen seine eigenen Interessen zu handeln.«[1]

Bei manchen erweckt das Wort »Privileg« im Kontext von Weißsein Vorstellungen eines Lebens im Luxus, schwelgend in den Besitztümern der Superreichen. Wenn ich über White Privilege spreche, meine ich nicht, dass Weiße es einfach haben, dass sie nie kämpfen müssen oder nie in Armut leben. White Privilege ist die Tatsache, dass deine Hautfarbe, wenn du weiß bist, den Verlauf deines Lebens mit großer Sicherheit positiv beeinflussen wird. Und du wirst es wahrscheinlich nicht einmal bemerken.

White Privilege ist einer der Gründe, warum ich nicht mehr mit Weißen über Hautfarbe spreche. Leute mit vor Ungläubigkeit versteinerten Gesichtern zu überzeugen war noch nie mein Ding. Das Konzept von White Privilege zwingt Weiße, die nicht aktiv rassistisch sind, sich mit ihrer eigenen Komplizenschaft bei der Aufrechterhaltung seiner Existenz zu konfrontieren. White Privilege ist stumpfsinnige, zermürbende Selbstgefälligkeit. Sie steht für eine Welt, in der drastische Ungleichheit aufgrund der Hautfarbe die Norm ist, die mit einem Schulterzucken abgetan wird.

Es könnte uns allen nicht schaden, darüber nachzudenken, wie wir persönlich von diesem System unfair profitieren. Vor ein paar Jahren hatte ich einen langen Arbeitsweg, bei dem die Zugfahrt hin und zurück vier Stunden gedauert hätte. Um Geld zu sparen und trotzdem zur Arbeit zu kommen beschloss ich, jeweils die halbe Strecke mit dem Rad zu fahren. Eine unangenehme Wahrheit dämmerte mir, als ich in Bahnhöfen kleiner Pendlerstädte mein Rad Treppen hinauf und Treppen hinunter schleppen musste: Der Großteil öffentlicher Bahnsteige, die ich bisher benutzt hatte, war nicht leicht zugänglich. Keine Rampen, keine Aufzüge. Für Eltern mit Kinderwagen, Personen im Rollstuhl oder Menschen mit einem Rollator oder Gehstock war es nahezu unmöglich. Bevor ich mein Rad selbst tragen musste, war mir dieses Problem nie aufgefallen. Ich hatte nie darüber nachgedacht, dass die schwierige Zugänglichkeit Hunderte von Menschen beeinträchtigte. Erst als mich das Problem selbst betraf, wurde auch ich wütend.

Ich muss ehrlich mit mir sein. Auch wenn ich als Außenseiterin schreibe, bin ich doch in so vieler Hinsicht Insiderin. Ich habe an einer Universität studiert, bin gesund und spreche und schreibe ähnlich wie die, die ich kritisiere. Ich bewege und unterhalte mich wie sie, und das erklärt zum Teil, warum ich ernst genommen werde. Während ich über die Veränderung von Sichtweisen und das Aufbrechen falscher Objektivität schreibe, muss ich mich daran erinnern, dass es Faktoren in meinem Leben gibt, die meine Stimme über die anderer erhebt.

Rassismus wird oft mit Vorurteil verwechselt und manchmal synonym verwendet. Es ist eine weitere Retorte gegen Antirassisten, die sich anhören müssen, wie sich diejenigen, die die Bewegung unterminieren wollen, darüber empören, dass Weiße diskriminiert werden, nur weil sie weiß sind. Manche Schwarze hegen einen brennenden Hass auf Weiße, sagen sie, und das ist nicht hinnehmbar. Das sei »umgekehrter Rassismus«, insistieren sie. Auch dunkelhäutige Menschen haben Vorurteile. Vor Jahren bestellte ich mir ein karibisches Mittagessen und wurde von einem lächelnden Besitzer hinter der Theke begrüßt, der wartete, bis alle weißen Kunden gegangen waren und mir dann anvertraute, dass er die besten Stücke Fleisch für »Leute wie uns« aufhob. Ja, der Mann war voreingenommen. Ja, mein Mittagessen war köstlich. Nein, der Besitzer des Cafés konnte die Lebenschancen seiner weißen Kunden mit den Gefühlen, die er ihnen gegenüber hegte, in keiner Weise beeinflussen. Einfluss hatte er ausschließlich auf ihr Mittagessen.

Das ist der Unterschied zwischen Rassismus und Vorurteil. Es gibt eine nicht zuordenbare Definition von Rassismus, die ihn als Vorurteil plus Macht definiert. Natürlich können die von Rassismus Betroffenen grausam, rachsüchtig und voreingenommen sein. Jeder kann gemein zu anderen sein und ein Urteil über sie fällen, bevor er sie kennt. Aber es sind einfach nicht genügend Schwarze in Machtpositionen, um sich in dem großen Ausmaß rassistisch gegenüber Weißen zu verhalten, wie es derzeit gegenüber Schwarzen geschieht. Sind Schwarze in Bereichen überrepräsentiert, in denen sich Vorurteile tatsächlich auswirken können? Die Antwort lautet so gut wie immer nein.

Vor ein paar Jahren unterhielt ich mich mit der weißen

französischen Freundin eines Freunds über Rassismus. Ich erzählte ihr aufrichtig von meinen Erfahrungen. Es lief gut, und sie berichtete von dem Ärger, den sie als jüngste und einzige Frau an ihrem Arbeitsplatz hatte; sie musste oft doppelt so hart arbeiten, um gegenüber ihren Arbeitgebern ihre Kompetenz unter Beweis zu stellen. Wir verstanden uns und hatten Gemeinsamkeiten. Ich erzählte ihr, dass ich einmal bei einem Job, für den ich mich vorgestellt hatte, übergangen wurde und über gemeinsame Freunde herausfand, dass ihn eine weiße Frau meines Alters mit nahezu identischer Berufserfahrung bekommen hatte. Damals hatte ich den strukturellen Rassismus wie einen Schlag ins Gesicht gespürt. Es war etwas, das man in Statistiken über schwarze Arbeitslosigkeit liest, jedoch nie von den betroffenen Personen erfährt.

Darauf sagte sie: »Du weißt nicht, ob es Rassismus war. Woher willst du wissen, dass es nicht an etwas anderem gelegen hat?« Sie erzählte mir von ihrem Zorn und ihrer Angst, als ihr von einem Algerier Rassismus vorgeworfen wurde. Sie sagte, wie wütend es sie mache, dass Weiße mit dem Vorwurf des Rassismus zum Verstummen gebracht werden können. Vielleicht hätte der Mann in Betracht ziehen sollen, dass die Leute ihn nicht mochten, weil er sich schlecht benahm. Sie sagte, dass sie Angst gehabt hätte, weil er ein Mann war, und befürchtet habe, er könne aggressiv werden.

Ich war naiv. Wir hatten uns verstanden, ich vertraute auf ihre Menschlichkeit und dachte, dass sie die strukturellen Bedingungen akzeptieren würde, die so eine Situation möglich machten. Deswegen versuchte ich sie zu ermutigen, sich das Misstrauen und den Zorn einer Person vorzustellen, die ihr ganzes Leben lang mit Rassismus konfrontiert war. Ich glaubte, ich könnte sie dazu bringen, von sich selbst abzusehen und den größeren Kontext infrage zu stellen, doch dann klang jeder Satz, den sie sagte, wie jede Rechtfertigung des Weißseins, die ich zuvor gehört hatte. Es ist, als ob sie alle dasselbe auswendig lernen.

Dann bedachte ich die sozialen Implikationen des logischen Ausgangs unseres Gesprächs, wenn sich alle einig wären, dass ich Unrecht hatte, denn auf diese Weise hält sich der weiße Status quo aufrecht. Hätte ich mit ihr gestritten, hätte ich riskiert, in dieser Wohngemeinschaft nicht mehr willkommen zu sein, weil ich »eine Atmosphäre geschaffen« hätte. Ich würde als »umgekehrte Rassistin« betrachtet werden, als zornige, unvernünftige Unruhestifterin, womöglich sogar als Sympathisantin von Gewalt. Diese Art von sozialer Ausgrenzung schien es nicht wert. Also sagte ich nichts.

White Privilege manifestiert sich in allen und niemandem. Jeder ist Komplize, aber keiner will die Verantwortung übernehmen. Es infrage zu stellen kann reale soziale Folgen haben. Weil es eine vielköpfige Hydra ist, muss man vorsichtig sein, welchen Weißen man vertraut, wenn es zu einer Diskussion über Hautfarbe und Rassismus kommt. Man kann Gespräche über Rassismus nicht in der Annahme aufnehmen, dass die anderen Teilnehmer auf demselben Stand sind wie man selbst. Spricht man das Thema Rassismus an, ist es, als würde man einen Schalter umlegen. Es spielt keine Rolle, ob der Gesprächspartner eine Person ist, die man gerade kennengelernt hat, oder jemand, mit dem man sich immer sicher und vertraut gefühlt hat. Man weiß nie, wann sich ein Gespräch über Rassismus und Hautfarbe in eine Diskussion verwandelt, bei der man um die eigene körperliche Unversehrtheit und soziale Position fürchten muss.

White Privilege ist eine manipulative, luftundurchlässige Decke der Macht, die wie Schnee alles bedeckt, was wir kennen. Es ist brutal und erdrückend, und nötigt dazu, aus Angst, geliebte Menschen, den Job oder die Wohnung zu verlieren, nichts zu sagen. Es jagt dir Angst ein, bis du verstummst: Das Privileg, offen über deine Gefühle zu sprechen, geht immer mit einer ausführlichen vorherigen Einschätzung der Folgen einher. Ich habe viel Zeit damit verbracht, mir so fest wie möglich auf die Zunge zu beißen.

Und White Privilege infrage zu stellen kann natürlich Folgen für deine Lebensqualität haben. Du kannst einen Job nicht bekommen, weil du online offen und ehrlich über deine Erfahrungen und Vorstellung von Rassismus gesprochen hast. Als ich mich vor ein paar Jahren für einen Verwaltungsjob vorstellte, konfrontierte mich ein potentieller Kollege mit etwas, das ich über Hautfarbe getweetet hatte. Es war eine so untergeordnete Position, dass ich mit einer derartigen Einmischung nicht gerechnet hatte. White Privilege ist so abwegig, so luftraubend clever, weil es die Firmen besitzt, die dich einstellen, die Industrien, zu denen du gern Zugang hättest, und wenn du Geld zum Leben brauchst, bist du gezwungen, seine Bedürfnisse zu befriedigen (nach dem Vorfall habe ich meinen Twitter-Account gesperrt, und mich bei allen Jobs auf Smalltalk beschränkt). Es lullt dich ein, bis du in Gegenwart von Weißen unvorsichtig wirst und glaubst, dass sie dich ernst nehmen, aber gleichzeitig überrascht es dich nicht, wenn in einem Gespräch dein Anderssein betont wird. White Privilege ist die perverse Situation, dass du dich mit offen rassistischen, rechten Extremisten wohler fühlst, weil du dann wenigstens weißt, woran du bist; die Grenzen sind klar.

Heimtücke ist viel schwieriger. Du lernst, mit ihr zu rechnen, aber du lernst nie, dich damit abzufinden. Du lernst, vorsichtig zu streiten, weil dich die Leute sonst für grundlos zornig halten. Für eine Unruhestifterin, die ernst zu nehmen sich nicht lohnt, eine zornige schwarze Frau, besessen vom Thema Hautfarbe.

Im Januar 2012 – nur zwei Tage, nachdem zwei von Stephen Lawrences Mördern zu lebenslanger Haft verurteilt worden waren – erhob sich so etwas wie ein Shitstorm auf Twitter um eine der wenigen schwarzen Parlamentsabgeordneten in Großbritannien. Diane Abbott, Abgeordnete für Hackney North und Stoke Newington, tauschte via Twitter mit der Journalistin Bim Adewunmi Gedanken zur Medienberichterstattung über das Urteil aus. Es brauchte nur einen Tweet, um unbeabsichtigt einen der größten Tumulte hinsichtlich Rassismus gegenüber Weißen in der jüngeren britischen Geschichte auszulösen. Im *Guardian* erklärte Bim die Situation.[2] »Als ich über die Ereignisse um den Prozess, den Richterspruch und das Urteil gegen Gary Dobson und David Norris twitterte, schrieb ich: ›Ich wünschte trotzdem, alle würden aufhören, »die schwarze Gemeinde« zu sagen.‹ In einem späteren Tweet führte ich aus: ›Um meinen »schwarze Gemeinde«-Tweet klarzustellen: Ich hasse die Denkfaulheit, die sich normalerweise hinter diesem Ausdruck verbirgt, das Gleiche gilt für »Führer der schwarzen Gemeinde«. Daraufhin reagierte die Abgeordnete meines Wahlkreises, Diane Abbott, und schrieb: ›Ich verstehe die kulturelle Perspektive, die Sie einnehmen. Aber Sie spielen einer »spalte und herrsche«-Agenda in die Hände.‹ Das ging noch ein paarmal hin und her, und dann schickte Abbot den Tweet, der den Sturm auslöste: ›Weiße lieben es, »spalte und herrsche« zu spielen. Wir sollten bei ihrem Spiel nicht mitmachen. #tacticasoldascolonialism.‹«

Und dann brach die Hölle los. Die Nachrichtenagenda änderte sich sofort. Die Kommentare, Radiofeatures und TV-Nachrichten diskutierten nicht mehr Stephen Lawrence, die Nuancen des institutionalisierten Rassismus oder die Bedingungen und Ängste, denen man ausgesetzt ist, wenn man als schwarzes Kind in Großbritannien aufwächst. Jetzt ging es um Rassismus gegen Weiße. Rassismus gibt es auf beiden Seiten, insistierten Abbotts Kritiker. Im *Daily Telegraph* schrieb der Journalist Toby Young: »Man stelle sich den Aufruhr vor, wenn ein ebenso prominenter weißer Abgeordneter der Konservativen über Twitter etwas Vergleichbares über Schwarze gesagt hätte.«[3] Dianes Verbündete in der Labour Party verteidigten sie zwar, nannten ihren Ton jedoch »robust und kämpferisch«,[4] als hätten sie ein Problem mit dem Tonfall ihres Tweets und nicht mit dem darin angesprochenen Unrecht. Und während weiße Konservative darauf bestanden, dass es sich um »umgekehrten Rassismus« handelte, der genauso unverzeihlich war wie die Ermordung eines unbewaffneten schwarzen Jugendlichen, waren weiße Liberale schrecklich besorgt, dass Abbotts apodiktische Ausdrucksweise die Früchte ihrer harten Arbeit zunichte machen würde, und meinten, dass ein Wort wie »manche« die Wirkung ihres Tweets abgemildert hätte.

Manche Weiße, alle Weißen oder keiner – es hätte letztlich nichts geändert. Diesen Kommentatoren – ob sie es nun wussten oder nicht – lag nichts an einer ehrlichen Diskussion über britischen Rassismus. Es ging ihnen darum, das Thema zu vernebeln, auf andere Bahnen umzulenken und unbedingt zu vermeiden. Betrachtet man die Zahlen in den britischen Bastionen der Macht – jenen, die die Politik beeinflussen und die politische Agenda bestimmen –, dann bleibt nur eine Schlussfolgerung. Die offiziellen Angaben des Unterhauses belegen, dass 94 Prozent der Abgeordneten weiß sind.[5] Die sichtbare Verschiedenheit von Diane Abbott, einer der wenigen schwarzen Frauen im Unterhaus, die etwas gesagt hatte, das sich weit außerhalb des Bereichs weißer Verträglichkeit befand, ist mehr als offensichtlich. Sie zahlte den Preis dafür, Staub aufgewirbelt zu haben.

Dass sich die Nachrichtenlage so rasch änderte, lag allerdings nicht an den eingebildeten Schrecknissen des Rassismus gegenüber Weißen. Dieser vielgleisige Angriff auf eine von Großbritanniens prominentesten schwarzen Abgeordneten war wesentlich zynischer. Die Sozialwissenschaftler Alana Lentin und Gavin Titley nennen es die »weiße Opferrolle«:[6] Der Versuch der Mächtigen, das Gespräch über die Auswirkungen von strukturellem Rassismus auf ein anderes Thema zu lenken, um das Weißsein vor dringend notwendiger, rigoroser Kritik zu schützen. Großbritannien kam einer Diskussion über die heimtückische Natur des strukturellen Rassismus und die Art und Weise, wie er sich – teils aus Bosheit, teils aus Unachtsamkeit und Ignoranz – als kollektive Denkweise manifestiert, um im Stillen einigen zu nützen und andere zu behindern, vielleicht nie näher als während des Stephen-Lawrence-Prozesses. Doch indem man die Diskussion auf das Thema Rassismus gegen Weiße umlenkte, wurde dieser landesweite Diskurs schnell gestoppt. Uns als Nation wurde die Möglichkeit genommen, zu prüfen wie sich das Erbe des britischen Rassismus auswirkt. Stattdessen wurden wir von sehr vielen wichtigen Personen daran erinnert, dass es Rassismus in beide Richtungen gibt. Das Potential dieses lange überfälligen Gesprächs wurde negiert, und die folgende verzerrte Debatte zeugte von der Obsession, Diskussionen über Hautfarbe in Großbritannien zu verhindern. Der Effekt war so alt wie der Kolonialismus selbst.

Darauf hinzuweisen, wie dieses Land »spalte und herrsche« als politische Strategie benutzt, wird als Angriff auf das Gefüge britischer Sensibilitäten denunziert. Bei der Gegenreaktion auf Diane Abbott ging es nicht darum, eine bedrängte Gruppe Menschen zu verteidigen, die von den allgegenwärtigen Medien ständig verleumdet wird. Der Streit um den umgekehrten Rassismus machte deutlich, dass sich die britischen Medien geschlossen vor das stellten, das zu schützen in ihrem Interesse lag – Weißsein als angeblich neutrale, objektive Macht. Weißsein hatte sich in den Medien schon zu lange als selbsternannter, selbstreferentieller Schiedsrichter hautfarbenspezifischer Probleme positioniert und fragte sich ohne einen Funken Selbstzweifel, warum diese dunkelhäutigen Gemeinden so zu Gewaltausbrüchen und Armut neigten.

2012 hätte die Verurteilung von zwei Mördern Stephen Lawrences eine landesweite Diskussion über Hautfarbe entfachen können. Wir hätten darüber sprechen können, wie die Polizei Stephens Familie in ihrem Kampf um Gerechtigkeit im Stich gelassen hat (2016 wurde aufgrund der Ermittlungen der *Independent Police Complaints Commission* (Unabhängige Beschwerdekommission der Polizei) bekannt, dass ein verdeckter Ermittler auf die Familie Lawrence angesetzt war, während die Polizei die Ermittlungen vermasselte).[7] Wir hätten uns ehrlich fragen können als Land, ob es hinnehmbar ist, dass es zwei Jahrzehnte gedauert hatte, bis nur zwei Mitglieder der Gang verurteilt wurden, die einen unschuldigen Teenager ermordet hat. Wir hätten uns fragen können, ob wir uns dafür schämen. Vielleicht hätten wir darüber sprechen können, dass Rassismus noch nicht einmal seit einem halben Jahrhundert eine politische Priorität war. Wir hätten über Unruhen und Hautfarbe, über Verantwortung sprechen können, darüber, wie es nach dem berühmtesten Fall von Rassismus in Großbritannien weitergehen soll. Wir hätten ein Gespräch darüber führen können, wie man Rassismus ausmerzen kann. Wir hätten einander nach dem besten Weg zu einer Heilung fragen können. Es hätte von entscheidender Bedeutung sein können. Stattdessen haben wir über Rassismus gegenüber Weißen gesprochen.

Rassismus funktioniert nicht in beide Richtungen. Es gibt einzigartige Formen der Diskriminierung, die durch Anspruchsdenken, durch leere Behauptungen und vor allem durch eine strukturelle Macht gestützt werden, die so stark ist, dass sie dich dazu zwingt, aus Angst die Forderungen des Status quo zu erfüllen. Das müssen wir anerkennen.

Theoretisch hat niemand ein Problem mit Antirassismus. Doch kaum *unternimmt* jemand etwas gegen Rassismus, gibt es unendlich viele Kommentatoren, die überzeugt sind, dass die Antirassisten es falsch machen. Das passiert sogar den Leuten, die sich für progressiv halten.

2014 beschrieb der sozialistische Autor Charlie Winstanley im *Weekly Worker* seine maßlose Verachtung wegen eines Streits über Hautfarbe, der in seiner Aktivistengruppe stattgefunden hatte: »Unterdrückte Gruppen im Mittelpunkt jeder Diskussion, gestützt vom unbestreitbaren moralischen Gewicht ihrer subjektiven Lebenserfahrung, bestärkt von einer unerklärlichen Struktur der Etikette, die sie benutzen können, um den Fluss des Diskurses vollkommen zu kontrollieren.«

Er fuhr fort: »Letztendlich schaffen sie dadurch eine Atmosphäre, in der die freie Diskussion von Ideen unmöglich ist. Unterdrückte Gruppen und Individuen fungieren als unangreifbare Priesterschaft, die ihre Legitimität auf die Doktrin der Ursünde zurückführt. Um die Analogie beizubehalten, werden Diskussionen zu Beichten, bei denen die Beteiligten dazu aufgefordert sind, sich selbst zu geißeln und vor der Heiligen Schrift der Selbsterkenntnis auf die Knie zu gehen. Scham und Selbstzerfleischung sind gefordert, um nicht-unterdrückte Gruppen auf ihren Platz zu verweisen und die soziale Pyramide auf den Kopf zu stellen, wobei die unterdrückten Gruppen die Spitze bilden.«[8]

Verärgert über die Debatte über White Privilege, die damals stattfand, schlussfolgerten linke Autoren, dass jene, die Rassismus traf, die eigentlich Privilegierten waren, weil das Gespräch über die Auswirkungen von Rassismus ihnen irgendwie moralische Überlegenheit verschaffte. Dieser linke Autor war wütender darüber, wie die Leute auf Rassismus reagierten als über den Rassismus selbst. Damit begann der Rückschlag für den Diskurs über White Privilege.

Wenn Personen, die unter der Last des Rassismus leben, mit Gleichgesinnten über diese Probleme sprechen wollen, können sie zu diesem Zweck eine Gruppe bilden. Sie können sich dafür entscheiden, diese Gruppe als »safe space«

(geschützter Ort, an dem nicht diskriminiert werden darf) zu bezeichnen. Das Konzept »safe space« ist gar nicht so seltsam. Wenn es um Hautfarbe geht, kann es überall sein, wo du dich sicher genug fühlst, um über deine Frustration über das Weißsein der Welt zu sprechen, ohne Angst haben zu müssen, ausgegrenzt zu werden. Es kann ein bestimmter Augenblick mit einem Familienmitglied in deinem Wohnzimmer sein, bei einem Mittagessen mit einem vertrauten Kollegen oder in einer speziell einberufenen aktivistischen Gruppe. Doch inmitten des Rückschlags gegen ausnahmslos alle antirassistischen Aktivitäten wurde der Ausdruck »safe space« zu einem weiteren Ziel für die Wut des White Privilege.

»Safe spaces sind eine direkte logische Folge der Identitätspolitik«, schrieb Ian Dunt im *Guardian*. »Als der im wesentlichen ökonomische Streit zwischen der Rechten und der Linken erlosch, wurde er von einem Kulturkrieg ersetzt, in dem Gender, Sexualität und Hautfarbe die Diskussion bestimmten.«

»Das ist das Werk privilegierter, wohlhabender, überqualifizierter, verwöhnter, liberaler Idioten aus der Mittelklasse«, fügte die feministische Autorin Julie Bindel im selben Artikel hinzu.[9]

Es kommt vor, dass Weiße Kontakt zu mir suchen und Martin Luther King zitieren, um mir nachzuweisen, dass meine Anstrengungen fehlgeleitet sind, dass ich es falsch mache. In E-Mails und Tweets wird mir erklärt, dass sich Martin Luther King eine Welt wünschte, in der die Menschen nicht nach ihrer Hautfarbe beurteilt werden, sondern nach dem Wesen ihres Charakters. Diese Wohlmeinenden glauben meiner Ansicht nach, die Aussage würde im heutigen Kontext bedeuten, dass *Weiße* nicht nach ihrer Hautfarbe beurteilt werden sollten. Dass die Macht des Weißseins nicht beurteilt werden sollte. Diese Leute scheinen nicht zu wissen, dass Martin Luther King in einem Brief, veröffentlicht im Juni 1963 im *Liberation Magazine* und in einer Gefängniszelle in Birmingham, Alabama, verfasst, auch schrieb:

»Als erstes muss ich zugeben, dass ich während der letzten Jahre schwer enttäuscht war von den weißen Moderaten. Ich bin fast an dem bedauerlichen Schluss angelangt, dass der große Stolperstein auf dem Weg des Negers in die Freiheit nicht der *White Citizen's Councilor* oder der Ku Klux Klan ist, sondern der moderate Weiße, dem ›Ordnung‹ wichtiger ist als Gerechtigkeit; der negativen Frieden, das heißt die Abwesenheit von Spannungen, dem positiven Frieden, das heißt der Präsenz von Gerechtigkeit, vorzieht; der ständig wiederholt: ›Ich bin einverstanden mit dem Ziel, das du erreichen willst, aber mit den Methoden der direkten Aktion kann ich nicht einverstanden sein‹; der paternalistisch der Ansicht ist, er könnte den Zeitplan für die Freiheit von anderen festlegen; der im Mythos der Zeit lebt und dem Neger ständig rät, ›auf einen besseren Zeitpunkt‹ zu warten.

Oberflächliches Verständnis von Menschen guten Willens ist frustrierender als absolutes Unverständnis von Menschen, die einem übel wollen. Lauwarme Akzeptanz ist viel verwirrender als offene Zurückweisung.«[10]

Im Februar 2014 publizierte das politische Magazin *The Economist* einen aufgeregten Leitartikel über das Anwachsen der Bevölkerungsteile mit Eltern unterschiedlicher Hautfarbe in Großbritannien. Anhand von Zensusdaten betrachtete der Artikel in ganz Großbritannien Trends, die Kinder mit Eltern unterschiedlicher Hautfarbe betrafen. Sie waren seit 2001 die am schnellsten wachsende ethnische Gruppe im Land. Sechs Prozent der Kinder unter fünf Jahren hatten Eltern unterschiedlicher Hautfarbe, das waren mehr als alle anderen BME Gruppen das Landes. »Für die jungen Leute«, schloss der Artikel, »die an Menschen jeglicher Herkunft in ihrer Mitte gewöhnt sind, spielt Hautfarbe eine viel geringere Rolle als noch für ihre Eltern. Noch ein, zwei Generationen des Schmelztiegels und sie wird vielleicht überhaupt keine Rolle mehr spielen.«[11]

In britischen Großstädten sind Freundschaften und Beziehungen zwischen Menschen unterschiedlicher Hautfarbe an der Tagesordnung und nicht mehr kontrovers. Doch dieser Anstieg macht die Beziehungen zwischen den Ethnien komplizierter, nicht einfacher. Obwohl die Menschen heutzutage weniger Angst davor haben, miteinander zu leben und sich zu lieben, verschwindet der Rassismus dadurch nicht. Trotz all der Freuden des Zusammenlebens, werden Kinder mit Eltern unterschiedlicher Hautfarbe dem Rassismus durch ihre schiere Existenz kein Ende setzen. White Privilege ist nirgendwo deutlicher spürbar als in unseren intimen Beziehungen, unseren engen Freundschaften und unseren Familien.

Das Bewusstsein für die Hautfarbe ist weder ansteckend noch vererbbar. Eine Zunahme interethnischer Familien und von Kindern mit Eltern unterschiedlicher Hautfarbe bringt den Diskurs über Hautfarbe und Weißsein und Privilegien vielmehr direkt nach Hause (buchstäblich). Unrecht kann nicht länger still und leise ignoriert werden, indem man die Nachrichten ausschaltet oder die Haustür schließt.

Mit Jessica, die Eltern unterschiedlicher Hautfarbe hat, zu sprechen ist erhellend. Wir unterhielten uns lange über White Privilege und Familie, die chaotischen, manchmal höchst schmerzhaften Diskussionen über Hautfarbe mit unseren engsten Freunden und nächsten Verwandten. Wegen der heiklen Natur unseres Gesprächs – und der Tatsache, dass sie diese Beziehungen aufrechterhalten muss – habe ich ihren Namen geändert.

»Es sind schwierige Gespräche. Es geht ziemlich rau zu«, sagte sie. »Ich bin überwiegend bei meiner weißen Familie aufgewachsen. In meiner schwarzen Familie gab es häusliche Gewalt, und das hatte Auswirkungen darauf, wie involviert dieser Teil der Familie war. 28 von meinen 30 Jahren habe ich mit meiner weißen Familie nicht über Hautfarbe geredet. Meine Mutter ist weiß, mein Vater schwarz, und sowohl meine Mutter als auch mein Vater haben mich auf eine wirklich farbenblinde Weise erzogen.«

Im Gegensatz zu mir kann Jessica nicht einfach aufhören, mit Weißen über Hautfarbe zu sprechen. Weil ihre Mutter und die Hälfte ihrer Familie weiß sind, hat sie nicht die Option, sich eine dicke Haut gegen diese Diskussionen zuzulegen.

»Als ich älter wurde und als Frau mit Eltern unterschiedlicher Hautfarbe begann, das Thema selbst besser zu verstehen – ich definiere mich als schwarz –, war ich nicht darauf vorbereitet, wie es ist, als Person mit diesem Hintergrund in der Welt zu leben«, erklärte Jessica. »Jetzt habe ich angefangen, mit meiner Familie über Hautfarbe zu reden. Es ist unangenehm, wahrscheinlich weil sie es bisher einfach vermieden haben. [Als ich jünger war], haben sie so getan, als wäre es kein Thema. Wenn ich mit meiner Mutter darüber gesprochen habe, hat sie gesagt, dass sie es nie für ein Thema gehalten hat, weil ich als Kind und Jugendliche nie Probleme zu haben schien. Es gab keine rassistischen Vorfälle. Und ich meinte, ja, aber Rassismus ist mehr als ein einmaliger Zwischenfall. Es geht um die Welt, in der wir leben, und darum wie man die Umwelt erlebt.

Während meiner Kindheit und auch als junge Erwachsene hatte ich das Gefühl, anders und ein bisschen komisch zu sein. Ich konnte nie wirklich verstehen, warum ich mich nicht dazugehörig fühlte. Jetzt, wo ich älter bin und mehr verstehe, glaube ich, dass es an der Hautfarbe lag. Ich war das einzige schwarze Kind in meiner Klasse, habe in einer weißen Stadt gewohnt und war von einer weißen Familie umgeben.«

Ich fragte Jessica nach den schwierigen Gesprächen, die sie führte. »Vor kurzem«, erzählte sie, »waren mein Onkel und mein Cousin ziemlich ... na ja, sie waren wirklich rassistisch. Sie haben Sachen auf Facebook geteilt, Sachen über *Britain First*, Sachen wie ›Burka verbieten‹. Ich habe versucht, mit ihnen darüber zu sprechen, warum das rassistisch ist und auch mir wehtut, aber ich komme auf keinen grünen Zweig. Wenn wir über Hautfarbe reden, sehen sie mich als Problem, als wäre ich eine Unruhestifterin. Das hat mich in den letzten Jahren veranlasst, mich von meiner weißen Familie zu distanzieren. Ich sehe sie kaum mehr. Ich konnte nicht mit ihnen umgehen, weil sie meinen Ansatz nicht verstehen.«

Später sagte sie: »Während ich mir meiner Hautfarbe und meiner Stellung in der Welt bewusster wurde, sind sie mir immer fremder geworden. Ich weiß, dass sie sich in meiner Gegenwart unwohl fühlen, und meiner Schwester geht es genauso. Je mehr ich ich selbst werde, umso größer wird ihr Unbehagen. Es ist wirklich traurig, weil wir eine sehr enge Familie waren, aber jetzt meide ich Familientreffen.«

Die erweiterte Familie kann gemieden werden. Aber was ist mit den engsten Beziehungen im Leben eines Menschen – was ist mit der Beziehung zu ihrer Mutter? »Sie wehrt ein bisschen ab«, sagte Jessica. »Sie hat zu mir gesagt: ›Ich glaube du vergisst, dass du auch weiß bist.‹ Und ich habe gesagt: ›Ja, Mum, aber wenn ich die Straße entlanggehe, sehen die Leute eine schwarze Frau.‹ Ich erlebe mich als Schwarze. Unsere Beziehung ist schwierig, weil ich sie liebe und möchte, dass sie mich akzeptiert, aber auch sie gibt rassistisches Zeug von sich … Das ist sehr schmerzhaft. Meine Mutter ist die meiste Zeit vollkommen von ihrer weißen Hautfarbe geblendet … Sie denkt: ›So voreingenommen kann doch niemand sein.‹ Institutionelle Voreingenommenheit kann sie sich nicht vorstellen. Man muss bei ihr also mit den Basics anfangen. Das kann ich nicht mit meiner ganzen Familie tun.«

Einmal machte Jessicas Mutter eine Bemerkung über ihren jamaikanischen Vater, die rassistische Klischees bediente. »Ich erinnere mich, dass sie einmal was über schwarze Männer und die Größe ihres Penis gesagt hat, und dass es stimmte, wegen meinem Vater. Und ich dachte, Mum, du hast keine Ahnung, wie abgefuckt es ist, sowas zu sagen.

Ich liebe meine Mutter sehr«, fuhr Jessica bestimmt fort. »Wir stehen uns sehr nahe, wir reden die ganze Zeit miteinander. Aber ich werde wütend, wenn sie etwas nicht versteht. Sie macht kleine Schritte, aber in der Vergangenheit musste ich sie vor meinem Zorn beschützen. Ich bin hin und her gerissen. Kann ich meiner Mutter die Wahrheit sagen? Selbst nachdem sie so etwas gesagt hat, habe ich das Gefühl, dass ich nicht wütend auf sie werden kann. Aber Wochen später würde ich sie am liebsten anrufen und einen Streit mit ihr vom Zaun brechen, um meine Wut loszuwerden. Ich muss die Wut auf etwas anderes umlenken.

Ich bin oft wütend. Meine Familie hat einfach nicht bedacht, welche Bedürfnisse ich als Kind von Eltern unterschiedlicher Hautfarbe haben würde. Als meine Mutter und mein Vater geheiratet haben, war es ein Thema, weil interethnische Beziehungen damals noch umstritten waren, glaube ich. Als sie vor ungefähr 35 Jahren geheiratet haben, haben sie Freunde verloren. Warum haben sie also nicht gedacht: Was wird dieses Kind für Erfahrungen machen? Sie haben meine kulturellen Bedürfnisse nie thematisiert, Dinge, wie ich meine Haare machen konnte zum Beispiel, oder jamaikanisches Essen, alle diese Sachen, die so wichtig sind, wenn man aufwächst und wissen will, woher man kommt.«

Jessica macht derzeit eine Gesprächstherapie und hat sich in der Gegend Gruppen von Leuten mit Eltern unterschiedlicher Hautfarbe gesucht, die ähnliche Erfahrungen gemacht haben wie sie. »Ich hatte diese unbestimmten Gefühle wegen meiner Identität, und ich habe sie weggeschoben, weit weg, und ich glaube, das hat sich auf mein psychisches Wohlbefinden ausgewirkt. Ich habe ein paar Freunde mit weißen Müttern, die auch zu kämpfen haben. [Weiße] Mütter, die das N-Wort benutzen und es okay finden, weil sie schwarze Kinder haben. Wenn ich heute ein interethnisches Paar sehe, wird mir unbehaglich, obwohl ich selbst in so einer Beziehung bin. Wenn ich einen weißen Elternteil mit einem Kind mit dunkler Hautfarbe sehe, denke ich: Wird dieses Kind bekommen, was es braucht? Denn ich habe nicht bekommen, was ich gebraucht hätte. Ich glaube, für Menschen, die in interethnischen Beziehungen sind und ein Kind haben oder transethnisch adoptieren, besteht die einzige Möglichkeit, dass es funktioniert, darin, antirassistisch zu sein. Demütig zu sein und zu lernen, dass sie Rassisten sind, auch wenn sie es nicht glauben.«

Über ihren Partner sagte sie: »Er weiß, was ich durchgemacht habe. Wir wollen Kinder, und er gehört zu den Weißen, die bereit sind, das Verlernen rassistischer Einstellungen in Angriff zu nehmen und Attitüden abzulegen. Es gibt nur wenige Weiße dieser Art in meinem Leben, und ich könnte keine Beziehung mit einem Weißen haben, der nicht so ist. Es wird in diesem Land nur sehr wenig über Hautfarbe gesprochen, und es wird sehr wenig über Menschen mit Eltern unterschiedlicher Hautfarbe gesprochen. Es gibt Leute, die denken, dass du halb und halb bist, dass du immer zwischen zwei Welten steckst. Ich habe mir eine Zeitlang Sorgen gemacht, dass ich nicht schwarz genug bin, aber allmählich habe ich das Gefühl, dass ich Teil der Vielfalt des Schwarzseins bin. Es gibt mehr als eine Art schwarz zu sein.«

Die Beziehung von Jessica und ihrer Mutter ist differenziert, gleichzeitig zutiefst liebevoll und zutiefst schmerzhaft. Es ist bezeichnend für die Komplexität von Rassismus – und verdeutlicht eine Wahrheit, die in der schwerfälligen Medienberichterstattung oft übersehen wird –, dass er nicht von bösartigen Ungeheuern, getrieben von Feindseligkeit, ausgeübt wird, sondern dass er über das Weißsein geschieht. Beziehungen zwischen Menschen unterschiedlicher

Hautfarbe beweisen nicht, dass die Gesellschaft Rassismus überwunden hat, sie beweisen nur, dass sich Menschen oft schneller weiterentwickeln als Gesellschaften.

Es leuchtet ein, dass interethnische Paare sich nicht mit dem deprimierenden Gewicht der rassistischen Geschichte belasten wollen, wenn sie ein gemeinsames Leben planen, aber eine farbenblinde Herangehensweise macht das Leben schwierig für Kinder, die diese Achtlosigkeit nicht verdienen. So wie Paare über Ehe, Geld und Kinder sprechen, sollten interethnische Paare auch über Hautfarbe diskutieren – was sie für sie bedeutet, wie sie ihr Leben beeinflusst und die Zukunft ihrer Kinder beeinflussen könnte.

In dem »Rassismus beenden«-Konfetti, das auf interethnische Familien gestreut wird, verbirgt sich das argwöhnische Auge von Wichtigtuern, die die Konstellation nicht ganz verstehen. Die Zusammensetzung der Bevölkerung ändert sich schneller als unsere Einstellungen, und das stiftet Verwirrung. Erwachsene Kinder aus interethnischen Familien erzählen Anekdoten, dass sie als Kinder, wenn sie draußen auf der Straße mit der Familie unterwegs waren, angehalten und befragt, beleidigt und verunglimpft wurden. Dabei war »Regenbogenfamilie« noch die harmloseste Beleidigung.

Und bei transethnischen Adoptionen – wenn dunkelhäutige Kinder von weißen Familien adoptiert werden – wird kaum über White Privilege gesprochen. 2010 schrieb der Journalist Joseph Harker: »Mein nigerianischer Vater verließ meine irische Mutter, bevor ich geboren wurde. Drei Jahre später heiratete sie einen Engländer aus dem Ort, der mich später adoptierte, und ich nahm seinen Namen an. Es hat mir nie an Liebe, Unterstützung und Ermunterung gefehlt. Doch auf die regelmäßigen Konflikte, die aufgrund meiner Hautfarbe ausbrachen, war ich schlecht vorbereitet. Es fiel mir schwer, mit den Sticheleien auf dem Spielplatz und in der Schule fertigzuwerden, und als ich älter war, wurde die nicht existente Verbindung zu meinem afrikanischen Erbe zu einem immer größeren Problem. Ich habe mit vielen Schwarzen gesprochen, die ähnlich aufgewachsen sind wie ich, und sie erzählen oft von gleichen Erfahrungen.«[12]

Er trifft den Kern der Sache. Nichts weist daraufhin, dass ein schwarzes Kind, das von einer weißen Familie adoptiert wurde oder mit einem weißen Elternteil aufwächst, nicht unermesslich geliebt und unterstützt wird. Aber da die Eltern Rassismus selbst nie erlebt haben, sind sie vielleicht nicht in der Lage, mit dem Rassismus umzugehen, der ihren Kindern widerfahren wird.

2012 legte Premierminister David Cameron in einem ultimativen Akt von Farbenblindheit den Plan vor, die gesetzliche Vorschrift abzuschaffen, nach der die Behörden während des Adoptionsprozesses den kulturellen und sprachlichen Hintergrund sowie die Hautfarbe des Kindes berücksichtigen müssen. Der Vorschlag war nicht böse gemeint. 2013 gab das Bildungsministerium bekannt, dass BME Kinder im Durchschnitt ein Jahr später adoptiert werden als weiße Kinder. Je länger in Kind in Pflege ist, umso wahrscheinlicher ist es, dass es später im Leben Bindungsprobleme haben wird, hieß es, schnell eine passende Familie zu finden ist demnach essentiell. »Wenn eine liebevolle Familie bereit und in der Lage ist zu adoptieren«, sagte der damalige Bildungsminister Michael Gove, »dürfen Fragen der Ethnie nicht im Weg stehen.«[13]

Es war ein schlauer sprachlicher Taschenspielertrick, als die Politiker darauf bestanden, dass die Berücksichtigung der Hautfarbe des Kindes Rassismus Vorschub leiste. Goves Bemerkungen implizierten, dass schwarze Kinder länger auf eine Adoption warten mussten wegen politisch korrekter »Barrieren«, die der (von Cameron so genannte) »staatlich verordnete Multikulturalismus« aufgestellt hatte, und nicht dem strukturellen Rassismus geschuldet waren. Warum schwarze Kinder länger warten müssen, ist nicht leicht zu erklären. Aber wir leben in einer rassistisch geprägten Welt, und diese Wartezeit deutet einen weiteren Rückschlag für die Chancen im Leben schwarzer Kinder an.

Weiße Eltern, die ein dunkelhäutiges Kind adoptieren, übernehmen eine neue Verantwortung, bei der sie sich der Hautfarbe bewusst sein müssen. Sie machen sich auf eine für sie neue Reise der Selbsterkenntnis, und sie dürfen auf keinen Fall länger der beschränkten Politik der Farbenblindheit anhängen. Dazu sind sie verpflichtet, weil ein schwarzes Kind nicht damit belastet werden kann, sich den Vorurteilen der Welt allein entgegenzustellen. Nicht alle weißen Eltern nehmen sich die Zeit, das zu lernen. Leider habe ich weiße Eltern mit schwarzen Kindern kennengelernt, die mich wütend konfrontiert und darauf bestanden haben, dass sie »Hautfarbe einfach nicht sehen«, und glauben, dass das, was ich tue, überhaupt nicht hilfreich ist. Natürlich fordere ich nicht, dass sie mir in allen Punkten zustimmen, aber ich denke, es ist wichtig, anzuerkennen, dass wir noch immer in einer rassistischen Gesellschaft leben, allein schon weil sie ihre Kinder dann ungezwungener beraten können. Nicht um ihrer selbst willen, sondern um ihrer Kinder willen. Ich finde wirklich, das ist das Mindeste, was sie tun müssen. Andererseits habe ich auch weiße Eltern schwarzer Kinder kennengelernt, die unbedingt verstehen wollen, was ihren Kindern bevorsteht. Sie bemühen sich, eine Informationslücke zu schließen, was Weiße nicht oft leisten müssen. So zu tun, als wäre alles gut, hilft niemandem.

Im Widerspruch zum Titel dieses Buches konnte ich nicht über Hautfarbe schreiben, ohne mit mindestens einer weißen Person gesprochen zu haben, die so viel über Hautfarbe nachdenkt wie ich. Jennifer Krase ist Amerikanerin, lebt jedoch seit sieben Jahren in Großbritannien. Sie ist eine weiße Immigrantin im Land, und das macht sie sowohl zu einer Außenseiterin als auch zu einer Insiderin: Eine Außenseiterin, weil ihr Land seine eigene Kultur und seine eigenen gut dokumentierten rassistischen Einstellungen hat, und eine Insiderin, weil sie als weiße Amerikanerin eher als »Expat« gilt denn als »Migrantin«. Sie ist sich all dessen auf erfrischende Weise bewusst. »Ich denke, Weiße werden defensiv, wenn man sie weiß nennt«, sagte sie mir über Skype, »weil sie internalisiert haben, dass es unhöflich ist, jemanden auf seine Hautfarbe hinzuweisen, und es ein vermintes Gelände ist, weil du unbeabsichtigt rassistisch sein könntest, da sich die Leute angegriffen fühlen könnten, wenn man ihre Hautfarbe erwähnt. Das ist wirklich eine abenteuerlich umständliche Logik, die keins der fundamentalen Probleme anspricht.«

Ich fragte sie nach ihren frühen Vorstellungen von Rassismus während ihrer Kindheit. Da sie weiß ist, war sie wahrscheinlich in eine Schule mit anderen weißen Kindern gegangen. Und obwohl Kinder immer etwas finden, um sich gegenseitig zu schikanieren, wird Jenny als Weiße im Pausenhof keinen Rassismus erlebt haben. »Ursprünglich dachte ich«, sagte sie, »dass es einfach darum geht, dass man bestimmte Worte nicht benutzen sollte. In der Schule wurde uns definitiv Farbenblindheit beigebracht.

Während ich aufwuchs, hätte ich zu dir gesagt, dass Rassismus heißt, andere zu verunglimpfen. Oder dass es bei Rassismus um Gesetze zur Rassentrennung geht. Oder dass Rassismus keine Einbahnstraße ist, dass jeder ein Rassist sein kann. Wahrscheinlich hätte ich gesagt, dass Wörter wie das N-Wort schlimmer sind, als jemanden zum Beispiel einen Cracker [pejorativ für einen Weißen] zu nennen, aber ich hätte trotzdem gesagt, dass Cracker rassistisch ist. Jetzt klingt das lächerlich, aber so simpel war meine Weltsicht. Rassismus, das waren Individuen, Strukturen habe ich nicht gesehen.«

Jenny wuchs in Fort Worth, Texas auf. Ich fragte sie, wann sie sich zum ersten Mal des Themas Hautfarbe bewusst wurde. »Ich war mir dessen immer bewusst, nur nicht in Bezug auf mich selbst«, sagte sie. »Ich dachte Hautfarbe ist etwas, was auf andere angewendet wird. Auf Leute, die nicht weiß sind. In Texas hatte es schon immer Konflikte um Hautfarbe gegeben ... es gab immer die Trennung zwischen Englisch und nicht Englisch sprechenden Menschen, Latinos. Fort Worth ist eine geteilte Stadt, nicht nur geografisch, sondern auch hinsichtlich der Lebensumstände der Menschen und ihrer Chancen.«

Alles in ihrer monoethnischen Jugend war angenehm kalkuliert, erklärte Jenny. »Ich habe an vielen Fronten eine wirklich vorsätzlich behütete Existenz geführt. Nicht nur mein Leben mit anderen Weißen in einem weißen Viertel – in meine Schule gingen auch überwiegend Weiße –, es war außerdem eine Mittelschichtsschule. Die Viertel um die Schule waren damals ziemlich wohlhabend. Es gab all diese Faktoren, die mich in diese ganz spezifische Umgebung geführt hatten. Ich glaube, nichts davon war Zufall. Meine Eltern kauften ein Haus – man schaut sich das Viertel an und die Schulen, und dann entscheidet man nach den eigenen Kriterien. Manche davon können offen rassistisch sein, andere betreffen eher die Schicht. ›Ich will, dass mein Kind in eine gute Schule geht.‹ Was ist eine gute Schule?«

Angesichts ihres Hintergrunds fragte ich mich, wie sich ihre Perspektive so drastisch gewandelt haben konnte. Meiner Erfahrung nach ist eine weiße Person, die in einer überwiegend weißen Welt aufgewachsen ist, oft engstirnig und hat den reflexhaften Drang, Weißsein gegen Kritik zu verteidigen. Wann ist ihr zum ersten Mal aufgefallen, dass sie weiß ist? »[Ich hatte einen Dozenten], dessen Kurs für mich unglaublich herausfordernd war, weil er über Hautfarbe gesprochen hat. Er sprach über Ethnien, über Imperialismus … Das war meine erste Erfahrung damit, nicht nur mit den Fakten, sondern auch mit politisch fordernden, historischen Sichtweisen darauf. Damals habe ich wirklich Widerstand dagegen geleistet. Wenn ich jetzt daran denke, ist mir das scheißpeinlich. Aber das war der Grundstein für meine Veränderung.«

Zuerst reagierte sie defensiv. »Ich glaube, ich habe mich so dagegen gewehrt, weil mir die Möglichkeit, dass jemand etwas wusste, das ich nicht wusste, peinlich war. Irgendwie habe ich vielleicht gespürt, dass ich, wenn ich akzeptierte, was immer diese Person sagt, in ein Wespennest steche. Es war eine Mischung aus Verlegenheit und Panik. Ich kann nicht genau sagen, was ich schützen oder verteidigen wollte. Ich glaube, ich war einfach unwillig.

Ich reagiere längst nicht mehr so sensibel, wenn mir jemand sagt, dass ich mich täusche. Das ist ein großer Gewinn, auf persönlicher Ebene. Ich habe mein White Privilege nicht verloren. Es ist nicht weniger geworden, nur weil ich plötzlich verstehe, was es ist.«

Ich war neugierig zu erfahren, wie Jennys antirassistische Einstellung ihr Leben beeinflusst. »Ich diskutiere [über Rassismus] mit meiner Familie, mit Freunden, auf der Arbeit, auch wenn diese Diskussionen wirklich schwierig sein können«, sagte sie. »In den letzten drei oder vier Jahren bin ich damit mehrmals mega gescheitert, entweder habe ich die falsche Diskussion angezettelt oder die Chance für eine wichtige Diskussion nicht genutzt.

Ich versuche mehr in meinem ganz gewöhnlichen Alltag zu tun, in Situationen, die nichts mit Aktivismus zu tun haben, Themen anzusprechen, wenn sie gerade wichtig sind. Ich weiß nicht, was die anderen Leute im Raum darüber denken, aber wenn ich daran denke, und niemand anderes spricht es aus, dann sage ich etwas. Ich bin es mir selbst gegenüber schuldig. Etwas zu tun, wenn niemand es sieht, weil es überhaupt nicht darum geht, dass jemand es bezeugt oder mir dafür auf die Schulter klopft.«

Es ist ungewöhnlich, dass Jenny die schwierige Aufgabe auf sich nimmt, Rassismus zu demontieren. Um ehrlich zu sein ist es ungewöhnlich, weil sie weiß ist. So viele Weiße denken, dass Rassismus nicht ihr Problem ist. Aber White Privilege ist ein Instrument des Rassismus. Wenn ich in diesem Buch über Weiße schreibe, meine ich nicht jedes einzelne Individuum. Ich meine Weißsein als politische Ideologie. Als Denkschule, die Weißsein auf Kosten derer begünstigt, die nicht weiß sind. Für mich ist es wie Yin und Yang. Rassismus existiert nicht ohne Grund. Er bringt nicht nur die Entmachtung der Personen, gegen die er sich wendet, mit sich, sondern auch einen Machtgewinn für die, gegen die er sich nicht wendet. Das ist White Privilege. Rassismus mehrt die Chancen im Leben von Weißen. Er gibt ihnen unverdiente Macht; er hält eine stille Dominanz aufrecht. Warum glauben Weiße, sie hätten keine hautfarbenspezifische Identität?

4

Die Angst vor dem schwarzen Planeten

1968 hielt der verstorbene konservative Politiker Enoch Powell vor einem hingerissenen Publikum eine Rede über die Übel der Immigration: »In 15 oder 20 Jahren wird der weiße Mann in diesem Land unter der Knute des schwarzen Mannes stehen.«[1] Er erkannte damit unfreiwillig und stillschweigend die Existenz rassistischer Machtstrukturen an, und obwohl er es nicht ausdrücklich sagte (weil er wusste, auf welcher Seite er stand), war Powell davon überzeugt, dass ein Machtwechsel in den Beziehungen der Ethnien dazu führen würde, dass weiße Briten mit der schlechten Behandlung und den systematischen Barrieren konfrontiert wären, um deren Überwindung Schwarze kämpften. Es gibt einen Grund, warum er »unter der Knute« sagte, statt den weniger symbolträchtigen Ausdruck »Vorteil gegenüber« zu benutzen. Knute beschwört die Peitsche herauf, Schläge, Elend und Zwangsarbeit, Unterwerfung und totale Dominanz – die Sklaverei. Enoch Powells Rede gilt durchgängig als eine der rassistischsten in der britischen Geschichte, doch seine Sprache war nur so rassistisch aufgeladen, wie es die Beziehung Großbritanniens zum Schwarzsein immer gewesen ist. Die einzige Möglichkeit, die Macht in Großbritannien aufrechtzuerhalten, die er sich vorstellen konnte, war die Unterwerfung einer Bevölkerungsgruppe, weil das Land seine Macht in der Vergangenheit immer auf diese Weise erworben und ausgeübt hatte.

Die Projektion eines allumfassenden, schwarzen Jüngsten Gerichts nenne ich »Angst vor dem schwarzen Planeten«. Es ist die Angst davor, dass der entfremdete »Andere« die Macht übernehmen wird. Enoch Powells Furcht vor der Verkehrung der Umstände überlebt in der modernen politischen Phrasendrescherei über Einwanderung. Als die Labour Party vor den Unterhauswahlen 2015 offizielle Werbeartikel verteilen ließ, darunter eine Tasse, auf der »Einwanderungskontrolle« stand, spielte sie dieser Angst in die Hände. Manche beharren darauf, dass wir auf einer kleinen Insel leben und es Zeit ist, die Türen zu schließen. Sie sorgen sich, dass das zunehmend verschwindende Wesen des wahren Britentums langsam von Immigranten erodiert wird, deren einziges Ziel nicht etwa ist, vor Krieg oder Armut zu fliehen, sondern das soziale Gefüge des Landes zu zerstören.

Die Angst hat viele Gesichter. Sie äußert sich in Form von »Besorgnis wegen« der Einwanderung, mit der politische Parteien bei der letzten Wahl auf Stimmenfang gingen. Sie äußert sich in Form von »Bewahrung unserer nationalen Identität«. Im Herz dieser Furcht sitzt der Glaube, dass alles, was nicht weiße Homogenität repräsentiert, nur existiert, um sie auszumerzen. Dass Multikulturalismus der Anfang der Zerstörung der westlichen Zivilisation ist.

Es zeugte von Borderline-Paranoia, als Nigel Farage[2] von der UKIP berichtete, wie nervös er wurde, weil er in seinem Zugabteil Passagiere verschiedene Sprachen sprechen hörte.

2014 sagte er in einer Rede: »Tatsache ist, dass unser Land in zahllosen großen und kleinen Städten innerhalb kurzer Zeit unkenntlich geworden ist. Ob es die Auswirkungen auf unsere Schulen und Krankenhäuser sind, ob es die Tatsache ist, dass man in vielen Teilen Englands kein Englisch mehr hört, das ist nicht die Art Gesellschaft, die wir unseren Kindern und Enkeln hinterlassen wollen.«[3]

Auch Jahrzehnte nach Enoch Powells Rede ist die Angst vor dem schwarzen Planeten nicht geschwunden. Das Wort Multikulturalismus ist zu einem Synonym für unendlich viele britische Ängste geworden, Angst vor Immigration, fremden Ethnien, vor Unterschieden, Kriminalität und Gefahr. Es ist jetzt ein Schimpfwort, eine Fassade für die Angst, dass Menschen mit dunkler Hautfarbe und Ausländer eine Bedrohung für weiße Briten darstellen. Wenn du Immigrant bist – auch in der zweiten oder dritten Generation –, betrifft es dich persönlich. Du *bist* Multikulturalismus. Leute, die Angst vor Multikulturalismus haben, haben Angst vor *dir*. Und im Geist der politischen Definition von Schwarzsein aus den 1980er Jahren geht es bei »Besorgnis wegen Einwanderung« weniger darum, wer schwarz ist, sondern darum, wer *kein* weißer Brite ist.

In Wahlkampfbroschüren für das Referendum zur Mitgliedschaft Großbritanniens in der EU schrieben die Befürworter eines Austritts, dass »zwischen 2005 und 2014 Frauen aus anderen EU-Ländern 475 000 Kinder auf die Welt gebracht haben. Das ist, als würde man der Bevölkerung eine Stadt von der Größe Manchesters hinzufügen.«[4] Das Argument war Bestandteil einer Diskussion über die »Belastung«, die Einwanderer auf das Gesundheitssystem (NHS) ausüben, aber ich hatte dieses Argument schon früher gehört. In Amerika bezeichnet der negativ besetzte Begriff »Ankerbaby« die in den USA geborenen Kinder illegaler Einwanderer und dient als Mahnung. Er impliziert eine Übernahme. Auch Großbritannien macht sich dieser abwertenden Sprechweise schuldig. 2016 wurde in einem Krankenhaus darüber nachgedacht, sich von Patienten, die keine Notfälle waren – eingeschlossen schwangeren Frauen – den Pass zeigen zu lassen, bevor sie behandelt würden.[5] Auf Referendumsplakaten der UKIP stand: »Wir wollen unser Land zurück: Stimmt für den Austritt.«[6] Das letzte Mal hatte ich den Slogan »Wir wollen unser Land zurück« in meiner Universitätsstadt gehört, als die extrem rechte *English Defence League* gegen, wie sie es nannte, die »Islamisierung« Großbritanniens protestierte. Jetzt nutzt *Britain First* eine andere Version des Spruchs – »wir holen uns unser Land zurück« – als Slogan. Eine von Ipsos MORI durchgeführte Umfrage, die ein paar Tage vor dem EU-Referendum veröffentlicht wurde, bestätigte, dass Einwanderung das wichtigste Thema für Personen war, die für den Austritt stimmen wollten.[7] Was einst der gesellschaftliche Rand war, ist jetzt Mainstream.

Das ist nichts Neues. Seit langem instrumentalisieren extrem rechte politische Gruppierungen den Kampf der indigenen Völker in Amerika und Australien gegen den Kolonialismus, um eine Geschichte indigener weißer Briten zu erfinden, die durch Einwanderung bedroht sind. Zur gleichen Zeit, als die *English Defence League* durch die Stadt marschierte, versammelte sich eine Gruppe meiner Freunde in meiner Studentenwohnung, um den früheren Vorsitzenden der *British National Party*, Nick Griffin, in der BBC-Sendung *Question Time* zu sehen. Ich hörte ungläubig zu, als er sagte: »Niemand hier würde es wagen, nach Neusee-land zu fahren und zu einem Maori zu sagen: ›Was soll das heißen, indigen?‹ Man würde es nicht wagen, in Nordame-rika zu einem Indianer zu sagen: ›Was soll das heißen, in-digen? Wir sind alle gleich.‹« Er fuhr fort: »Die indigenen Völker dieser Inseln, die Engländer, die Schotten, die Iren und die Waliser ... diese Leute sind die letzten 17 000 Jahre überwiegend hier gewesen. Wir sind hier die Ureinwoh-ner ... Tatsache ist, dass die Mehrheit der Briten von Men-schen abstammt, die seit Urzeiten hier gelebt haben. Es ist höchst rassistisch, es ist wahrhaft rassistisch, wenn man die Engländer verleugnen will. Ihr Typen wolltet uns noch nicht einmal unseren Namen auf dem Volkszählungsbogen lassen. Das ist Rassismus. Und deswegen wählen die Leute die *British National Party*.«

Für Nick Griffin war die Akzeptanz von Vielfalt offen-bar gleichbedeutend mit der Ausrottung weißer Briten. Die Behaglichkeit des White Privilege macht ihn blind für die Tatsache, dass er zur Mehrheit gehört und für ihn *bereits ge-sorgt ist*. In seinem Monolog in *Question Time* appellierte Griffin an den britischen Sinn für Fairness, um das Bild einer bedrängten weißen Minderheit heraufzubeschwören, die attackiert wird und die Kontrolle über ihr Erbe und ihre Kultur verliert. Eine noch größere Beleidigung war, dass er sich, um zur Bewahrung der britischen Kultur aufzurufen, auf den Kampf dunkelhäutiger Menschen berief, die von weißen Briten kolonisiert, vergewaltigt und geschlagen worden waren.

Aufgrund der britischen Gesetze gegen üble Nachrede kann man in Teufels Küche kommen, wenn man eine har-sche Kritik an jemandem veröffentlicht, ohne ihm an gleicher Stelle das Recht auf eine Erwiderung einzuräumen. Ich denke, dass ein Buch über britischen Rassismus nachlässig wäre, würde es den enormen Einfluss übersehen, den Nick Griffin und die *British National Party* auf unsere heutige Diskussion über Hautfarbe hatten. So fand ich mich in der merkwürdigen Situation wieder, dass ich versuchte, Kontakt zu Nick Griffin aufzunehmen, einem Mann, der solange ich denken kann die Vorstellung attackiert hat, dass jemand wie ich *wahrhaft* britisch sein könnte, und eine Partei repräsentierte, die meine Familie aufgrund unserer unterschiedlichen Hautfarben für eine Abscheulichkeit hält.

Da ein Redakteur, mit dem ich zusammenarbeite, ein paar Jahre zuvor in der gleichen Situation gewesen war, gab er mir Griffins Adresse. Ich schrieb Mr Griffin einen Brief. Er antwortete am nächsten Tag und war einverstanden, mit mir zu sprechen. Ich schlug vor, ihn in den Räumen meines Verlegers zu treffen. Er lehnte ab und sagte, dass er kaum mehr nach London fahre, »da es ein überwiegend fremdes Land ist«. Wir kamen überein, am nächsten Tag zu telefonieren.

Ich war sehr besorgt während dieses Unterfangens, beschloss jedoch ihn in dem Bemühen, so offen und ehrlich wie möglich zu sein, mit meinem eigenen Handy anzurufen. Schließlich brauchte ich das Interview, und mich verdächtig zu benehmen oder Informationen zurückzuhalten würde nicht helfen. Aber damit hatte einer der berüchtigtsten Anführer der extremen Rechten meine private Telefonnummer. Wenn er wollte, konnte er mit einem Tastendruck mein Leben zur Hölle machen. Er konnte meine Nummer online veröffentlichen. Ich wusste, dass er so etwas schon getan hatte – 2012 hatte er die Adresse eines schwulen Paars online gestellt.[8] Meine einzige Sicherheit war, dass wir beide etwas voneinander hatten – ich hatte seine Telefonnummer und seine E-Mail-Adresse. Ich nahm das Risiko auf mich. Unser Gespräch war so surreal, dass ich es hier in ganzer Länge wiedergebe.

REL: 2009 sagten Sie etwas in der Art, dass weiße Briten in Großbritannien eine Minderheit sind. Glauben Sie das noch immer?
NG: Nicht sind. Zu einer werden.

Warum glauben Sie, dass Weiße zu einer ethnischen Minderheit in Großbritannien werden?
Es ist ganz einfach eine demografische Tatsache. Wenn Sie nachsehen wollen, würde ich mir Professor Coleman von der Universität Oxford anschauen. Er ist wahrscheinlich der führende Bevölkerungswissenschaftler in Großbritannien. Er hat Zahlen der Regierung verwendet, nicht meine, und vor ein paar Jahren gesagt, dass wir spätestens Ende des Jahrhunderts eine Minderheit in unserem eigenen Land sein werden. Das war beim gegenwärtigen Trend, aber dieser Trend hat sich mittlerweile natürlich verschlimmert. Deswegen besteht überhaupt kein Zweifel daran. Das gilt nicht nur für Großbritannien, sondern für ganz Westeuropa.

Aber im Augenblick sind 81,9 Prozent der Bevölkerung weiße Briten, halten Sie das da nicht für ein bisschen weit hergeholt?
Nein, so funktioniert das Bevölkerungswachstum. Der britische Anteil ist im Vergleich mit anderen Gruppen sehr hoch, da haben Sie recht. Aber wenn Sie sich den Altersunterschied der Bevölkerungsgruppen anschauen, und

die britische Gruppe besteht zu signifikanten Teilen aus zwei Wellen geburtenstarker Jahrgänge, die im Verlauf der nächsten 20 Jahre unglaublich schnell sterben werden ... Es wird sich steigern. Wohingegen das Altersprofil von einigen Immigrantengruppen viel jünger ist, deswegen werden sie mehr Kinder haben. Mit mir können Sie darüber nicht streiten, da müssen Sie schon mit Professor Coleman streiten. Er ist ein führender Bevölkerungswissenschaftler der Welt, und Sie und ich sind das nicht. Was er sagt, stimmt. Daran gibt es wirklich keinen Zweifel.

Warum halten Sie diese Projektionen dann für eine schlechte Nachricht?
Das ist eine rassistische Frage. Weil kein Weißer es wagen würde, sagen wir nach Nigeria zu gehen, wenn Nigeria von Chinesen überschwemmt wird, und zu sagen: »Warum glaubt ihr, dass es eine schlechte Idee ist, dass Nigeria aufhören soll, Nigeria zu sein?« Es ist doch selbstverständlich, dass alle Völker der Welt das Recht haben, in ihrem eigenen Heimatland das dominante Volk zu bleiben, kulturell und ethnisch. Jeder, der etwas anderes behauptet, nur weil wir Europäer sind, ist ein Rassist.

Ich verstehe. Ich bin also eine Rassistin.
Nein, nein, ich sage nicht, dass Sie Rassistin sind. Aber wenn man das so sagt, mit dieser Sichtweise. [Wenn es Sie glücklich macht], weniger Rechte zu haben als Nigerianer, dann sind Sie eine Rassistin. Sind Sie absolut glücklich für die Nigerianer, wenn sie Chinesen werden, dann sind Sie keine Rassistin, sondern einfach nur verrückt.

Es ist schon viele Jahre her, also bitte, stellen Sie das für mich klar, [aber] stimmt es, dass die BNP eine Politik verfolgte beziehungsweise ein Statement auf ihrer Website hatte, das sich gegen Beziehungen zwischen Menschen unterschiedlicher Hautfarbe aussprach?
Ja.

Teilen Sie diese Meinung?
Ich halte es für bedauerlich, wenn ein Volk durch übermäßige ethnische Integration ausgelöscht wird. Muhammad Ali hat genau das Gleiche gesagt. Ich glaube, dass entweder Gott oder die Natur die Völker unterschiedlich, einzigartig und wunderbar erschaffen hat, alle Völker, und dann ist es eine Schande, wenn wir auf der ganzen Welt zu einer ununterscheidbaren Masse werden. Es wäre schade. Allerdings darf kein Staat bestimmen, wer sich in wen verliebt.

Glauben Sie also, dass die weiße britische Bevölkerung durch Immigration und Beziehungen zwischen Menschen unterschiedlicher Hautfarbe bedroht ist?
Ich glaube, dass die Identität aller Völker Europas bedroht ist von Massenimmigration, Integration und Beziehungen zwischen Menschen unterschiedlicher Hautfarbe, die es nicht etwa gibt, weil es natürlich wäre, sondern weil sie von jedem Element der Massenmedien als eine gute Sache angepriesen werden. Das ist eine vorsätzliche Strategie, das ist vollkommen klar. Wenn man zu Coudenhove-Kalergi zurückgeht, dem Mann, der die Europäische Union gegründet hat: Er hat 1926 offen gesagt, dass die Idee war, die Nationen Europas in verfassungsrechtlichen Begriffen zu vernichten, aber auch die Völker, die sie ausmachen, durch

Masseneinwanderung und Massenassimilation. Sozial gelenkte Assimilation, das passiert gerade. Wir werden angegriffen. Nicht von Einwanderern, sondern von einer Elite, die die Immigration benutzen will, um die Nationen Europas zu vernichten.

Ich bin mir ziemlich sicher, dass es die Politik der britischen Regierung war, vor allem in der Zeit nach dem Krieg, Menschen als Arbeitskräfte aus den Commonwealth-Ländern zu holen. Halten Sie es nicht für ein bisschen unredlich zu behaupten, dass diese Leute, die manchmal darum gebeten wurden, und manchmal von den Briten befehligt wurden ... wenn sie kommen, um sich ihr Stück vom Kuchen zu holen, warum ist das unfair?
Es ist falsch wegen der Wirkung, die das auf Großbritannien hat. Die Immigranten sind nicht schuld. Da haben Sie recht, wenn die Regierung das unterstützt, wenn hohe Beamte die Leute dazu aufgefordert haben. Es sind die Leute, die die Massenmedien, die großen Firmen, die großen Unternehmen kontrollieren. Sie wollen billige Arbeitskräfte, um die Macht der gewerkschaftlich organisierten Arbeiter zu unterminieren. Diese Leute sind schuld, nicht die Einwanderer.

Warum verweisen Sie auf die Massenmedien, wo doch viele Medien in Großbritannien – sie sind im Besitz von einigen Wenigen, das stimmt –, aber wir haben doch eine Menge Boulevardmedien, die sich explizit gegen Immigration aussprechen.
So ist es. Sie sind explizit gegen Immigration. Aber im Allgemeinen sind sie mit den genozidalen Folgen der Massenimmigration einverstanden. Das sind bestimmt keine

nationalistischen Medien. Und die Medien, die wirklich beeinflussen, was die Leute denken und was sie tun – da kann man Printmedien und das, was die Leute sehen, nicht vergleichen. Es ist die Macht der Hollywoodfilme, es ist die Macht der Fernsehnachrichten, vor allem die Macht der Seifenopern. Das sind die Dinge, die besonders wirksam sind und verändern, wie die Leute die Welt sehen und was sie tun. Eine Zeitung, wie auch immer sie die Nachrichten bringt, ist gedruckt. Sie hat nicht dieselbe Macht wie die Rundfunkmedien. Es ist eine Tatsache, dass die Rundfunkmedien, geleitet von einer Handvoll Leute und geführt von einer sehr kleinen Interessengruppe, in der alle das Gleiche wollen, dass sie es sind, die wirklich Einfluss haben. Vergessen Sie die *Daily Mail*, die Seifenopern entscheiden, was bei den Leuten im Kopf passiert.

Wenn Sie sagen, dass alle das Gleiche wollen, was glauben Sie, dass sie wollen? Denn ich arbeite in den Medien, und sie sind sehr weiß – im britischen Journalismus sind ungefähr 96 Prozent Weiße. Die Redaktionen sind nicht besonders multikulturell.

Nein, nein, nein, das sind sie nicht, aber sie sind Teil der Scheinheiligkeit der liberalen Elite. Sie wollen, dass die gewöhnliche Arbeiterklasse in den Genuss der gewaltigen Vielfalt und der Vorteile der dazugehörigen Masseneinwanderung kommt. Aber für sich selbst wollen sie das nicht, nicht wahr? Für ihre Kinder wollen sie das nicht. Die Rupert Murdochs dieser Welt wollen Macht, und sie wollen Reichtum, und sie wollen nicht, dass das jemand infrage stellt. Die ganzen Firmen, das eine Prozent auf der Welt, die wissen alle genau, dass sie unsere öffentlichen

Dienstleistungen, die Ressourcen plündern. Früher wurde der Kolonialismus und das Plündern vom Westen in der Dritten Welt betrieben. Jetzt plündern die Unternehmen uns alle, und sie wissen sehr wohl, dass früher oder später jeder Staat, jedes europäische Volk, das seine Identität noch hat, sagen kann: Wir haben genug vom Ausgeplündertwerden, wir holen uns alles zurück. Um sicherzustellen, dass sie weiterhin plündern können, haben sie nur die eine Möglichkeit – die Völker loszuwerden, die sonst sagen würden, wir machen eine Revolution.

Sind Sie der Ansicht, dass Großbritannien, indem es Vielfalt, Menschen aus unterschiedlichen Kulturen, mit unterschiedlichen Hautfarben aufnimmt, dass das einem Auslöschen des weißen Britentums gleichkommt?
In kleinen Zahlen, nein. Aber das ist das Ziel, und es ist die unvermeidliche Konsequenz großer Zahlen, ja.

Meine Eltern sind aus einem [früheren] Commonwealth-Land, und ich habe einen britischen Pass. Ich bin hier geboren und aufgewachsen. Wenn Sie diese Dinge sagen, können Sie auf die Elite verweisen, die eine Agenda verbreitet und was nicht noch alles, aber jemand wie ich fühlt sich dann ziemlich unwillkommen. Es gibt viele, viele Einwanderer der zweiten Generation, die sich sehr britisch fühlen.
Sie sind noch ziemlich jung, ich würde Ihnen empfehlen, dass Sie schauen, wie Sie aus diesem Land rauskommen, und irgendwo, wo es anständig ist, Kinder kriegen, wahrscheinlich in irgendeinem Land, das etwas mit Ihrem Erbe zu tun hat, denn Großbritannien steckt, um es unhöflich zu sagen, tief in der Scheiße.

Nick Griffin ist ein extremes Beispiel, aber er bringt die gleichen Ängste zum Ausdruck, die aus dem leisen Murren und Grollen mancher veränderungsresistenter Briten herauszuhören sind. Sie haben eine nostalgische Sehnsucht nach einem Großbritannien, das es nie gegeben hat.

Die Angst vor dem schwarzen Planeten setzt fest, dass People of Colour auf unfaire Weise nach wertvollen, begrenzt verfügbaren und raren Ressourcen streben, und dass es eine drastische Neuverteilung der Macht zur Folge haben könnte, wenn mehr People of Colour in entsprechende Positionen kommen. Jedes Mal, wenn ein neues Curry-Restaurant oder *polski sklep* eröffnet, jedes Mal, wenn *Sainsbury's* seine ethnische Lebensmittelabteilung vergrößert, ist das für sie ein Zeichen dafür, dass sich weiße Briten schlafwandelnd einem Minderheitenstatus annähern. Manche boykottieren Halal-Fleisch wegen der grausamen Art des Schlachtens, nehmen aber andere Arten des Schlachtens auf sich, um ihren Burger essen zu können. Die Angst vor dem schwarzen Planeten ist Verlustangst.

———

Eine andere Inkarnation der Angst offenbart ein tief sitzendes Unbehagen angesichts von antirassistischen Aussagen und Protesten. Auf bösartige Weise in das Konzept der »Redefreiheit« eingebettet, taucht sie auf, wenn eine Person mit antirassistischen Werten Entrüstung über etwas Rassistisches äußert. Ihr wird dann vorgeworfen, dass allein ihre Einwände die Redefreiheit *einschränken*.

Gegen Ende 2015 entstand die britische *Rhodes Must Fall*-Bewegung (Rhodes muss fallen). Inspiriert von einem ähnlichen Protest von Studierenden an der Universität von Kapstadt, Südafrika setzten sich Studierende der Universität Oxford das Ziel, die Statue des kolonialen Geschäftsmannes Cecil Rhodes von ihrem Campus entfernen zu lassen. Abgesehen davon, dass er die Bergbaufirma De Beers Consolidated Mines (später der Diamantenhändler De Beers) gründete, spielte Cecil Rhodes eine Schlüsselrolle bei der Ausweitung des Britischen Empire in Südafrika, überzeugt davon, dass die Briten »die beste Rasse auf der ganzen Welt« waren. Die von ihm vorangetriebene Kolonialisierung vertrieb Schwarze aus ihrer Heimat. Das Land, das heute unter dem Namen Simbabwe bekannt ist, hieß früher – nach Rhodes – Rhodesien. Die Bürger des Landes lehnten sich gegen die britische Herrschaft auf und bezahlten dafür mit ihrem Leben. Vielen gilt Rhodes als der Vater der südafrikanischen Apartheid. In England hatte er am Oriel College der Universität Oxford studiert, und auch heute noch steht dort eine Statue von ihm. 2015 verkündeten Studierende der Universität laut und deutlich, was sie wollten: dass diese Statue verschwindet.

Es folgte eine landesweite Debatte, ob die Statue entfernt werden sollte. Den schwarzen Studierenden wurde vorgeworfen, sie seien undemokratisch. »Cecil Rhodes war ein Rassist«, lautete eine Schlagzeile, »aber man kann ihn nicht einfach aus der Geschichte streichen«. Das war eine seltsame Aussage, denn eine Statue zu entfernen ist nicht das Gleiche, wie Cecil Rhodes' Namen mit Tipp-Ex aus den Geschichtsbüchern zu löschen. Die *Rhodes Must Fall*-Kampagne forderte nicht, dass Rhodes aus der Geschichte ausradiert würde. Stattdessen hinterfragte sie, ob er so augenscheinlich gefeiert werden sollte. Die Gegner der Proteste – darunter Lord Patten, der Kanzler der Universität Oxford – behaupteten, dass die Studierenden, indem sie ihr demokratisches Recht zu protestieren ausübten, die Redefreiheit verletzten. Indem sie diesen Wirbel veranstalteten, den alltäglichen Ablauf störten und auf das Problem hinwiesen, wurden sie selbst zum Problem. Irgendwie war es nicht glaubwürdig, dass Lord Patten einfach nur eine freie und faire Diskussion und einen verträglichen Austausch von Ideen auf seinem Campus wollte. Es schien, als wollte er einzig Ruhe, die Art angespannter Ruhe, die schwelenden Groll kaum überdeckt, die Art, die von den einen fordert, etwas zu ertragen, damit es den anderen gut geht.

Die Behauptung, dass die Demonstranten die Diskussion abwürgten, war schlichtweg eine Lüge. Die Arbeit der Studierenden brachte wenig bekannte Aspekte des britischen Kolonialismus in Afrika in die Hauptnachrichtensendungen und machte sie damit einem Publikum zugänglich, das in der Schule mit Sicherheit nichts davon gehört hatte. Die Studierenden sorgten nicht für das Ende, sondern für den Beginn einer Diskussion. Dass die Proteste falsch dargestellt wurden, offenbarte die passiv-aggressive Volte, die in vielen britischen Diskursen über Hautfarbe geschlagen wird und sich gegen Schwarze richtet.

Diesen Kampf um die »Redefreiheit« kann man kaum eine Debatte nennen. Sie ist einseitig, und die mächtige Seite verdreht ständig die Teilnahmebedingungen. Den Widerstand gegen antirassistische Reden und Proteste als einen edlen Kampf um Redefreiheit zu verkaufen ist eine Strategie, um Weiße vor Kritik zu schützen. Manche Weiße scheinen zu glauben, dass der Vorwurf des Rassismus viel schlimmer als der Rassismus selbst ist. Wenn die Gegner der *Rhodes Must Fall*-Proteste wirklich an die Redefreiheit glauben würden, hätten sie die Diskussion stattfinden lassen, ohne die unredlichen Vorwürfe in die Welt zu setzen, die schwarzen Demonstranten würden sie daran hindern, ihre Meinung offen zu sagen. Sie hätten sich mit den vorgebrachten Argumenten auseinandergesetzt und keine intellektuell unaufrichtigen Tricks angewandt, die darauf abzielten, die Demonstranten nicht ernst nehmen zu müssen. Ich glaube, dass viele Weiße Angst haben, dass sie mit der Akzeptanz der im Zusammenhang mit Hautfarbe schwierigen Geschichte Großbritanniens auch eine Niederlage eingestehen müssen.

Rhodes Must Fall ist ein kleines Beispiel dafür, wie rassistische Diskriminierung in Großbritannien aussieht. Sie sieht normal aus. Prosaisch. Sie wird nicht hinterfragt. Sie ist ein Teil der Landschaft, man kann ihr jeden Tag begegnen. Menschen, die sich mit dem Scheinargument der Redefreiheit gegen Antirassismus stellen, halten den Widerstand gegen grobe rassistische Diskriminierung und Ungleichheit für eine »Beleidigung«, nicht aber die extrem ungleichen materiellen Bedingungen, mit denen viele von Diskriminierung Betroffene zurechtkommen müssen. Da sie so bequem leben, dass es eigentlich nichts Materielles gibt, wogegen sie sich auflehnen könnten, verbringen die falschen Verteidiger der Redefreiheit ihre gesamte Freizeit damit, gegen die »Beleidigungskultur« ins Feld zu ziehen. Indem sie Beleidigung und nicht ihre eigene Komplizenschaft mit einem extrem ungerechten System zum Thema machen, übertragen sie die Verantwortung für die Reparatur jenes Systems erfolgreich von seinen Begünstigten auf seine potentiellen Verlierer. Im Kampf gegen den Rassismus wird aus dem Diskurs über Ungerechtigkeit ein Diskurs über Empfindlichkeit. Denjenigen, deren Chancen im Leben wiederholt vom Rassismus beschnitten werden, wird geraten, sich zusammenzureißen und sich ein dickeres Fell wachsen zu lassen.

Meinungsfreiheit gehört zum Fundament einer freien und fairen Demokratie. Aber wir wollen ehrlich sein und uns trauen aufzudröseln, wer wann und warum sprechen darf. Der wahre Test für die Grenzen der Redefreiheit eines Landes ist, ob eine Person ungehindert über Rassismus diskutieren kann, ohne dass auf intellektuell unredliche Weise versucht wird, ihre Argumente zu unterminieren. Wenn unter Meinungsfreiheit verstanden wird – und viele bestehen darauf –, dass man sich auch Ansichten anhören muss, die einem nicht gefallen, dann müssen wir die Parameter, die eine akzeptable Debatte definieren, erweitern. Damit meine ich keine neuen Versionen der alten Intoleranz. Ich meine damit, dass wir, wenn wir uns diese Art der Bigotterie schon anhören müssen, auch den entsprechenden entgegengesetzten Standpunkt brauchen. Wenn Katie Hopkins mit Hilfe der Zeitung *Sun* eine Kolumne veröffentlichen kann, in der sie verzweifelte Flüchtlinge, die versuchen, nach Großbritannien zu kommen, als Kakerlaken bezeichnet,[9] dann brauchen wir einen Kommentator, der für echtes Mitgefühl und völlig offene Grenzen plädiert. Nicht den Wischiwaschi-Liberalismus, der sich über den kulturellen und ökonomischen Beitrag, den Migranten für dieses Land geleistet haben, ergeht, als wären sie bloß Ressourcen, die man ausbeutet, sondern jemanden, der sich mit der gleichen Vehemenz für Migranten und offene Grenzen einsetzt, mit der Hopkins sie verachtet.

Es ist an der Zeit, dass Kritik am Rassismus in der Debatte um Meinungsfreiheit mit der gleichen Leidenschaft verteidigt wird wie rassistische Behauptungen selbst. Redefreiheit ist die Freiheit des Aufeinanderprallens unterschiedlicher Meinungen zum Thema Hautfarbe. Redefreiheit ist nicht das Recht zu sagen, was man will, ohne zurückgewiesen zu werden, und rassistische Reden und Ideen müssen in der Öffentlichkeit entschiedenen Widerspruch erfahren. Weiße Angst versucht, diesen Diskurs zu verhindern.

Die Angst vor dem schwarzen Planeten existiert nicht nur in der realen Welt, sondern auch in der fiktiven. Nachdem ich mich als Vierjährige damit abgefunden hatte, dass ich nie weiß werden würde, fand ich Zuflucht bei fiktiven britischen und amerikanischen weißen Figuren, mit denen ich mich identifizieren konnte. Seit langer Zeit wurde vorausgesetzt, dass die von so vielen geliebte, fiktive heroische Figur weiß ist, weil Weißsein als universell angesehen wird. Im Film, im Fernsehen und in Büchern begegnen wir der mächtigsten Manifestation des Weißseins als allgemeine Grundannahme. Eine Figur kann nicht einfach schwarz sein, ohne dass das vermutlich weiße Publikum vorgewarnt wird. Mit schwarzen Protagonisten kann man sich angeblich nicht identifizieren (mit Ausnahme von ein paar wenigen hochgehandelten schwarzen Hollywoodstars). Wenn Rollen in Kino- oder Fernsehfilmen doch nicht weiß besetzt werden, offenbaren Fans häufig ihre hässliche Seite, äußern Entrüstung, Abscheu und Enttäuschung. Die Angst vor fiktiven schwarzen Charakteren ist die Angst vor dem schwarzen Planeten.

Als 2014 die E-Mails von Sony Pictures in großem Maßstab gehackt wurden, wurde aus der Korrespondenz der

Co-Vorsitzenden Amy Pascal bekannt, dass sie gern den schwarzen Schauspieler Idris Elba als den nächsten James Bond besetzt hätte. Ein Jahr später – und dank eines raffinierten Zufalls zur gleichen Zeit, in der sein neues Buch veröffentlicht wurde – entschuldigte sich der Autor Anthony Horowitz doch noch dafür, dass er gesagt hatte, Elba sei zu »Gangster«, um den ikonischen britischen Charakter zu spielen. Online wütete eine Debatte darüber, ob ein schwarzer Bond jemals legitim sein könnte. Dieser Aufruhr wegen James Bond, dem Inbegriff des aalglatten charmanten Briten, der womöglich durch eine Spur schwarzer Hautfarbe befleckt werden könnte, zeigte wieder einmal die Grenzlinie dessen auf, was es heißt, Brite zu sein. Als die Zeitungen über die »Idris Elba als Bond«-Spekulationen berichteten, sprengten die Kommentare fast das Internet. »Ich würde nie wieder einen Bond-Film anschauen«, beschwerte sich ein Leser der *Daily Mail*. Wovor hatten sie solche Angst? Diese heftigen Gefühle, dass klassische Geschichten ruiniert werden würden, kamen nicht auf, als *Oliver Twist* von Charles Dickens neu verfilmt wurde und die Hauptrolle eine Zeichentrickkatze spielte.

Als im siebten *Star Wars*-Film der schwarze britische Schauspieler John Boyega als Stormtrooper besetzt wurde, rief eine Gruppe wutentbrannter Leute in den sozialen Medien zum Boykott des Films auf und nannte ihn antiweiße Propaganda. Und zwar weil zwei Helden des Films schwarz waren und die Bösewichte ausnahmslos weiß. In den extremeren Ecken des Internets hallte Nick Griffin in der Behauptung wider, dass die Besetzung Teil des größeren kulturellen Projekts sei, einen Genozid an Weißen herbeizuführen. Die Angst war heftig – und gekoppelt an die umfassenderen nationalistischen Ängste, dass Weiße im Westen zu einer Minderheit werden könnten.

2015 wurde das Internet in der Vorweihnachtszeit von der Aussicht auf eine schwarze Hermine Granger polarisiert. Die Hauptrollen von *Harry Potter und das verwunschene Kind*, einem Theaterstück auf Grundlage der Bücher, das 19 Jahre nach dem Ende des siebten Buchs spielt, wurden gerade bekannt gegeben. Hermine Granger sollte von Noma Dumezweni, einer schwarzen Schauspielerin südafrikanischer Abstammung, gespielt werden. Manche reagierten begeistert auf die Nachricht, aber andere waren empört. Manche Fans fixierten sich auf einen Satz aus *Harry Potter und der Gefangene von Asbakan* – »Hermines weißes Gesicht lugte hinter einem Baum hervor« – und führten ihn als unabweisbare Begründung dafür an, dass eine nicht-weiße Schauspielerin ein Sakrileg wäre.

Als Kind war ich ein ausgewachsener Harry-Potter-Fan, stellte mich um Mitternacht für den neuesten Band vor einer Buchhandlung an und las das Buch, kaum hatte ich es in den Händen, so schnell ich konnte durch, damit ich das Ende vor meinen Freunden kannte. Damals war mir Hermines Hautfarbe nicht besonders wichtig, doch als CBBC *Newsround* meldete, dass offene Vorsprechtermine für die Hauptrollen stattfanden, schnappte ich mir als Elfjährige meine Ausgabe von *Der Gefangene von Asbakan* und las im Garten hinter dem Haus alle Textstellen von Hermine laut vor. Ich schickte dem Sender letztlich keine Bewerbung, weil ich irgendwie wusste, dass sie wahrscheinlich nicht schwarz war, wenn es im Buch nicht ausdrücklich erwähnt wurde. Es hätte keinen Sinn, für die Rolle vorzusprechen.

Es war ermutigend zu sehen, dass sich J. K. Rowling für eine schwarze Hermine aussprach und die zornigen Buchstabengetreuen mit dem Tweet abblitzen ließ, für die Figur sei »weiße Hautfarbe nie spezifiziert worden«. Aber wenn man daran gewöhnt ist, dass Weiß der Standard ist, dann kann Schwarz nur Schwarz sein, wenn es explizit so herausgestellt wird. Als erwachsener Harry-Potter-Fan stellte ich mir Hermine Granger, mit ihrem Kampf um die Befreiung der Hauselfen, als wohlmeinende, aber von Schuldgefühlen geplagte liberale Weiße vor, die sich leidenschaftlich für soziale Gerechtigkeit engagiert, ohne je ernsthaft nach den Ansichten und Gefühlen der Menschen zu fragen, für die sie sich einsetzt. Außerhalb der magischen Welt würde Hermine bei einer NGO oder einer wohltätigen Organisation arbeiten oder langsam die Karriereleiter bei der UNO hinaufsteigen. Sie ist auch hier gebildet, hat einen starken moralischen Kompass und kämpft vielleicht für die Rechte der Tiere oder gegen den Klimawandel.

Die Annahme aufzugeben, dass alle Figuren weiß sind, zerstört unsere geliebten fiktiven Werke nicht, sondern erweitert die imaginären Universen unermesslich, ob es nun die magische Welt ist oder die Star-Wars-Galaxie. Die Vloggerin Rosianna Halse Rojas weist darauf hin,[10] dass es etwas völlig anderes ist, wenn man Harry Potters Hermine als schwarz liest. Es holt die unglaublich rassistische Sprache vom reinen Blut, von Schlammblütern und Reinblütern ans Licht, die in der magischen Welt gesprochen wird. Diese Terminologie könnte direkt aus Nazi-Deutschland oder Apartheid-Südafrika stammen. Hermines Eltern waren schließlich Muggel, und auf diese Weise haben Staaten und Wissenschaftler Hautfarbe kategorisiert und Rassismus geschürt – als ob Abstammung ansteckend wäre und über Blut verbreitet würde. Eine schwarze Hermine oder eine Hermine mit Eltern unterschiedlicher Hautfarbe, die »Schlammblut«-Beschimpfungen von ihren Mitschülern ertragen muss, von ihren Eltern getrennt ist, der erzählt wird, dass sie etwas Besonderes ist und zu einer völlig anderen Art gehört, wollte sich vielleicht unbedingt assimilieren, um akzeptiert zu werden. Kein Wunder, dass sie sich so darum bemüht hat. Kein Wunder, dass sie für ihre Freunde die Hausaufgaben gemacht und als erste in der Klasse den Finger gehoben hat. Sie war die ideale Repräsentantin einer Minorität. Eine BME Hermine, die darum kämpft, die Hauselfen zu befreien, hat nach sechs oder sieben Jahren der Diskriminierung vielleicht nicht den Mut, ihre Weggefährten herauszufordern, und sich stattdessen möglicherweise an etwas gehalten, von dem sie glaubte, dass sie es wirklich verändern konnte.

Dass manche Harry-Potter-Fans Schwierigkeiten hatten, sich eine schwarze Hermine vorzustellen, heißt, dass sie sich kleine schwarze Mädchen nicht als frühreife, intelligente, logische Alleswisserinnen mit einem Herz aus Gold vorstellen konnten. Es ist eine Schande, dass sie sich keine ruhigen, bescheidenen schwarzen Mittelklasseeltern vorstellen konnten, die Zahnärzte waren. Es ist traurig, dass für sie Schwarzsein in einem sich immer wiederholenden Skript mit strengen Parametern, wie eine Person sein sollte, feststeckt. Die Phantasie der Gegner einer schwarzen Hermine reicht bis zu der Möglichkeit eines geheimen Bahnsteigs im Bahnhof King's Cross, zu dem man nur gelangt, wenn man durch eine Backsteinmauer rennt, aber für eine schwarze Protagonistin reicht sie nicht.

Uns wird gesagt, dass schwarze Schauspieler und Schauspielerinnen als Hauptdarsteller in Filmen unrealistisch sind. Uns wird eingeredet, dass sie historisch unzutreffend wären oder dass sie die Vorstellungskraft überforderten. Aber tatsächlich geht es um einen aggressiven Teil der Gesellschaft, der sich weigert, die eigenen Denkgrenzen zu überschreiten, der glaubt, dass sich alles nach ihm richten muss und der Rest von uns sich an seine Launen und Wünsche anzupassen hat. Und das ist in erster Linie eine Beleidigung schwarzer Literaturliebhaber, die, wenn sie weiterhin lesen wollen, keine andere Wahl haben, als sich in eine Figur hineinzuversetzen, die ganz und gar nicht so aussieht wie sie.

Dieser Gedankengang zeichnet nach, wie schwer es für manche ist, sich mit dem schwarzen Menschsein auf irgendeine Weise zu identifizieren. Für sie sind wir eine nicht fassbare veränderliche Masse, eine dumpfe animalische Herde. Sie glauben nicht, dass schwarze Figuren fähig sind, so kultiviert zu sein wie James Bond oder so intelligent wie Hermine Granger. Aber seit es Filme gibt, wird von denen von uns, die nicht weiß sind, verlangt, sich mit dem Leben weißer Protagonisten zu identifizieren. Die Angst vor dem schwarzen Planeten zerstört gute Fiktion und zeigt auf, wie sich Rassismus menschlicher Empathie in den Weg stellt. Dass nicht-weiße Figuren auf Nebenrollen oder symbolhafte Auftritte reduziert werden, ist schon so lange üblich, dass es für manche völlig unvorstellbar ist, sich mit schwarzer Haut in einer Hauptrolle zu identifizieren. Wir sind als das »Andere« besetzt und rücken nur in den Mittelpunkt, um Unterwerfung darzustellen oder für komische Auflockerung zu sorgen. Weiße sind so daran gewöhnt, in jeder Repräsentation der Menschheit immer eine Spiegelung ihrer selbst zu sehen, dass sie es nur bemerken, wenn man sie ihnen vorenthält.

Die Angst vor dem schwarzen Planeten manifestiert sich in der Vereinnahmung der Sprache der Befreiung, um weiße Ressentiments, Wut und Unzufriedenheit zum Ausdruck zu bringen. Es wird von Fairness geredet, ohne anzuerkennen, was jetzt schon unfair ist. Sie manifestiert sich in einem oberflächlichen und rigiden Verständnis von Redefreiheit (allgemein begriffen als die letzte Grenze in diesem Kampf, die so unverhohlen wie möglich verdreht wird, solange es keine negativen Auswirkungen hat). Die Angst vor dem schwarzen Planeten ist das Nebenprodukt eines sozialen und demografischen Wandels und ruft den Staat in die Verantwortung. Es heißt, die Homophobie des heterosexuellen Mannes wurzelt in der Angst, dass schwule Männer ihn so behandeln könnten, wie er Frauen behandelt. Es ist der gleiche Mechanismus.

Und die Angst ist völlig unbegründet. Macht und Reichtum sind in diesem Land noch immer in sehr wenigen sehr weißen Händen konzentriert, und Macht ergibt sich nie kampflos. Hautfarbe und Klasse beeinflussen deine Chancen im Leben immer noch drastisch. Demografischer Wandel mag an der Spitze zu ein paar repräsentativen Gewinnen führen, aber wir sind weit entfernt von jedweder schwarzen Vorherrschaft im Stil von *Himmel und Hölle*.[11] Abgesehen davon ist das nicht die Welt, die Antirassisten im Sinn haben, wenn sie für Gerechtigkeit kämpfen. Es geht immer schon um die Neuverteilung von Macht, nicht um die Umkehrung der Verhältnisse.

Paradoxerweise haben sich die, die gegen Antirassismus vorgehen, in eine Zwickmühle gebracht. Es ist ein bisschen wie mit Schrödingers Katze. Wenn es, wie sie behaupten, keinen Rassismus gibt und Schwarze sich über nichts zu beklagen haben, warum haben sie dann Angst davor, dass Weiße zu einer Minderheit werden könnten? Vermutlich müssen wir alle gespannt bis 2066 warten – das Jahr, in dem laut Prognosen Weiße eine demografische Minorität in Großbritannien sein werden –, um es herauszufinden.

5

Die Feminismusfrage

Im Oktober 2012 saß ich in einer kalten Universitätsbiblio-
thek und tippte wutentbrannt einen Blogpost über Hautfarbe und Feminismus. Eigentlich hätte ich Lehrstoff wiederholen sollen, war aber so gereizt, dass ich kaum ruhig
sitzen konnte. Lena Dunhams Fernsehserie *Girls* war in diesem Jahr erstmalig ausgestrahlt und hochgelobt worden. Die
Serie galt weithin als akkurate Beschreibung des Lebens junger Frauen. Alle Figuren hatten schlecht bezahlte Jobs und
warteten darauf, dass ihr Leben begann. Sie stritten unter-
einander, kämpften mit Eifersucht, Kleinlichkeit und Unzufriedenheit mit ihrem Körper. Das waren alles Dinge, die ich
von Gleichaltrigen und mir selbst kannte. Die meisten von
uns schleppten sich so dahin, machten unbezahlte Praktika und arbeiteten nebenbei in einer Bar oder im Verkauf
in der Hoffnung, dass wir für unsere harte Arbeit den gleichen Lohn ernten würden wie die Generation vor uns. Wir
hatten auf feste Jobs und eine bezahlbare Wohnung gehofft.
Wir dachten, wenn wir nur hart genug arbeiteten, würden
wir das panische Gefühl los, das einsetzt, wenn man nicht
wirklich weiß, wovon man im nächsten Monat die Miete

bezahlen soll. Das Szenario von *Girls* war uns nur allzu vertraut. Aber die Serie, die in New York spielt, war absolut weiß. Deswegen konnte man Kommentatoren, die behaupteten, es sei die feministischste Fernsehserie seit Jahrzehnten, nur schwer ernst nehmen.

Infolge der Serie wurde eine der prominentesten Debatten der letzten Jahre über das Hautfarbenproblem des Feminismus geführt. Manche waren der Meinung, dass es extrem scheinheilig wäre, würde Dunham jetzt noch schwarze Charaktere in die Serie schreiben, nur damit sie drin waren. Andere meinten, dass es absurd war, eine rein weiße Fernsehserie in einer der ethnisch vielfältigsten Städte der USA anzusiedeln. Für mich lag das Problem auf der Hand. Es ging auch gar nicht wirklich um eine Fernsehserie, obwohl sie symptomatisch für ein weit verbreitetes Problem war. Am Ende des Posts schrieb ich: »Wenn Feministinnen das Problem rein männlicher Gremien erkennen, nicht aber das Problem rein weißer Fernsehserien, stellt sich die Frage, für wen sie eigentlich kämpfen.«

Rückblickend richtete sich mein Zorn nicht wirklich dagegen, dass schwarze Gesichter nicht repräsentiert oder berücksichtigt wurden. Es ging nicht darum, gesehen oder bedacht zu werden. Ich war es gewohnt, keine positiven Bilder Schwarzer in der Populärkultur zu sehen. Eine rein weiße Fernsehserie war nichts Neues für mich. Was mich wirklich aufbrachte, war, mit welcher Seelenruhe Weiße ihre rein weißen Räume und Sphären verteidigten. Sie befanden sich in einer undurchdringlichen Blase, und ihr Feminismus saß hübsch in der Mitte. Nicht nur das, Feministinnen, die darauf bestanden, für eine bessere Welt für alle Frauen zu streiten, waren Schwarze de facto scheißegal, und deswegen waren ihnen zwangsläufig auch Women of Colour scheißegal. Für die Gleichstellung der Geschlechter musste gekämpft werden, aber Hautfarbe konnte in der Ecke verkümmern.

Das gleiche Szenario spielte sich während der nächsten Jahre noch mehrmals ab. Nur ein Jahr später veröffentlichte Popstar Lily Allen nach langer Pause ihr erstes Musikvideo »Hard Out Here«. Die folgende hitzige Debatte über Hautfarbe verlief ähnlich wie die über *Girls*. Eine junge und erfolgreiche weiße Frau veröffentlichte ein Werk, mit dem sich alle identifizieren konnten, das sofort als ungeschönt, als durch und durch feministisch galt – die definitive Hymne für junge Frauen überall. In diesem Beispiel war es allerdings nicht das Fehlen Schwarzer, das die Entrüstung auslöste. Die schwarzen Körper waren da, doch Lily Allens schwarze Tänzerinnen waren spärlich bekleidet und tanzten eine Parodie frauenfeindlicher Hip-Hop-Videos, während sie von gläsernen Decken und der Degradierung zu Objekten sang und deutlich implizierte, dass schlaue Mädchen sich nicht ausziehen müssen, um erfolgreich zu sein.

Nach einer Weile erschien es mir sinnvoll, auf nichts mehr zu achten, was in der Popkultur auch nur entfernt als feministisch tituliert wurde, weil es nur mit einer Enttäuschung enden konnte. Womit ich weitermachte, war das Schreiben.

———

An Silvester 2013 lud mich ein Produzent der BBC ein, an der *Woman's Hour* von *Radio 4* teilzunehmen. Es war eine ziemlich unschuldige Bitte – ich sollte unter feministischem Vorzeichen über das Jahr diskutieren, zusammen mit Laura

Bates vom *Everyday Sexism Project* und Caroline Criado-Perez, die in diesem Jahr dafür gekämpft hatte, dass historische Frauengestalten auf britischen Banknoten abgebildet würden. Als ich mich im Studio auf meinen Platz setzte, sah ich, dass ich die einzige Schwarze im Raum war. Das war das erste rote Tuch. Laura und die Moderatorin setzten sich neben mich, Caroline war telefonisch zugeschaltet. Die Sendung begann. Ich war nervös. Ich erklärte, dass ich mich nicht wirklich als Aktivistin betrachtete, doch in diesem Jahr über Rassismus in der feministischen Bewegung geschrieben hatte – über meine Frustration wegen der hartnäckig weißen Perspektive der »Wortführerinnen« – und feststellen musste, dass es vielen Frauen, die nicht weiß waren, ebenso erging wie mir. »Hinsichtlich dieser Themen hat im Feminismus ein Wandel stattgefunden«, sagte ich. »Sie können nicht länger ignoriert werden.«[1]

Dann fiel mir die Aufgabe zu zu erklären, warum der Feminismus so gespalten war und warum er das Thema Hautfarbe überhaupt analysieren sollte. Ich wurde gefragt: »Was sind die Gründe für diese Spaltung, und warum ist die Aufforderung ›Check Your Privilege‹ (überprüfe dein Privileg) so populär geworden?« Das war das zweite rote Tuch. Diese Formulierung unterstellte, dass Rassismus für meine weißen Mitstreiterinnen kein Problem war. Da ich in der Vergangenheit schon mit Laura Bates gearbeitet hatte, wusste ich, dass das nicht stimmte. Trotz meines Unbehagens blieb ich bei meinem Standpunkt und betonte die Notwendigkeit einer Analyse von Hautfarbe in der feministischen Bewegung. Doch Caroline Criado-Perez wandte ein, dass eine antirassistische Perspektive als Grund benutzt worden war, um sie online zu mobben und zu bedrohen.

Der Kontext ihres Einwands war sehr verstörend. Früher im Jahr war Carolines Frauen-auf-Geldscheinen-Kampagne landesweit in den Schlagzeilen gewesen. Die Berichterstattung führte zu frauenfeindlichen Ressentiments, und was zuerst wie ein Sieg ausgesehen hatte, entwickelte sich schnell zu einem der bekanntesten Fälle von Internet-Mobbing in Großbritannien. Als die Bank von England ankündigte, Jane Austen auf der Zehn-Pfund-Note abzubilden, beanspruchte die Frauen-auf-Geldscheinen-Kampagne diesen Erfolg für sich. Doch Caroline erhielt Todesdrohungen und die Nachricht, dass vor ihrem Haus Bomben versteckt waren. Wiederholt wurde sie anonym aufgefordert, sich umzubringen. Schließlich bekannten sich zwei Personen dazu, für ein paar der bösartigeren Tweets verantwortlich zu sein. Sie wurden zu zehn beziehungsweise acht Wochen Gefängnis verurteilt.

In der *Woman's Hour* an Silvester klang Carolines Aussage, die darauf abzielte, die Menschen, die sie online gemobbt hatten, zu diskreditieren, so, als wollte sie meine Arbeit und Politik mit diesen fiesen und ausfälligen Botschaften gleichsetzen. Ich fühlte mich, als würde ich mit dem Mobbing gegen sie in Zusammenhang gebracht. Im Studio der BBC war es nun an mir, Rechenschaft über Carolines schreckliche Erfahrungen abzulegen. Was mich wiederum in die Lage brachte, Argumente (die nicht die meinen waren) von Leuten zu verteidigen, die ich nicht einmal kannte. Mir fehlten die Worte.

Das war der Preis des Dabeiseins. Dass der Feminismus so überwältigend weiß war – wäre ich nicht dabei gewesen, wäre die Radiosendung rein weiß gewesen – wurde nicht als Problem gesehen. Ich hatte darüber diskutieren wollen, dass es White Privilege auch im Feminismus gab, doch stattdessen musste ich selbst einstecken.

Sofort nach der Sendung brach im Internet ein Sturm los. Manche waren von Carolines Aussage so schockiert wie ich. Andere waren überzeugt, dass ich eine Lügnerin war, die online einen Krieg gegen Caroline geführt hatte – stimmt nicht – und das Opfer spielte, als mich ihre Aussage ins Stocken brachte. Zuerst wollte ich nicht, aber nachdem mich Freunde dazu gedrängt hatten, verfasste ich ein paar Stunden später einen kurzen Post, um die Sache klarzustellen.

»Überlegt mal, wann ihr zum letzten Mal eine umfassende Beschreibung von strukturellem Rassismus in den Mainstream-Medien gehört habt«, schrieb ich.

Dieses Thema bekommt in den UK-Medien einfach nicht die gleiche Sendezeit wie der Feminismus. Denkt gründlich darüber nach, wann ihr zum letzten Mal gehört habt, dass eine Person of Colour die virulent rassistische Rhetorik der Immigration in diesem Land infrage gestellt oder auch nur die schlichte Tatsache benannt hat, dass struktureller Rassismus existiert, weil Weiße in der Gesellschaft, in der wir leben, bevorzugt werden. Ich hatte die Gelegenheit, genau das live zu tun, im landesweiten Radio. Ich habe es nicht auf die leichte Schulter genommen.

Nachdem eine weiße Frau nach einer konzertierten Anstrengung von vielen schwarzes feministisches Denken als destruktiv und polarisierend darstellt, bin ich mir bewusst, dass es zweischneidig ist, diese Medienanfragen zu akzeptieren. Audre Lorde sagte: »Wenn ich mich nicht selbst definierte, würde ich zermalmt von anderer Leute

Vorstellungen von mir und lebendig gefressen.« Obwohl ich manchmal das Gefühl habe, in eine Falle zu geraten, weiß ich nur zu genau, dass schwarzer Feminismus von weißen Feministinnen falsch dargestellt und falsch charakterisiert wird, wenn ich die Gelegenheiten nicht ergreife und mich an der Debatte beteilige ... Ich habe diese Sackgasse satt. Ich meinte, was ich in der Sendung sagte: Die einzige Möglichkeit, gemeinsame Solidarität zu schaffen, ist, von den Kämpfen der anderen zu lernen und die unterschiedlichen Privilegien und Nachteile, mit denen wir alle der Bewegung beitreten, anzuerkennen.

Caroline entschuldigte sich am frühen Abend und schrieb auf Twitter: »Ich wollte mich einfach dafür entschuldigen, wenn es heute Vormittag so rüberkam, als würde ich andeuten, dass du am Mobbing beteiligt gewesen wärst. Das wollte ich überhaupt nicht unterstellen, aber ich kann verstehen, dass es so gewirkt hat, weil ich auf deinen Kommentar geantwortet habe. Ich wollte nicht unterstellen, dass ich mich jemals von dir geschmäht gefühlt habe – das habe ich nicht, weil du mich natürlich nicht verunglimpft hast. Ich wollte nur die Gelegenheit nutzen, über die Schmähungen zu sprechen, die ich erlebt habe, und darüber wie schrecklich sie sind, und dass so etwas aufhören muss. Aber vielleicht hätte ich einen besseren Augenblick / Weg finden müssen, das zu sagen. Tut mir leid.«

Trotz ihrer Entschuldigung wurde es noch schlimmer.

Die frühere konservative Parlamentsabgeordnete und selbsternannte rechte Feministin Louise Mensch hielt es für angebracht, sich einzumischen und Caroline zu unterstützen. Sie beschwerte sich auf Twitter über mich. »Reni hatte unrecht, und Caroline hatte unrecht, sich ihrer Schikane zu beugen. Ich hätte das nicht getan.« Ich antwortete, dass sie nur stänkere. Sie reagierte: »Hoffentlich stänkere ich gegen deine wirklich schändliche Einstellung. Ich lüge nicht. Du mobbst, versuchst, Leute zum Schweigen zu bringen.«[2]

Für das Vergehen, es zu wagen und auszusprechen, dass Rassismus immer noch ein Problem in Großbritannien ist, wurde ich von einer ehemaligen Parlamentsabgeordneten verleumdet. Allein meine Meinung zu sagen war schikanös und schändlich. Alte rassistische Stereotypen wurden wieder zum Leben erweckt, und ich bekam sie ab. Ich war ein soziales Problem, eine störende Kraft, ein tragisches Beispiel aus einer problematischen Bevölkerungsgruppe.

Jahre später, während ich dieses Buch schrieb, setzte ich mich mit Caroline Criado-Perez in Verbindung, weil ich hoffte, ihre Meinung zu dem Debakel bei *Woman's Hour* zu erfahren. Sie wollte nicht mit mir darüber sprechen.

Auch wenn ich so abwertend über meine Erfahrungen schreibe, war der Feminismus meine erste Liebe. Er gab mir ein Gerüst, um die Welt verstehen zu lernen. Meine feministische Denkweise war der Ursprung meiner antirassistischen Denkweise, sie diente mir als Werkzeug, das mir half, ein Selbstwertgefühl zu entwickeln. Mit 19 darauf zu stoßen war der perfekte Zeitpunkt; der Feminismus gab mir die notwendigen Fähigkeiten an die Hand, um in der Welt der Erwachsenen zurechtzukommen, für mich einzustehen und meine eigenen Werte zu finden.

Ich entdeckte den Feminismus ein paar Jahre, bevor die Twitter- und Tumblr-Generation so richtig loslegte. Es geschah auf eher altmodische Weise. Als Anglistikstudentin musste ich für einen Kurs über Kritische Theorie einen Stapel Bücher lesen, darunter Simone de Beauvoirs *Das andere Geschlecht*. So unwahrscheinlich es war, das Buch sprach zu mir, und ich stimmte mit der schon lange toten französischen Existentialistin vollkommen überein. Sie schrieb: »Eine Frau zu sein heißt, sich als schwach zu geben, unnütz, passiv und fügsam … jede Selbstbehauptung schmälert ihre Weiblichkeit und ihre verführerische Art.« Es klang, als schriebe sie über mich.

In meiner unmittelbaren Umgebung waren allerdings alle anderer Meinung. Als ich in einem Seminar die Frauenfeindlichkeit in Shakespeares *Der Widerspenstigen Zähmung* kritisierte, erregte ich damit die Missbilligung meiner Kommilitonen; die Mehrheit der Studentinnen war der Meinung, »dass es damals einfach so war«. Ich suchte den Feminismus also woanders, gab das Geld von meinem Studienkredit für Reisen zu feministischen Konferenzen und Veranstaltungen im ganzen Land aus. Während dieser Zeit lernte ich zahllose inspirierende und leidenschaftliche Frauen kennen, von denen manche noch heute meine Freundinnen sind. Bei feministischen Veranstaltungen dabei zu sein war eine Erleichterung; an einem Ort zu sein, an dem die Leute es einfach *kapierten* – den gemeinsamen Zorn, die Frustration, den unbedingten Willen, etwas zu tun, irgendetwas, um die verkorkste Welt, in der wir leben, zu verändern. Diese Leidenschaft führte mich in zugige kleine Kirchensäle in Dörfern im Nordwesten Englands, wo ich mit Frauen im Alter meiner Mutter im Kreis saß, ebenso wie zu riesigen Versammlungen in London mit Hunderten von Frauen – junge und alte, manche waren neu dabei, und andere waren schon länger aktiv, als ich lebte.

Aber irgendetwas stimmte nicht ganz. Feminismus half mir dabei, eine kritischere und selbstbewusstere Frau zu werden, was mir wiederum dabei half, mich mit meiner schwarzen Hautfarbe auseinanderzusetzen – einem Teil meiner selbst, von dem ich immer gewusst hatte, dass er etwas von einem Stigma hatte. Ich war mit weißen Freunden aufgewachsen, die mir versichert hatten, dass sie »mich nicht als schwarz sahen« und dass »ich nicht wie andere Schwarze war«. Bis zu dieser Zeit hatte ich mich als jemanden betrachtet, der »hübsch war für ein schwarzes Mädchen«, als jemanden, der »sich für seine Herkunft gut ausdrücken konnte«. Ich verstand nicht ganz, warum diese Unterscheidungen gemacht wurden, aber ich spürte, dass es etwas mit Klasse, Bildung – und latentem Rassismus zu tun hatte. Die feministischen Kreise, in die ich mich gestürzt hatte, waren fast ausschließlich weiß. Die weiße Hautfarbe war kein Problem, solange man nicht über Hautfarbe sprach, aber wenn darüber gesprochen wurde, erwies sie sich als ausschließende Kraft.

Viele weiße Frauen im Feminismus konnten nicht verstehen, warum Women of Colour sich an einem anderen Ort treffen wollten oder mussten, und fanden subtile Wege, die Entschlossenheit derjenigen zu unterminieren, die sich getrennt organisieren wollten. Bei einer feministischen Veranstaltung lagen Namenslisten für jede gesonderte Sitzung aus, um zu kontrollieren, wie viele daran teilnahmen. Eine Frau hatte sich die Zeit genommen, die Liste für schwarze Feministinnen mutwillig zu beschädigen und in ihrer Ignoranz das Wort »Warum?« darauf geschmiert. Bei einer anderen Versammlung organisierte eine Freundin ein gesondertes Treffen unter der Überschrift »Die Farbe der Schönheit«.

Ein dicker Stapel Mode- und Frauenzeitschriften lag vor ihr, anhand derer eurozentrische Schönheitsideale auseinandergenommen werden sollten. Ehrlich, es war Grundschulniveau – »Was ist diesen Fotos gemeinsam und was unterscheidet sie?«. Als einige in der Gruppe auf die Magerkeit der Models verwiesen, sagte ich, die einzige Schwarze in der Gruppe: »Sie sind alle weiß.« »Und sie haben alle lange Haare«, fügte eine weiße Frau rasch hinzu. Mühsam erklärte ich: »Ja, aber du kannst dir die Haare wachsen lassen, wenn du willst. Ich kann meine Hautfarbe nicht verändern, um diesem Schönheitsideal zu entsprechen.« Ich bin immer noch nicht sicher, ob sie verstanden hatte, worauf ich hinauswollte.

Und so ging es immer weiter, Weißsein wurde bei feministischen Veranstaltungen mit Samthandschuhen angefasst. Das sei nicht der richtige Ort, um über Rassismus zu diskutieren, beharrten sie. Dafür gebe es andere Orte. Aber das war keine Option für mich. Die schwarze Hautfarbe war genauso ein Teil von mir wie die Tatsache, dass ich eine Frau bin. Ich konnte beides nicht trennen.

Während meiner Aktivistinnentage schloss ich mich einer kleinen Gruppe, den schwarzen Feministinnen an, damit ich in einem Kollektiv gleichgesinnter Frauen meine Meinung sagen konnte, ohne Angst vor sozialen Sanktionen haben zu müssen. Es war eine Gruppe nur für Women of Colour. Wir trafen uns einmal im Monat, um Dampf abzulassen und uns gegenseitig zu unterstützen. Es war eine Gruppe, die ich dringend brauchte.

Mich einmal im Monat mit schwarzen Feministinnen zu treffen war der althergebrachten feministischen Methode der Bewusstseinsbildung nicht unähnlich. Bewusstseinsbildung wurde zum ersten Mal Mitte der 1960er Jahre von radikalen New Yorker Frauen angewandt, die diese Taktik ihrerseits von der amerikanischen Bürgerrechtsbewegung übernommen hatten. Bei den schwarzen Feministinnen sprachen wir über alles, was in unserem Leben passierte. Wir lernten voneinander, und mir dämmerte, dass andere Frauen die gleichen Erfahrungen machten wie ich. Gemeinsam fragten wir uns warum. Wir stellten Begebenheiten, die wir für vereinzelt hielten, in den größeren Kontext von Gender und Hautfarbe.

Hier lernte ich meine Freundin, die Autorin und Lehrerin Lola Okolosie, kennen. »Ich bin nicht sicher, ob die Frauen bei den ersten Treffen sagten: ›Das ist struktureller Rassismus‹«, erzählte sie, als wir gemeinsam über den Zweck der Gruppe diskutierten. »Ich denke, dass wir dank der monatlichen Treffen und allem, was dazwischen passierte, anfingen, unsere Situation zu analysieren, und dass wir dann rasch begannen, den Begriff zu verwenden.

Ich erinnere mich noch, wie die Frauen beschrieben, was das war, und dann sagten alle: ›Ja, genau, das ist mir auch passiert, soll man da nicht wütend werden?‹ Die Frauen kamen mit ganz unterschiedlichem Vorwissen dazu, manche waren Akademikerinnen, andere hatten nicht einmal grundlegende feministische Texte gelesen. Der Wissensstand war sehr unterschiedlich. Aber wir alle beschrieben die gleichen Verletzungen, die gleiche Frustration und die gleichen Momente, die uns wütend machten. Das war absolut überwältigend für mich. Dass es nicht als Gejammer gesehen wurde, nicht als Überinterpretation der Dinge, es war einfach, ja, sie verstehen es.«

Wir sprachen darüber, warum es für uns so wichtig war,

uns ohne weiße Feministinnen zu treffen. »Dieser Blick bringt einen sofort zum Schweigen«, sagte Lola. »Auch wenn man wirklich selbstbewusst ist und viel redet, muss man sich immer noch zurückhalten. Weil man als normaler Mensch Konfrontationen nicht wirklich mag. Und wenn man die Wahrheit darüber sagt, was es bedeutet, eine schwarze Frau in Großbritannien zu sein, hat das immer ein Element, das Weiße impliziert. Und so verstehen sie es auch. Es wäre lächerlich, es nicht so zu interpretieren.«

Bei den schwarzen Feministinnen benutzten wir das Wort Intersektionalität, um über die Überschneidung von zwei Formen der Diskriminierung zu sprechen – Rassismus und Sexismus –, wie sie Menschen erleben, die sowohl Frauen als auch schwarz sind. Die schwarze Juristin und Feministin Dr Kimberlé Crenshaw prägte den Begriff, der mittlerweile in den Mainstream eingegangen ist, im Zuge ihrer Forschung. Wir trafen uns in der US-Botschaft in London. »Die Arbeit begann, als ich begriff, dass keiner verstand, dass afroamerikanische Frauen auf eine Weise diskriminiert wurden, die sowohl ihre Hautfarbe als auch ihr Geschlecht reflektierte. Die Position in den Gerichten sah so aus: Wenn du Rassismus nicht auf die gleiche Weise erfährst wie ein [schwarzer] Mann oder Sexismus wie eine weiße Frau, dann wirst du nicht diskriminiert. Für mich war das ein Problem von gleich und anders. Damit wurde behauptet, dass du zu anders bist, als dass das Gesetz auch für dich gelten könnte. Das führte zu Intersektionalität. Wir müssen uns ansehen, wie sich Hautfarbe und Geschlecht überschneiden und Barrieren und Widerstände schaffen, die eine Gleichbehandlung verhindern.«

Dieses Wort beschrieb das bis dahin nicht definierte

Phänomen, obwohl schwarze feministische Aktivistinnen, Wissenschaftlerinnen und Theoretikerinnen schon Jahre darüber gesprochen und geschrieben hatten, bevor Dr Crenshaw ihm einen Namen gab. 1851 wandte sich die schwarze Sklavereigegnerin und Frauenrechtlerin Sojourner Truth an die Frauenrechtsversammlung in Ohio und sagte:

»Ich glaube, zwischen den Negern im Süden und den Frauen im Norden, die alle über ihre Rechte sprechen, werden die weißen Männer ziemlich bald in der Klemme stecken. Aber wovon wird hier geredet? Der Mann da drüben sagt, dass man der Frau in die Kutsche helfen und sie über einen Graben heben muss, und dass sie überall den besten Platz haben soll. Niemand hilft mir in die Kutsche oder über eine Schlammpfütze oder gibt mir den besten Platz! Und bin ich nicht auch eine Frau? Schaut mich an! Schaut meinen Arm an! Ich habe gepflügt und gepflanzt und die Ernte in die Scheune getragen, und kein Mann war besser! Und bin ich nicht eine Frau? Dann reden sie über das Ding im Kopf, wie heißt das?« (»Intellekt«, flüstert jemand in der Nähe.) »Genau, Liebes. Was hat der mit Frauenrechten oder Negerrechten zu tun? Wenn in meinen Becher nur ein halber Liter passt und in deinen ein Liter, wärst du dann nicht gemein zu mir, wenn du mir nicht mal meinen halben Liter gönnst?«[3] Die Rede wurde zwölf Jahre später im *National Anti-Slavery Standard* veröffentlicht.

Ein Jahrhundert darauf, 1984, schrieb die schwarze Feministin, Aktivistin und Dichterin Audre Lorde in *Sister Outsider: Essays and Speeches*: »Frauen werden heutzutage immer noch aufgefordert, männliche Ignoranz zu überbrücken und Männer dazu zu erziehen, unsere Existenz und unsere Bedürfnisse anzuerkennen. Es ist ein altes und wichtiges

Instrument aller Unterdrücker, die Unterdrückten mit den Belangen der Herren beschäftigt zu halten. Jetzt hören wir, dass es die Aufgabe der Women of Colour ist, weißen Frauen – gegen ungeheuren Widerstand – zu erklären, was unsere Existenz, unsere Unterschiede und unsere Rollen in unserem gemeinsamen Kampf ums Überleben sind. Das ist eine Umlenkung von Kraft und eine tragische Wiederholung rassistischen patriarchalischen Denkens.«

1979 schrieb Michele Wallace in ihrem Essay »Fear in Isolation« aus der Aufsatzsammlung *But Some of Us Are Brave*: »Wir existieren als Frauen, die schwarz sind, die Feministinnen sind; für den Augenblick allein gestrandet, arbeitet jede unabhängig, weil es in dieser Gesellschaft noch kein Milieu gibt, das unserem Kampf auch nur entfernt förderlich wäre – weil wir ganz unten angesiedelt sind, müssten wir tun, was noch keiner getan hat: Wir müssten gegen die ganze Welt kämpfen.«

1981 meldete sich bell hooks in *Ain't I a Woman: Black Women and Feminism* zu Wort: »Der Prozess beginnt damit, dass jede Frau anerkennt ... dass ausnahmslos alle Frauen in unterschiedlichem Ausmaß dazu sozialisiert werden, rassistisch, klassenbewusst und sexistisch zu sein, und auch wenn wir uns Feministinnen nennen, ändert das nichts an der Tatsache, dass wir uns bewusst bemühen müssen, das Vermächtnis dieser negativen Sozialisierung wieder loszuwerden. Es liegt auf der Hand, dass sich viele Frauen feministisch engagieren, um ihre eigenen Bedürfnisse zu befriedigen, insbesondere die weißen Frauen an vorderster Front der Bewegung; aber statt mich mit dieser Inbeschlagnahme abzufinden, ziehe ich es vor, den Begriff selbst zu beschlagnahmen und ›Feminismus‹ neu zu definieren, sodass eine

Feministin im wahren Sinn des Wortes zu sein heißt, für die Befreiung aller Menschen, Frauen wie Männern, von sexistischen Rollenmustern, Dominanz und Unterdrückung einzutreten.«

In einer Juravorlesung an der Birkbeck University, London sprach Angela Davis 2013 darüber, wie schwarze Frauen im Lauf der Geschichte ihre Erfahrungen zum Ausdruck gebracht haben. 1969, so erklärte sie, schrieb die amerikanische Bürgerrechtsaktivistin Frances Beale ein Pamphlet mit dem Titel: *Double Jeopardy: To Be Black and Female* (Doppeltes Risiko: schwarz und weiblich). Später gründete die *Third World Women's Alliance* (Bündnis der Frauen in der Dritten Welt) eine Zeitung namens *Triple Jeopardy* (Dreifaches Risiko). Sie kämpften nicht nur gegen Rassismus und Sexismus, sondern auch gegen den Imperialismus. 1988, ein Jahr, bevor Dr Kimberlé Crenshaw den Begriff »Intersektionalität« prägte, hinterfragte Elizabeth Spelman in ihrem Buch *Inessential Women* (Unwesentliche Frauen) die Methoden, Formen der Unterdrückung zu addieren.

Mit seinem gitterartigen Straßensystem voller ordentlicher Quadrate und Rechtecke war Amerika der perfekte Geburtsort dieses Begriffs. Jeder kennt einen Ort, an dem sich Straßen kreuzen. Ein Ort, der keine einzelne Straße mehr ist, sondern ein spezieller Platz, der alle auf ihn zuführenden Straßen in sich vereint. In der Theorie der Intersektionalität sind schwarze Frauen ein Beleg dafür, dass die Straßen nicht parallel verlaufen, sondern sich häufig kreuzen. Die Werke der oben erwähnten Autorinnen illustrieren auf vielfältige Weise, wie viel Reichtum und Tiefe auf diesen Kreuzungen zu finden sind, wenn man ihre Existenz nicht leugnet oder sogar ganz vergisst. Zu lange wurden schwarze Frauen vergessen und mussten sich Strategien einfallen lassen, damit man sich an sie erinnerte. Wenn man sich ansieht, wer in den konkurrierenden Kämpfen um Rechte für Frauen und Rechte für Schwarze unter den Tisch fiel, waren es fast immer *schwarze Frauen*.

Als sich schwarze Feministinnen für eine intersektionelle Analyse des britischen Feminismus einsetzten, reagierten die meisten weißen Feministinnen nicht mit Unterstützung. Sie behaupteten stattdessen, das Wort »intersektionell« sei reiner Jargon – zu schwierig, als dass jemand ohne Hochschulabschluss es verstehen könnte – und deshalb sinnlos.

»Wenn man keinen wissenschaftlichen Hintergrund hat oder wissenschaftsaffin ist, besagt das Wort Intersektionalität *das ist nichts für dich*«, schrieb Sarah Ditum 2012 auf ihrem Blog.[4]

Holly Baxter und Rhiannon Lucy Cosslett schrieben im *New Statesman*: »Das bedeutet, dass Themen wie Hautfarbe, Klasse, Religion, Sexualität, Politik und Privilegien den feministischen Dialog häufig sprengen und regelmäßig Meinungsverschiedenheiten verursachen zwischen denen, die einen Master in Gender Studies und das entsprechende Vokabular haben, und denen ohne. [...] In bestimmten staatlichen Schulen die Nuancen von Intersektionalität zu diskutieren wird nicht viel bringen, wenn manche der jugendlichen Mädchen schwanger sind oder Hunger haben oder missbraucht werden. (Was sollen sie tun? Sich mit Theorie schützen oder sich daran satt essen? Frauen können sich nicht nur von Greer ernähren.) Es scheint fast, als wollten so manche gebildete Frauen den Feminismus ganz für sich haben, ihn mit esoterischer Theorie ummanteln und unter der Matratze verstecken, sicher und warm unter der Daunendecke.«[5]

Während sich die Diskussion in den sozialen Medien intensivierte, wurden Feministinnen, die sich dieser Argumentation nicht anschlossen, in der Presse durchgängig als Monster dargestellt. Da die Medien in der Regel gerade vage genug blieben und niemanden namentlich nannten, fielen auch die Reaktionen der Kritisierten nur spärlich aus. Sadie Smith schrieb im *New Statesman*: »Der Online-Frauen-Mob regt sich durchgängig auf, besonders aber über Frauen, die nicht zu ihrem kleinen Gemeine-Mädchen-Club gehören, der seine eigene überstilisierte und undurchdringliche Sprache, Regeln und disziplinarische Vorgehensweise hat.«[6]

Der weiße feministische Abscheu vor Intersektionalität entwickelte sich rasch zu einem Hass auf das Konzept des White Privilege – vielleicht weil die Anerkennung von strukturellem Rassismus darin resultiert hätte, ihr eigenes Weißsein einzugestehen. Ihre Männer stützten sie. Tom Midlane schrieb im *New Statesman*: »Auch wenn die Idee aus ehrenwerten Motiven entstanden ist, halte ich den ganzen Diskurs um Privilegien für inhärent destruktiv – bestenfalls eine immense Ablenkung, schlimmstenfalls macht er uns alle zu selbsternannten Moralwächtern, die die Sprache und das Verhalten unserer Zeitgenossen aggressiv kontrollieren. Warum ist das wichtig, fragen Sie? Die Antwort ist einfach: Es ist wichtig, weil das Prüfen von Privilegien progressives Gedankengut gründlich infiziert hat.«[7]

Man kann hier einen Trend feststellen. Zwischen 2012 und 2014 wurden die geistreichsten Angriffe auf schwarze Frauen, die über Hautfarbe, Rassismus und Intersektionalität diskutierten, immer im *New Statesman* publiziert, der wichtigsten politischen Zeitschrift links der Mitte in Großbritannien. Angesichts der Häufigkeit der Angriffe begann ich mich zu fragen, ob es eine Redaktionsrichtlinie dafür gab. Der *New Statesman* unternahm lasche Anstrengungen, Verteidigerinnen von Intersektionalität zu Wort kommen zu lassen, doch es war die herbe Kritik, die überwog.

Ein paar Jahre später griffen Plattformen, die definitiv *nicht* links waren, die 2012 und 2013 zuerst von weißen Feministinnen und linken Bloggerinnen vorgetragenen Argumente auf. Die extrem rechte Website *Breitbart London* definierte Intersektionalität als »eine Diskussionsstrategie: Wenn du einen Streit über Feminismus verlierst, bezeichne deine Gegner als Rassisten oder, noch schlimmer, als Kapitalisten.« Und White Privilege als »das, was weiße Feministinnen aus der Mittelschicht haben und ihre Opfer nicht«.[8] In einem weiteren lehrbuchmäßigen Angriff auf Progressive stand im *Spectator*: »Das ›I‹ in ›Ich‹ steht für Identitätspolitik. Definiere dich immer anhand deiner natürlichen Merkmale und nicht über deinen Charakter, deine Leistung oder deine Überzeugungen. Du bist als erstes und vor allem männlich, weiblich, anderes, heterosexuell oder homosexuell, schwarz oder weiß, und so solltest du auch von dir sprechen. Martin Luther King hätte sein Privileg überprüfen sollen, als er seinen unsinnigen Traum von einer Welt hatte, in der Menschen ›nicht nach ihrer Hautfarbe, sondern nach ihrem Charakter beurteilt werden‹ sollten. Das kommt einem heterosexuellen Mann aus der Mittelschicht leicht über die Lippen, Marty. I steht auch für Intersektionalität, der randalierenden Nachfahrin der Identitätspolitik, bei der du dich ständig fragen muss, wie sich deine verschiedenen persönlichen Identitäten miteinander überschneiden (oder so).«[9] Zum gleichen Thema schrieb ein anderer Autor im selben Magazin: »Was Theorien anbelangt, ist diese nicht völlig daneben. Das Problem damit ist, dass sie bei Leuten zum Trend wurde, die weder Bücher noch Essays lesen, sondern nur Tweets oder Kommentare im Internet, und deswegen nicht wissen, wovon sie sprechen. Am Ende hat man dann eine Art Minoritäten-Quartett und die weit verbreitete, ansteckende Überzeugung, dass eine Person, je benachteiligter sie in den unterschiedlichsten Bereichen ist, umso klüger, freundlicher und allsehender sein muss. Und das ist dumm.«[10]

Diesen Reaktionen nach zu urteilen, schienen die Interventionen schwarzer Frauen im weißen britischen Feminismus ganz und gar nicht willkommen. Sie waren identisch mit den Reaktionen der sexistischsten Männer auf den Feminismus. Mitten in dieser hitzigen Debatte über Intersektionalität, vier Monate nach meinem desaströsen Auftritt in der BBC *Woman's Hour*, war Dr Kimberlé Crenshaw in der gleichen Sendung eingeladen, um zu erklären, warum der Feminismus Hautfarbe nicht länger ignorieren konnte. Sie wurde gefragt: »Wie hilfreich ist es, wenn … schwarze Frauen weiße und gut situierte Frauen bitten, ihre Privilegien zu überprüfen?« Die Moderatorin zitierte ein paar der härtesten Kritiken am schwarzen Feminismus und sagte: »Es beendet die Debatte und mindert Empathie.«

»Das wird in jeder Bewegung ein Problem sein, die behauptet, dass jeder, der dazugehört, Diskriminierung auf die gleiche Weise erfährt, wenn das tatsächlich nicht oft der Fall ist«, antwortete Dr Crenshaw. Doch der Schaden war angerichtet. Die Äußerung einer memefizierten Phrase reduzierte den schwarzen Feminismus auf eine disruptive Kraft, die den lieben, höflichen, appetitlichen weißen Feminismus aufbrachte. Der britische Feminismus galt als Bewegung, in der es friedlich zuging, bis die zornigen schwarzen Frauen auftauchten. Die Art und Weise, wie die weißen Feministinnen die schwarzen Feministinnen als störende Aggressorinnen charakterisierten, war der Art und Weise, wie die Medien Schwarze generell mit Stereotypen belegen, nicht unähnlich. Women of Colour waren die Immigrantinnen im Feminismus, nicht willkommen, aber toleriert – ein soziales Problem, dessen man sich widerwillig annahm. Überraschend ist, dass keine der prominenten weißen Feministinnen so weit ging, eine Rede in Enoch-Powell-Manier zu halten: »In 15 oder 20 Jahren werden die weißen Frauen in diesem Land unter der Knute der schwarzen Frauen stehen.« Angesichts der verbalen Gewalt, mit der sie eine Analyse von Hautfarbe im Feminismus ablehnten, schien das die logische Folgerung aus ihren Argumenten zu sein.

Man darf die weiße Ablehnung von Intersektionalität im Feminismus nicht isoliert sehen, sondern im historischen Kontext des rigorosen Vorgehens des Establishments gegen den Kampf der Schwarzen. Alle Anzeichen waren da: Die Reihen wurden geschlossen, Falschinformationen und Lügen verbreitet, Personen diskreditiert. Mit ihren aggressiven Tweets über mich glaubte Louise Mensch Frauen zu unterstützten, die Doyennes der Linken waren – regelmäßige Autorinnen linksgerichteter Publikationen wie *The Guardian* und *New Statesman*. Sie wurden von bekannten weißen Schriftstellerinnen und Personen ganz unterschiedlicher politischer Überzeugung verteidigt. Aber an diesem Punkt waren die kleineren politischen Differenzen nicht mehr von Bedeutung. Der weiße Konsens im Feminismus musste verteidigt werden, und um das zu tun, mussten sie zusammenhalten. Dass ich über Rassismus im Feminismus gesprochen hatte, kam für sie einem gewalttätigen Angriff auf ihr Selbstverständnis gleich.

Auf diese Weise setzt sich der Rassismus fort, im Feminismus und in anderen Bereichen. Meine Situation war extrem öffentlich. Doch damals hatte ich das Gefühl, dass sich Ähnliches im ganzen Land abspielte – an Arbeitsplätzen, in sozialen Kreisen, in Familien; und das Ergebnis war immer eine Person of Colour ohne unterstützendes Netzwerk, die an sich selbst zweifelte.

Der britische Feminismus setzte sich mit der Frage auseinander, ob eine Frau feministische Ansichten haben und zugleich traditionell feminine Dinge tun konnte. Dieser Gedankengang inspirierte in den 1990er und frühen 2000er Jahren die Frauenzeitschriften. Kann man Feministin sein und High Heels tragen?, fragten sie. Kann man Feministin sein und sich schminken? Kann man Feministin sein und sich die Nägel lackieren? Das waren die banalsten Fragen, die die banalsten Zeitschriftenfeatures zur Folge hatten. Die »Kann man Feministin sein und«-Fragen beruhten alle auf den abgedroschenen Stereotypen des feministischen Aktivismus aus der patriarchalischen Presse der 1970er Jahre, in der Feministinnen als Latzhosen tragende, zornige Frauen dargestellt wurden, die Männer mit ihren in Dr. Martens steckenden Füßen zerquetschen wollten. Dieses Stereotyp der furchterregenden fiktiven Feministin, die keine Frau jemals würde sein wollen, war die Antithese zu allen Schönheitsidealen.

Das war natürlich völliger Unsinn. Wenn uns die letzten fünf Jahre etwas gelehrt haben, dann dass Feminismus eine große Kirche ist, die weniger mit der Instandhaltung des Aussehens und mehr mit der Instandhaltung der politischen Einstellung zu tun hat. Statt nach High Heels und Lippenstift zu fragen, sind die drängenden Fragen, die wir uns schon längst hätten stellen müssen: Kann man Feministin und gegen Abtreibung sein? Kann man Feministin sein und vorsätzlich nichts von Rassismus wissen wollen?

Feministische Themen scheinen im Fernsehen und im Film derzeit omnipräsent zu sein. Das ist eine ausgesprochene Verbesserung zu früher. Feminismus floriert im Journalismus und in der Musik, und er ist ein Dauerthema in den sozialen Medien, das nicht abzureißen scheint. Die Frauen, die sich Feministinnen nennen, werden immer jünger, teilweise aufgrund ihrer bevorzugten Popstars und Schauspielerinnen, die das Wort entmystifizieren. Jedes Mal, wenn eine Berühmtheit feministische Positionen bezieht, wird das Stigma kleiner, das dem Wort anhaftet.

Landesweite politische Meilensteile, wie zum Beispiel die Legalisierung gleichgeschlechtlicher Ehen, führen dazu, dass jeder so aussehen will, als würde er Fortschritt befürworten. Doch im Feminismus gibt es ein paar ideologische Themen – Rassismus, reproduktive Rechte, Konservatismus –, die nach wie vor unüberbrückbare Gräben in der Bewegung aufwerfen. Von einem weißen feministischen Standpunkt aus wird Rassismus zu oft nicht als Problem gesehen, geschweige denn als Priorität. Der Widerstand gegen Intersektionalität zeigte weißen Feminismus in Aktion.

Als der abwertend gebrauchte Ausdruck »weißer Feminismus« ins feministische Wörterbuch aufgenommen wurde, versetzte seine Popularität einige weiße Feministinnen in Aufregung. Doch diese reflexartige Gegenreaktion gegen einen Begriff – gegen etwas, das meistens eine rigorose Kritik an den Folgen von strukturellem Rassismus ist – entstand zweifellos aus dem vermeintlich berechtigten Bedürfnis heraus, Weißsein zu verteidigen, und nicht aus tiefem Nachdenken über die Bedeutung des Begriffs »weißer Feminismus«. Was heißt es, wenn deine feministische Politik von Weißsein erstickt, mundtot gemacht und behindert wird?

Wenn der Feminismus das Patriarchat verstehen kann, dann ist es wichtig zu fragen, warum so viele Feministinnen Mühe haben, Weißsein als politische Struktur auf die gleiche Weise zu verstehen. Abgesehen davon, dass sie überwiegend von Männern getragen werden, werden unsere bekanntesten politischen Strukturen auch von Weißen dominiert. In diesem überwältigend weißen Raum findet sich stets eine große Bandbreite an Meinungen. Ein Großteil der Politik wird von weißen Männern mittleren Alters gemacht, die sich einfach nur gegenseitig die Bälle zuschieben. Hin und wieder wird eine weiße Frau mittleren Alters an Bord geholt, um zu diversifizieren. Gemeinsam ist den politischen Perspektiven nur die strikte Weigerung, den weißen Konsens infrage zu stellen.

Weißer Feminismus betreibt die Politik von Mythen wie »ich sehe Hautfarbe nicht«. Diese Politik besteht darauf, dass Gespräche über Hautfarbe Rassismus anstacheln – und verweigert so People of Colour die Möglichkeit, ihre Existenz zu artikulieren. Diese Politik erwartet von People of Colour, dass sie sich still und leise in institutionalisiert rassistische Strukturen einfügen, ohne Ärger zu machen. Innerhalb dieser Politik dürfen People of Colour nie die Agenda setzen.

Stattdessen werden sie dazu verdammt, ständig nur zu reagieren und hektisch aufzuholen. Der weiß dominierte politische Konsens im Feminismus erlaubt People of Colour, sich mit an den Tisch zu setzen, solange wir willens sind, uns mit Symbolpolitik zufriedenzugeben, aber er greift hart durch, wenn wir Rechenschaft für besagten Konsens einfordern wollen – ganz zu schweigen von strukturellen Veränderungen.

Weißsein positioniert sich als Norm. Es weigert sich zu sehen, was es ist. Seine sogenannte »Objektivität« und »Vernunft« sind machtvolle und heimtückische Instrumente, um die eigene Macht zu erhalten. Der weiße Feminismus kann als feministischer Flügel besagten politischen Konsenses betrachtet werden. Er bietet weiße feministische Werte und Überzeugungen, an die manche Frauen gern glauben. Andere Faktoren wie Schichtzugehörigkeit spielen dabei eine große Rolle.

Weißer Feminismus als solcher ist nicht sonderlich bedrohlich. Zum Problem wird er, wenn seine Vorstellungen dominieren – wenn er als das Universelle präsentiert wird, das für alle Frauen zu gelten hat. Dann ist er ein Problem, weil die Menschheit durch das Prisma des Weißseins betrachtet wird. Zwangsläufig ist der Feminismus nicht immun dagegen. Es ist nur konsequent, dass der weiße Feminismus seine Position zu stärken sucht, indem er diejenigen, die ihn infrage stellen, als Unruhestifterinnen hinstellt. Wenn ich über weißen Feminismus schreibe, reduziere ich weiße Frauen nicht auf ihre Hautfarbe. Weißsein ist ein politischer Standpunkt, und ihn im Feminismus herauszufordern ist keine Retourkutsche, weil Vorurteile Macht brauchen, um effektiv sein zu können.

Die Politik des Weißseins transzendiert jede Hautfarbe. Sie ist eine Besatzungsmacht im Kopf. Sie ist eine Ideologie, die durch Kontrolle und Ausschluss ihre Macht erhalten will. Jeder kann daran glauben oder beschließen, sie infrage zu stellen. Weiße Frauen scheinen den Begriff »weißer Feminismus« sehr persönlich zu nehmen, aber er hat zugleich alles und nichts mit ihnen zu tun. Es geht nicht um Frauen, die Feministinnen sind, die weiß sind. Es geht um Frauen, die sich dem Feminismus verschreiben und gleichzeitig an die Politik des Weißseins glauben, die ihrerseits im Kern exklusiv, diskriminierend und strukturell rassistisch ist.

Auf Feministinnen, die sich nie gefragt haben, was es heißt, weiß zu sein, trifft der Begriff weißer Feminismus wahrscheinlich zu. Weiße, die jede Kritik an weiß dominierter Politik persönlich nehmen, sind wahrscheinlich Teil des Problems. Wenn weiße Feministinnen nicht über das Thema Hautfarbe sprechen wollen, sind sie nicht genuin boshaft – auch wenn ihre Weigerung sich sehr schnell in schäumende Giftigkeit verwandeln kann, wird ihre Politik herausgefordert. Tatsächlich habe ich gelernt, dass ihre Herkunft meiner nicht unähnlich ist. Wir sind alle in einer weiß dominierten Welt aufgewachsen. Das ist der Kontext, in dem weiße Feministinnen arbeiten; dabei reproduzieren sie ein System, von dem sie profitieren und das sie kaum bemerken. Ihre Fähigkeit zur kritischen Analyse ist jedoch wesentlich besser ausgebildet, wenn es darum geht, Systeme zu identifizieren, die sie ausschließen und von denen sie *nicht* profitieren, zum Beispiel Gender. Sie halten mühelos leidenschaftliche Reden gegen das Patriarchat, dessen wirtschaftliche und soziale Ungerechtigkeit ihnen in Form von schlechterer Bezahlung und Pfiffen auf der Straße in die Rippen sticht. Und sie sagen zurecht: »Ich habe es satt in dieser Welt zu leben, die sich nach den Bedürfnissen der Männer richtet! Bestenfalls kann ich dagegen kämpfen, schlimmstenfalls muss ich lernen, damit zurechtzukommen.« Doch sie reagieren unglaublich defensiv, wenn eine vergleichbare Analyse von Hautfarbe ihr Weißsein angreift. Es wäre zum Lachen, wäre es nicht so verwerflich.

Wenn sie über Gleichberechtigung und Gleichbehandlung sprechen, meinen es weiße Feministinnen wirklich ernst. Sie können geistreich, witzig, eloquent und kenntnisreich sein, wenn es um Reproduktionsrechte, Belästigung auf der Straße, sexuelle Gewalt, Schönheitsideale, Körperbilder und die Repräsentanz von Frauen in den Medien geht. Das sind Themen, für die sich viele Frauen engagieren. Normalerweise sind es weiße Frauen, die den Feminismus in der Presse repräsentieren, im Fernsehen und im Radio darüber sprechen, und in Magazinen davon schwärmen.

Es hilft, dass weiße Frauen, die feministische Politik in der Öffentlichkeit vertreten, auf konventionelle Weise attraktiv sind und gerade genug persönliche Eigenheiten aufweisen, sodass sich jede normale Frau mit ihnen identifizieren kann. Sie haben dicke Oberschenkel oder eine Lücke zwischen den Zähnen. Ihre Körper haben nichts mit dem Supermodel-Standard gemein, an dem wir jede öffentlich auftretende Frau messen. Das ist erfrischend, rufen wir. Diese Frauen sehen aus wie wir. Es sind echte Frauen. Es sind Frauen für Frauen. Frauen, die keine Angst haben zu sagen, was sie denken. Im Zeitalter von Twitter und You-Tube, in dem die Anzahl der Follower und Abonnenten zählt, geht es auch um persönliche Marken und Karrieren. Und wir klicken und liken und folgen.

Als Feministin eine Analyse der Hautfarbe durchzuführen bedeutet zu erkennen, wie sehr Hautfarbe und Geschlecht miteinander verflochten sind, wenn es um Ungleichheit geht. Wenn ich mir die Minderheitenpolitik in diesem Land anschaue, sehe ich, wie darin der Anspruch auf den Körper weißer britischer Frauen formuliert wird. 2066 ist das Jahr, in dem Weiße angeblich zur Minorität in Großbritannien werden. Der Oxford-Professor David Coleman hat dieses Datum berechnet. 2016 schrieb er in einem Artikel der *Daily Mail* im Zusammenhang mit dem Brexit: »In Übersee geborene Frauen brachten 2014 27 Prozent aller lebenden Kinder zur Welt, und bei 33 Prozent aller Geburten war ein Elternteil ein Migrant – eine Zahl, die sich seit den 1990er Jahren mehr als verdoppelt hat.«[11] Die Überschrift des Artikel lautete: »RIP heutiges Großbritannien: Oxford-Professor und Bevölkerungsexperte David Coleman sagt mit wissenschaftlicher Objektivität voraus, dass weiße Briten in den 2060er Jahren in der Minderheit sein könnten – oder früher.«

Es ist einfach nachzuvollziehen, dass weiße Nationalisten mit diesen Zahlen eine Kampagne bestreiten und darauf bestehen, dass das Jahr 2066 den Untergang Großbritanniens markieren wird. Diese Debatte arbeitet mit einem subtilen Ethnonationalismus, der dem *Report der Magd* alle Ehre macht. Es scheint hier eine rassistisch motivierte Misogynie am Werk zu sein, die besessen ist von der Gebärmutter und weiße Britinnen drängt, für ihr Land zu vögeln, während sie Frauen, die keine weißen Britinnen sind, vorwirft, sich unkontrolliert zu vermehren und das Wesen Großbritanniens zu destabilisieren.

Trotz dieses bösartigen Narrativs gibt es Gruppen in der britischen Gesellschaft, die behaupten, dass Frauenfeindlichkeit Ausländern vorbehalten ist. Nie im Leben hätte ich erwartet, dass der ehemalige Premierminister David Cameron die Übel der patriarchalischen Gesellschaft anprangert. Als 2012 und 2013 britische Frauengruppen wie die *Fawcett Society* und die *Women's Budget Group* aufwändige Berechnungen vorlegten, um zu belegen, dass die Sparpolitik der Regierung Frauen am härtesten traf, reagierten David Cameron und seine Partei kaum darauf. Als David Cameron fast drei Jahre später endlich von der »patriarchalen Gesellschaft« sprach, stellte er interessanterweise Regierungspläne für ein Ultimatum vor, das von Musliminnen, die mit einem Ehegattenvisum in Großbritannien lebten, verlangte, entweder Englisch zu lernen oder aber mit Abschiebung zu rechnen.

»Ich gebe den Leuten, die kein Englisch sprechen können, keine Schuld«, sagte er in einem Interview mit BBC *Radio 4 Today*. »Manche dieser Menschen kommen aus ziemlich patriarchalischen Gesellschaften in unser Land, wo die Männer vielleicht nicht wollen, dass sie Englisch lernen und sich integrieren.« Und weiter: »Was wir herausgefunden haben ... bei einer Versammlung der Schulbeiräte saßen die Männer in der Versammlung, und die Frauen mussten draußen bleiben, [und] Frauen, die ihr Haus nur in Begleitung eines männlichen Verwandten verlassen dürfen. Das passiert hier in unserem Land, und das ist nicht hinnehmbar. Wir sollten auf unsere Werte sehr stolz sein, auf unseren Liberalismus, unsere Toleranz, unsere Idee, eine Demokratie mit gleichen Chancen zu errichten ... wo es Absonderung gibt, hält sie die Menschen zurück, sie stimmt nicht mit den britischen Werten überein, und sie muss aufhören.«[12]

Weiterhin gab Cameron bekannt, dass Englischkurse für Musliminnen in – wie er es nannte – »isolierten Gemeinden« staatlich finanziert würden und vorgesehen war, mit den Frauen zweieinhalb Jahre nach ihrer Ankunft in Großbritannien verpflichtende Sprachtests durchzuführen. So surreal es war zu hören, wie David Cameron die patriarchalische Gesellschaft kritisierte, so war es doch keine Überraschung, dass er das Patriarchat als Gegenstück zu unserem eigenen fortschrittlichen, angeblich egalitären und leistungsbasierten britischen Selbstverständnis beschrieb.

Wenn wir uns einreden, dass Misogynie einfach nur ein Import aus Übersee ist, dann behaupten wir, dass sie in unserem Land eigentlich kein Problem darstellt. David Cameron sollte mit seiner Aussage über den Import extremer Frauenfeindlichkeit vorsichtiger sein angesichts der Tatsache, dass laut *Office of National Statistics* in England und Wales pro Monat durchschnittlich sieben Frauen von ihrem derzeitigen oder früheren Partner ermordet,[13] und allein in England und Wales jedes Jahr 85 000 Frauen vergewaltigt werden.[14] Misogynie ist kein Problem, das mit Schließung der Grenzen oder einem Crashkurs in britischer Standardaussprache gelöst werden kann. Sie lebt im Kern dessen, was es bedeutet, ein Mann zu sein.

Nachdem an Silvester 2015 in Köln massenhafte sexuelle Übergriffe stattgefunden hatten, wurde dennoch behauptet, dass Multikulturalismus extremen Sexismus und Misogynie mit sich bringt. Das Gleiche geschah, als 2013 in Rotherham, Yorkshire ein pakistanischer Ring ausgehoben wurde, der Kinder und Jugendliche sexuell missbrauchte. 2012 und 2013 tauchte der Begriff »asiatische Sexbande« in gefühlt einer Million Überschriften auf. Die extreme Rechte liebt diese Perspektive auf die pakistanische Sexbande. Für sie sind Frauen ihr Besitz, sie gehören »uns«. Doch die Wahrheit ist, dass es in Großbritannien auch dann noch sexuellen Missbrauch von Kindern geben würde, wenn alle Migranten das Land verließen.

Diese Vorfälle weisen einen ethnischen Aspekt auf, der nicht ignoriert werden darf, und das einzugestehen macht die Verurteilung von Grooming, Missbrauch und Frauenfeindlichkeit nicht weniger gültig. Als schwarze Feministin steckt man ständig zwischen Hammer und Amboss, wenn man einerseits den Rassismus kritisiert, der dunkelhäutige Menschen trifft, und andererseits die patriarchalischen Strukturen um uns herum. Und während das ewige Tauziehen der politischen Debatten nach einem eindeutigen Richtig und Falsch ruft, verlangt dieses Thema verzweifelt nach Nuancen.

Nicht zu leugnen ist, dass westliche Schönheitsideale und Objektivierungen weiblichen Fleisches sich vor allem auf weiße Hautfarbe und Jugend konzentrieren. Weißes weibliches Fleisch wird die ganze Zeit in aller Öffentlichkeit zur Ware degradiert. Wenn es auch einmal dunkelhäutiges Fleisch trifft, gilt das als etwas Neues – vielleicht beschrieben als »Ebenholz«, »Schokolade« oder »Karamell«, manchmal als tabu. Als gegen Oben-ohne-Fotos auf Seite drei der *Sun* agitiert wurde, fand kaum Erwähnung, dass selten schwarze Frauen betroffen waren, vermutlich weil manche Medien der Ansicht sind, dunkelhäutige Frauen seien nicht schön genug, als dass es sich lohnte, sie zu Objekten zu machen. Es gibt natürlich Ausnahmen, meist in Medien, die sich der Bedürfnisse dunkelhäutiger Männer annehmen.

Schauen wir uns an, wie rassistisch aufgeladene Körper im Verständnis von Sex und sexuellem Missbrauch einer Welt eingebettet sind, die vor übermächtigem Weißsein trunken ist. Rassistische Schönheitsideale befeuern eine Kultur, in der bestimmte Typen von weiblichen Körpern als öffentlich verfügbar betrachtet werden. Als 2011 zwei Pakistani festgenommen wurden, weil sie junge weiße Mädchen vergewaltigt und missbraucht hatten, schien es, als würde sich Jack Straw, ehemaliger Parlamentsabgeordneter für Blackburn, die Sprache der Täter aneignen, als er sagte, dass weiße Mädchen von pakistanischen Vergewaltigern als »leicht zugängliches Fleisch« gesehen würden. In BBC *Newsnight* sagte er: »Diese jungen Männer leben in einer westlichen Gesellschaft, sie verhalten sich wie alle jungen Männer, sie haben viel Testosteron im Blut und suchen nach einem Ventil dafür, aber Mädchen pakistanischer Abstammung sind tabu, und es wird von ihnen typischerweise erwartet, dass sie ein pakistanisches Mädchen aus Pakistan heiraten.«[15] Andere Politiker kritisierten seine Aussage, doch die Kritik begann und endete mit der Empörung darüber, dass Straw eine ganze Bevölkerungsgruppe mit einem Stereotyp belegte.

Ihnen entging nicht nur, dass Jack Straw sich der gleichen Sprache bediente wie die Vergewaltiger, sondern dass er es auch verabsäumte, ebendiese Sprache zu kritisieren. Zuerst nutzte er die »Jungs sind eben Jungs«-Entschuldigung, als ob viel Testosteron im Blut die Vorstufe dafür ist, den Körper eines anderen Menschen zu schänden. Das ist es nie, aber dieser weit verbreitete Glaube entschuldigt Missbrauch und Zwang als schlichte jugendliche Neugier. Sein zweiter Fehler war einfach: Frauen sind kein Fleisch, das konsumiert werden kann. Frauen sind keine Objekte, passiv und füg-sam, offen und in Erwartung. Dieses sprachliche Rekurrie-ren auf Nahrung und Fleisch hat etwas unglaublich Heim-tückisches und legt nahe, dass Männer so viel Fleisch essen und Frauen ficken müssen wie möglich, damit sie wirklich männlich sind. In unseren Geschlechterbeziehungen raubt das Wort »Fleisch« einer Frau die grundlegende körperliche Autonomie, um sicherzustellen, dass wir auf ewig nur auf der Speisekarte stehen und niemals am Tisch sitzen.

Dazu kommt das Gefühl einer öffentlichen Frömmigkeit, das den Hijab, den Niqab und insbesondere verhülltes dun-kelhäutiges weibliches Fleisch begleitet. Es ist eine toxische Mischung. Die Erwartung von Sittsamkeit ist genauso ein-schränkend und verurteilend wie die des obligatorischen Bikinikörpers. Beide Haltungen konzentrieren sich zwang-haft auf das Aussehen einer Frau und wie verhüllt oder un-verhüllt ihr Körper ist, um ihren Wert zu bestimmen, als würde ihr Körper dem männlichen Blick gehören, noch be-vor er ihr gehört. Es gibt immer externe Faktoren, die beein-flussen, wie eine Frau sich kleidet, doch letztlich sollte es ihre eigene Entscheidung sein. Und die ganze Zeit sind im Fall des oben erwähnten Missbrauchsskandals die Stimmen der armen weißen Frauen und Mädchen zu hören; und den Stimmen der dunkelhäutigen Frauen werden Fürsprecher verweigert. Das ist nicht nur eine Frage des Patriarchats; es ist eine Manifestation der Heilige/Hure-Dichotomie, die alle Postleitzahlen, Länder und Kulturen überspannt.

Diese Art der Ausbeutung können wir nicht wirksam ausmerzen, ohne die omnipräsenten kulturellen Botschaf-ten zu attackieren, zu Hause und an anderen Orten, die Männern einreden, dass der Körper einer Frau jederzeit zur Verfügung steht. Solange Frauen in öffentlichen Verkehrsmitteln betatscht werden, solange auf offener Straße vor ihnen masturbiert wird, und solange weibliches Fleisch mit totem Blick und Schmollmund von Millionen Bildern starrt, die für so banale Güter wie Nahrungsergänzungsmittel und Kapuzenpullis werben, werden wir ein Misogynieproblem haben.

Wenn wir rassistische islamophobe Geschichten über sexuellen Missbrauch kritisieren, müssen wir auch das Patriarchat kritisieren, wo immer wir es vorfinden. Das eine kann ohne das andere nicht effektiv getan werden. Bislang behauptet der Diskurs über Frauenfeindlichkeit, der bis zur Spitze der Regierung vorgedrungen ist, dass sie ein Import aus dem Ausland ist. Das ist unredlich und dient dazu, uns hinters Licht zu führen. Feministische Aktivistinnen wären dumm, sich mit politischen Kräften zu verbünden, die Frauen nur verteidigen, wenn sie auf Muslime eindreschen können.

Wir wissen zwar, dass das Thema nach Nuancen verlangt, doch wenn über weiße Männer berichtet wird, die Kinder und Babys vergewaltigen und missbrauchen, dann werden ihre Verbrechen nicht auf die gleiche Weise als Symptom eines inhärenten Problems mit *Männern* gewertet, wie das bei BME Männern geschieht, deren Verbrechen als Beweis für die Unzivilisiertheit und Brutalität ihrer Ethnie herhalten müssen. Als im April 2015 eine organisierte Bande von sieben weißen Männern wegen Vergewaltigung und Missbrauch von Kindern (oder Verschwörung dazu) schuldig gesprochen wurde, nutzte die extreme Rechte den Fall nicht als Beweis dafür, dass alle Männer aus dem Land abgeschoben werden sollten. Die sieben Männer lebten über ganz Großbritannien verstreut, kommunizierten online und streamten Missbrauchsvideos über Telefonkonferenztechnologie. Während dieser Zeit brachten sie sich in ihren jeweiligen Gemeinden ein und pflegten den Kontakt zu den Eltern der Kinder, auf die sie es abgesehen hatten. Einer freundete sich sogar mit einer schwangeren Frau an mit dem Ziel, später ihr Baby zu missbrauchen. Gemäß der Berichterstattung der BBC zu dem Fall nannten Beamte der *National Crime Agency* die Verbrechen die »abscheulichsten und widerlichsten«, die sie je gesehen hatten. Die Hautfarbe der weißen Verbrecher wurde in den folgenden Schlagzeilen nicht hervorgehoben.

Wir hassen Pädophile. Wir verurteilen sie, weil sie pädophil sind. Aber bezeichnenderweise betrachten wir sie als Anomalien. Wir glauben nicht, dass ihre Vergehen von einer Abartigkeit weißer Männer herrühren. Wenn weiße Männer Babys, Kinder und Jugendliche sexuell missbrauchen, fordern wir vom weißen männlichen Teil der Bevölkerung keine tiefe Besinnung über diese Taten.

Es geht hier nicht um gute Männer und böse Männer – binäre Einteilungen, die wir bequem in ordentliche Schubladen stecken können –, sondern um die Vergewaltigungskultur. Wenn Kinder und Frauen von Vergewaltigung und sexuellen Übergriffen berichten, sollten wir uns fragen, warum sich immer Leute in ihrem Umfeld finden, die alles daran setzen zu suggerieren, dass sie selbst dazu animiert oder aufgefordert hätten. Wir sollten auf das Klassenvorurteil verweisen, das zulässt, dass arme weiße Opfer von den Behörden auf eine Weise ignoriert werden, wie es einem weißen Mädchen aus der Mittelschicht, das in Islington aufgewachsen ist, wahrscheinlich nicht passieren würde. Klassenzugehörigkeit verleiht einem Leben in den Augen der Gatekeeper einen bestimmten Wert. Das Tabu in der Diskussion dieser Verbrechen betrifft nicht die Ethnien, sondern Männer. Übergriffige Männer. Jede Frau kann eine Geschichte von einer Begegnung mit einem übergriffigen Mann erzählen, einem Mann, der Jugend und Verletzlichkeit riechen kann und nur darauf aus ist, sie zu dominieren.

Die Aufnahme von Rassismus in die Diskussion legt sie nicht still, sondern ist absolut notwendig für eine feministische Bewegung, die niemanden zurücklassen will. Ich bin nicht sicher, ob unsere populärsten Versionen des Feminismus dieser Aufgabe aktuell gewachsen sind.

Obwohl der weiße Feminismus den Mächtigen genehm ist, fürchte ich, dass alles beim Alten bleiben wird, sollte er sich durchsetzen. Es wird weiterhin Ungerechtigkeit geben, nur dass Frauen dafür verantwortlich sein werden. Beim Feminismus geht es nicht um Gleichberechtigung und ganz bestimmt nicht darum, lautlos in eine Arbeitswelt zu schlüpfen, die von Männern für Männer erschaffen worden ist. Im besten Fall ist Feminismus eine Bewegung, die alle ökonomisch, sozial und kulturell marginalisierten Menschen befreien will, marginalisiert von einem ideologischen System, das darauf ausgelegt ist, dass sie scheitern. Das heißt behinderte Menschen, Schwarze, Frauen und nichtbinäre Menschen, LGBTQ-Menschen und Menschen aus der Arbeiterklasse. Der Kampf um Gleichberechtigung ist zwangsläufig kompliziert, wenn wir die Situation, in der wir uns befinden, entwirren wollen. Feminismus wird gewonnen haben, wenn es keine Armut mehr gibt. Er wird gewonnen haben, wenn von Frauen nicht mehr erwartet wird, grundsätzlich zwei Arbeitsplätze auszufüllen (die materielle und emotionale Versorgung ihrer Familie und den täglichen Job).

Das Chaos, in dem wir leben, ist vorsätzlich eingerichtet. Da es von Menschen geschaffen wurde, kann es auch wieder von Menschen abgebaut und auf eine Weise neu geordnet werden, die allen dient und nicht nur ein paar eigennützigen raffgierigen Wenigen. Abgesehen davon, dass er das Offensichtliche fordern muss – ein Ende sexueller Gewalt, ein Ende der Gehaltslücke –, muss Feminismus klassenbewusst sein und die einschränkende Kultur binärer Geschlechter anerkennen. Er muss der Tatsache Rechnung tragen, dass behinderte Menschen nicht inhärent fehlerhaft sind, sondern dass nicht-behinderte Menschen darin versagt haben, eine physische Welt zu schaffen, die allen gerecht wird. Feminismus muss erschwinglichen, anständigen, sicheren Wohnraum und ein universelles Grundeinkommen fordern. Er sollte eine Bezahlung für Vollzeitmütter und kostenlose Kinderbetreuung für arbeitende Mütter einfordern. Er sollte erkennen, dass wir in einer Welt leben, in der Frauen ständig dazu aufgefordert sind, begehrenswert zu sein, aber Sexarbeiterinnen dafür bestraft werden, dass sie diese Situation nutzen, um ihren Lebensunterhalt zu verdienen. Feminismus muss eindeutig dazu stehen, dass Sexualität fließend ist, und wir müssen von einer Welt träumen, in der Menschen nicht mit Gewaltmaßnahmen rechnen müssen, wenn sie starre Geschlechtergrenzen überschreiten. Feminismus muss eine Welt fordern, in der der historische Rassismus eingeräumt und verantwortet wird, in der Reparationen geleistet werden, in der das Konzept »Hautfarbe« vollständig dekonstruiert wird.

Ich weiß, dass diese Forderungen utopisch und unrealistisch sind. Aber ich glaube, dass Feminismus absolut utopisch und unrealistisch sein *muss*, weit entfernt von der Welt, in der wir jetzt leben. Wir müssen uns etwas erhoffen und vorstellen, bevor wir uns dafür engagieren, statt ungeniert aufzugeben, die Realität zu zitieren und die Dinge zu akzeptieren, wie sie sind. Schließlich sind utopische Ideale so ideologisch wie die politischen Fundamente unserer derzeitigen Welt. Und vor allem ist Feminismus ständig in Arbeit. Wir lernen alle noch.

Ich habe immer die Bereitschaft des Feminismus geliebt, wütend in das Fleisch der Frauenfeindlichkeit zu beißen, trotzig das Kinn zu recken und mediokren Männern eine Mordsangst einzujagen. Aber er muss ein Gesamtpaket sein, er muss alle Aspekte dessen ansprechen, was die Autorin bell hooks das »weiße rassistische kapitalistische Patriarchat« nannte. Als eine höfliche, sich nur um Genderfragen kümmernde Analyse, die ordentlich und harmlos genug ist, um in großen Unternehmen akzeptiert zu werden, erreicht der Feminismus nichts. Er hat versagt, wenn er als unbewusst exklusive Bewegung daherkommt, die nicht selbstbewusst genug ist zu erkennen, wo ihre Mitglieder vom derzeitigen System profitieren. An dem Punkt, an dem der Feminismus eine friedliche weiße Bewegung geworden ist, die behauptet, alle Frauen zu vertreten, aber ihr eigenes überwältigendes Weißsein nicht hinterfragt, müssen wir ernsthaft darüber nachdenken, ob es nicht besser wäre, von vorne anzufangen.

Forderungen nach Gleichstellung müssen so komplex sein wie die Ungleichheit, gegen die sie sich wenden. Die Frage ist: Wem wollen wir gleichgestellt sein? Männer sind ebenso wenig wie Frauen eine homogene Gruppe. Der Finanzminister führt ein anderes Leben als der Briefträger, der jeden Tag die Post durch meinen Briefschlitz steckt. Er hatte im Leben vollkommen andere Chancen als sein Gegenpart in der Regierung. Er wurde wahrscheinlich nicht reich geboren, und seine Eltern konnten wahrscheinlich nicht das Geld aufbringen, um ihn auf eine private Eliteschule zu schicken, die ihm für den Rest seines Lebens Oberklassenansprüche gesichert hätte. Männer leben in unterschiedlichen Welten. Manche werden mit Rassismus konfrontiert. Manche mit Homophobie. Auch wenn wir uns als Feministinnen dazu entschließen, Unterschiede zwischen Männern außer Acht lassen – will Gleichstellung wirklich Parität mit Menschen fordern, die schon immer einen unverhältnismäßig großen Teil der Ressourcen für sich beanspruchen?

Es ist klar, dass Gleichstellung allein nicht reicht. Nur um Teilhabe an unverhältnismäßiger Macht zu bitten ist eine zu höfliche Forderung. Ich will nicht miteinbezogen werden. Stattdessen will ich hinterfragen, wer diesen Standard überhaupt gesetzt hat. Nach einem Leben als Verkörperung des Unterschieds habe ich nicht das Bedürfnis, gleich zu sein. Ich will die strukturelle Macht eines Systems brechen, das mich als anders gekennzeichnet hat. Ich möchte mich nicht an den Status quo assimilieren. Ich möchte von allen negativen Unterstellungen befreit werden, die meine Charakteristika mit sich bringen. Nicht *mir* fällt die Bürde zu, mich zu verändern. Die Welt um mich herum soll sich ändern.

Als eine Forderung für den Übergang ist Gleichstellung in Ordnung, aber es wäre unaufrichtig, sie nicht als das zu sehen, was sie ist – der leichte Weg. Es besteht ein Unterschied zwischen den Aussagen »Wir möchten miteinbezo-

gen werden« und »Wir wollen euer exklusives System zerschlagen und neu gestalten«. Ersteres wird bereitwilliger
vom Mainstream akzeptiert.

Kein Blatt vor den Mund zu nehmen und eine Frau zu sein,
ganz zu schweigen davon, kein Blatt vor den Mund zu nehmen und eine Frau und schwarz zu sein, ist mit einem großen Stigma behaftet. 2013 unterstützte das Model Naomi
Campbell die Forderung, dass mehr BME Models auf den
Laufstegen der Fashion Week unterwegs sein sollten (die
Statistik besagte damals, dass 82 Prozent der Models weiß
waren), und prompt sagte ein Reporter von *Channel 4* zu
ihr: »Sie stehen in dem Ruf, ob berechtigt oder nicht, eine
ziemlich zornige Person zu sein.«[16]
    Mit der zornigen schwarzen Frau ist nicht vernünftig zu
reden. Sie widerspricht. Sie ist nicht lieb, fügsam und sym-
pathisch, wie man es von weißer Weiblichkeit erwartet.
Der Zorn macht sie hässlich und nicht gerade begehrenswert. Deswegen wird sie nie einen Mann finden und wenn
doch, wird sie ihn entmannen. Das Konzept der Emaskulation setzt die strikte Aufrechterhaltung sexistischer Ge-
schlechterrollen voraus. Das Stereotyp der zornigen schwarzen Frau schwingt Misogynie wie einen Knüppel, um ihn
Women of Colour überzuziehen. Dass zornige schwarze
Frauen Männer angeblich emaskulieren ist eine sexistische
Behauptung, weil sie Männern Eigenschaften unterstellt,
die ihre Menschlichkeit unweigerlich einschränken. Um
an Emaskulation zu glauben, muss man auch daran glauben, dass es bei Männlichkeit um Macht, Stärke und Dominanz geht. Bei Männern gelten diese Züge als großartig, bei
Frauen als unattraktiv. Insbesondere bei zornigen schwarzen

Frauen. Generell sollen Frauen nicht zornig sein. Frauen sollen lächeln, ihre Gefühle hinunterschlucken und sich aufopfern. Herrisch ist hässlich, und das Schlimmste, das eine Frau sein kann, ist natürlich hässlich. Als schwarze Frauen stehen wir sowieso ziemlich weit oben auf der Skala der Hässlichkeit. Gott bewahre, dass wir auch noch dick sind.

Der Ausdruck »zornige schwarze Frau« sagt mehr über Männlichkeit und Weißsein aus als über schwarze Frauen. Er spricht zu einem Status quo, der gleichzeitig sowohl seine erstickende Dominanz als auch seine Fragilität erkennt – von seiner im Lauf der Zeit zunehmenden Irrelevanz und seinem zwanghaften Bedürfnis, diese drohende Veränderung aufzuhalten.

Ich hatte früher Angst davor, als zornige schwarze Frau wahrgenommen zu werden. Doch schon bald wurde mir klar, dass so gut wie jedes authentische Gefühl, das ich zeigte, als Zorn gedeutet werden konnte und wurde. Meine Bestimmtheit, meine Leidenschaft und Aufgeregtheit – sie alle konnten gegen mich gewendet werden. Keinen Zorn zu zeigen hielt niemanden davon ab, mich als zornig zu bezeichnen, deswegen dachte ich: Fuck it. Ich beschloss, kein Blatt mehr vor den Mund zu nehmen. Je entschiedener meine politischen Ansichten wurden, umso mehr Männer schrien mich an. Die Performance-Künstlerin Selina Thompson sagte zu mir, dass sie an Ehrlichkeit denkt, wenn sie sich fragt, was es heißt, eine zornige schwarze Frau zu sein. Es hat keinen Sinn, den Mund zu halten, weil man gemocht werden will. Häufig wird niemand deinen Standpunkt vertreten außer dir selbst. Die schwarze feministische Autorin Audre Lorde sagte: »Dein Schweigen wird dich nicht schützen.« Wer gewinnt, wenn wir stumm bleiben? Wir nicht.

6

Hautfarbe und soziale Klasse

In der Zeit, als ich über Hautfarbe geschrieben und öffentlich gesprochen habe, wurde mir eine Frage sehr vertraut: Was ist mit der sozialen Klasse? Die Frage folgt mir, wohin ich gehe. Sie impliziert, dass nicht Hautfarbe sondern soziale Klasse die wahre Schlacht ist, die in Großbritannien geschlagen werden muss – und dass wir uns zwischen beidem entscheiden müssen. Diese Annahme weise ich mit aller Macht zurück. Aber ich will dennoch versuchen, die Frage zu beantworten. Was ist mit sozialer Klasse? Und in welchem Verhältnis steht sie, wenn überhaupt, zu Hautfarbe?

In Großbritannien ist Klasse ein wesentlicher Bestandteil für das Verständnis unserer Stellung in der Gesellschaft. Seit viktorianischen Zeiten ordnen wir uns einer von drei Kategorien zu – Arbeiterklasse, Mittelklasse, Oberklasse. Wir haben Klasse im marxistischen Sinn als die Beziehung einer Person zu den Produktionsmitteln verstanden. Es heißt, wenn du nach Stunden bezahlt wirst und deine Wohnung mietest, gehörst du zur Arbeiterklasse, wenn du ein monatliches Gehalt beziehst und deine Wohnung besitzt, bist du

Teil der Mittelklasse. Aber wir sind nicht länger ein Land voller Fabriken, Bergwerke und Stahlhütten, mit klarer Einteilung von Arbeitern und Chefs. Ich gehöre zu einer Generation, die zu einer Zeit aufgewachsen ist, in der Menschen, die älter als ich waren, von scheinbar endlosen Krediten profitierten, weswegen zwischen arm und reich nicht leicht zu unterscheiden war. Als ich zwölf Jahre alt war, verkündete der damalige Premierminister Tony Blair sein Vorhaben, dass bis zum Jahr 2010 50 Prozent der jungen Erwachsenen studieren sollten. Ein Universitätsstudium war demnach kein zuverlässiger Indikator für Klasse mehr. In meiner Generation war es wahrscheinlich, dass der erste Job im Verkauf, in der Gastronomie oder in einem Callcenter war. Die Sprache von Arbeitern und Angestellten war nie wirklich zu unterscheiden. Nach der Finanzkrise von 2008 verschwammen die Kategorien noch mehr, weil ein sicherer Arbeitsplatz nun für die meisten von einer Realität zu einem Traum wurde.

Weil wir eine Nation sind, die sich allzu gern als Underdog sieht, ist es keine Überraschung, dass eine Studie von *British Social Attitudes* 2016 zu dem Ergebnis kam, dass sich 60 Prozent der Briten zur Arbeiterklasse zählen. Interessant war, dass 47 Prozent davon Führungspositionen innehatten oder akademische Berufe ausübten – wohl kaum Arbeiterklasse. In der Analyse dieser Daten sprach die Studie von der »Arbeiterklasse im Geiste«. Sie unterschied nicht nach Hautfarben, doch bei denjenigen, die sich der Arbeiterklasse zurechneten, aber tatsächlich Mittelschichtpositionen innehatten, war die Wahrscheinlichkeit größer, dass sie Immigration gegenüber negativ eingestellt waren.[1] Wenn die Leute mich fragen: »Was ist mit Klasse?«, wenn ich über Hautfarbe spreche, frage ich mich unwillkürlich, ob sie dabei statt Geld nicht eine bestimmte Geisteshaltung im Sinn haben.

Eine der bekanntesten und aussagekräftigsten Studien zu Klasse der letzten Jahre war die *Great British Class Survey*, die von der BBC in Auftrag gegeben wurde. Rund 160 000 Personen nahmen teil. Gemäß den 2013 publizierten Ergebnissen gibt es nicht drei Klassen, sondern sieben. Die Elite bilden die reichsten Leute im Land, sie stehen ökonomisch, sozial und kulturell an der Spitze. Die etablierte Mittelschicht verfügt über den zweitgrößten Wohlstand. Sie liebt Kultur. Ihr folgt die technische Mittelschicht, die zwar Geld hat, aber nicht sehr sozial ist. Neu sind begüterte Arbeiter, die ein mittleres Einkommen haben und sozial und kulturell sehr interessiert sind. Sie stammen aus Arbeiterfamilien und haben in der Regel nicht studiert. Die traditionelle Arbeiterklasse ist im Durchschnitt die älteste Gruppe. Neu ist eine Schicht Arbeiter im Dienstleistungssektor, die hinsichtlich finanzieller Sicherheit jedoch hinterherhinkt. Das Schlusslicht bildet das Prekariat – die ärmste Gruppe.[2]

Im Gegensatz zu vielen anderen Studien hat die BBC Daten zur Hautfarbe der Teilnehmer erhoben. Die meisten People of Colour findet man unter den Arbeitern im Dienstleistungssektor, sie stellen 21 Prozent der Gruppe. Die Wahrscheinlichkeit, in diese Gruppe zu fallen, ist für uns doppelt so hoch wie die Wahrscheinlichkeit, zur traditionellen Arbeiterklasse zu gehören. Materiell gesehen sind wir tatsächlich ärmer. Ich sage »wir«, weil ich aufgrund der Berechnungen eine Arbeiterin im Dienstleistungssektor bin, ebenso wie 19 Prozent der gesamten Bevölkerung. Wir sind in der Regel jung und leben in der Stadt. Viele von uns sind nicht weiß. Wir verfügen über ein hohes kulturelles und soziales Kapital, aber kaum über ökonomisches. Unser Einkommen beträgt durchschnittlich 21 000 Pfund. Das ist mehr als die traditionelle Arbeiterklasse verdient, die überwiegend in postindustriellen Gebieten Englands lebt. Bei ihnen ist es sehr viel wahrscheinlicher, dass ihnen ihr Haus gehört und sie mehr Ersparnisse haben als meine Gruppe. Der Bericht des *Great British Class Survey* schloss, dass die neue Gruppe der Arbeiter im Dienstleistungssektor – Künstler und Geisteswissenschaftler mit Abschluss, die in Bars und Callcentern arbeiten – Kinder aus Familien der traditionellen Arbeiterklasse sind. Ich vermute, dass sie auch Kinder von Migranten sind.

Diese Informationen legen nahe, dass man, wenn man es mit strukturellen Ungleichheiten zu tun hat, nicht einfach zwischen Hautfarbe und Klasse entscheiden kann. Nicht nur existiert die dreiteilige Klassenhierarchie nicht mehr, es sieht auch so aus, als würden bestehende hautfarbenspezifische Ungleichheiten durch die Ungleichheit der Klassen nicht ausgelöscht, sondern verschlimmert. Nach Bekanntgabe des Haushalts 2015 ergab eine Analyse der Denkfabrik für ethnische Gleichstellung, *Runnymede Trust*, dass vier Millionen Menschen mit BME Hintergrund aufgrund der Sparmaßnahmen schlechter fahren würden als zuvor, dass sie in Bereichen, für die Kürzungen vorgesehen waren, überrepräsentiert waren, und das sich deswegen die hautfarbenspezifische Ungleichheit im Lauf der Zeit verstärken würde. Realität ist, dass du wahrscheinlich nicht reich geboren wurdest, wenn du nicht weiß geboren wurdest. Eine Studie der *Joseph Rowntree Foundation* belegt, dass Menschen mit BME Hintergrund mit größerer Wahrscheinlichkeit an oder unter der Armutsgrenze leben als Weiße.

Zum Zeitpunkt der Untersuchung lebten nur 20 Prozent der weißen Briten an oder unter der Armutsgrenze, dagegen 30 Prozent der Schwarzen karibischer Abstammung, 45 Prozent der Schwarzen afrikanischer Abstammung, 55 Prozent der Pakistani und 65 Prozent der Bangladeschi. Zudem lebten beunruhigende 50 Prozent der BME Kinder in Armut.[3]

Doch dieser Bericht der *Joseph Rowntree Foundation* wurde schon 2007 veröffentlicht. Zensusdaten ermöglichen eine längerfristige Analyse von Hautfarbe und Armut in Großbritannien. Die Ergebnisse des Zensus von 2011, publiziert 2014, zeigen hinsichtlich Hautfarbe und Arbeitsmarkt, dass schwarze Männer zwischen 16 und 64 die höchste Arbeitslosenquote im ganzen Land aufweisen, und dass schwarze Frauen mit größerer Wahrscheinlichkeit arbeitslos sind als weiße Frauen. Auch die Art der Arbeit korreliert mit der Hautfarbe. Männliche Pakistani, Afrikaner und Bangladeschi weisen die höchste Wahrscheinlichkeit auf, gering qualifizierte (und schlecht bezahlte) Jobs zu haben. Gemäß dem Zensus sind gering qualifizierte Jobs in der Verwaltung, in der Pflege, im Verkauf und im Kundendienst zu finden, außerdem gehören dazu Maschinenbediener. Menschen vom Subkontinent konzentrieren sich in Sektoren wie Beherbergungsgewerbe, Gastronomie und Großhandel, wohingegen BME Frauen vor allem im Gesundheitsdienst und sozialen Bereich arbeiten (was bedeutet, dass es schwarze Frauen besonders hart trifft, wenn diese öffentlichen Dienstleistungssektoren von Sparmaßnahmen betroffen sind). Männer pakistanischer und indischer Herkunft arbeiten vor allem im Groß- und Einzelhandel und als Mechaniker.[4] Das sind nicht gerade Mittelschichtsjobs.

Das sind die objektiven Zahlen. Sie deuten darauf hin,

dass viele ihre Klassenzugehörigkeit an ihrer bevorzugten Kultur und Politik und nicht an ihrer Beziehung zu Besitz und Wohlstand festmachen. In Großbritannien besteht bei Klassenzugehörigkeit – anders als bei Hautfarbe und Rassismus – weitgehend Einigkeit darüber, dass sie dein Los im Leben positiv oder negativ beeinflussen kann. Hautfarbe wird nur selten in die Analyse miteinbezogen. Wir werden stattdessen aufgefordert, Hautfarbe und Klasse als voneinander unabhängig zu betrachten. Das sind sie aber nicht.

Das soll keinesfalls heißen, dass in Großbritannien nicht auch Weiße in Armut leben. Vielmehr soll hier festgestellt werden, dass nicht alle Angehörigen der Arbeiterklasse weiß sind. Angesichts der Annahmen hinsichtlich Klasse, die von der Reinheit ethnischer britischer Exklusivität vollkommen besessen zu sein scheinen, müssen wir uns fragen, wer genau die Arbeiterklasse stellt.

Nie war ein offenes Gespräch über Klasse und Ungleichheit dringender nötig, als in der aktuellen Debatte um die Wohnungskrise in London – angesichts des Mangels an Sozialwohnungen, des kaum regulierten privaten Mietsektors und der zunehmend vergeblichen Suche nach Wohneigentum. In der Hauptstadt scheint die Invasion von Luxuswohnungen für Personen mit extrem hohen Einkommen im Osten begonnen und sich rasch nach Norden ausgebreitet zu haben. Es wurde verstörend schnell gebaut. Ich habe meine halbe Kindheit in Tottenham im Nordosten Londons verbracht. Wenn ich dort Freunde und Familie besuche, sehe ich, wie sich die Gegend verändert. Als ich an einem Herbstabend eine Straße in Tottenham entlangging, standen eingerüstete Rohbauten, wo früher Abrisshäuser gestanden hatten. Die Grundstücke waren eingezäunt, und die Bauzäune waren mit ambitionierten Plakaten gepflastert. Die Botschaft darauf war zu gleichen Teilen unheimlich und verlockend.

Die Lesart war im Grunde abhängig von der Person, die damals einen Blick darauf warf. »Genießen Sie die urbane Seite des Lebens im Herzen von Nordlondon«, stand darauf. Die Einladung richtete sich nicht an die Leute, die bereits in Tottenham lebten, sondern an Neuankömmlinge – vielleicht an potentielle Käufer, die mit Hilfe von Mama und Papa erstmals Eigentum erwerben wollten oder an potentielle Vermieter, deren einziges Ziel es war, Profit aus der Londoner Wohnungskrise zu schlagen. Das Wort »urban« war ein Codewort, das soziale Brennpunkte, Armut und Verelendung implizierte. »Urban« bedeutete in diesem Fall wie so oft (speziell in der Musikindustrie): »Hier gibt es Schwarze.« Der Zensus von 2011 belegt, dass 65 Prozent der Bewohner von Haringey keine weiße Briten waren. Der plötzliche Anstieg von Neubauten in Tottenham erregte meinen Verdacht und die Befürchtung, dass eine Ära der Gentrifizierung eingeläutet wurde – mit unabsehbaren Folgen für die demografische und soziale Zusammensetzung der Bewohner in der Gegend.

Mein Verdacht war nicht unbegründet. 2013 berichtete *The Economist*, dass zwischen 2001 und 2011 im benachbarten Londoner Bezirk Hackney die Zahl der weißen Bewohner im Stadtteil Stoke Newington um 15 Prozent und in Dalston um 26 Prozent gestiegen war.[5] Bei dem von Gentrifizierung getriebenen Wandel ging es nicht nur um Ethnien und Hautfarbe, sondern um Reichtum, Überfluss und Mobilität. Es ging auch um Klasse.

Nachdem mir die erste Einladung zum »urbanen Leben« aufgefallen war, sah ich überall in Tottenham neue Baustellen aus dem Boden sprießen. 2015 versprachen Barrieren um die neu gebauten Rivers Apartments am Spurs-Ende der Tottenham High Road Passanten »eine große sportive Entwicklung für Tottenham« – neue Wohnungen, eine neue Schule und neue Jobs. Fasziniert von den klassen- und hautfarbenspezifischen Implikationen von Londons Bauboom, beschloss ich, mir die Sache näher anzusehen, und begann, mir die öffentlich zugänglichen Dokumente der Stadtverwaltung anzuschauen.

Im selben Jahr gab der Stadtrat von Haringey Pläne bekannt, bis 2018 1900 neue Wohnungen in Tottenham zu bauen. Sie sollten Teil eines 131 Millionen Pfund schweren Erneuerungsprogramms sein, finanziert von der höchsten Verwaltungsbehörde Londons, der *Greater London Authority*. Erst einmal wirkte das wie ein positiver Beitrag dazu, den hohen Bedarf an Wohnungen in Haringey zu decken: Mitte 2015 standen 4500 Personen auf der Warteliste für eine Sozialwohnung. Der Stadtrat beschloss, dass die Hälfte der Wohnungen bezahlbar gebaut werden sollte, zwei Drittel davon sollten vermietet werden, ein Drittel gemeinschaftliches Eigentum sein. Endlich eine Reaktion auf die Wohnungskrise.

Doch als ich mir die Pläne genauer anschaute, ergab sich ein anderes Bild. Eine faszinierende Koalition von Menschen hatte sich zusammengefunden, um zu hinterfragen, wer wirklich von den neuen Wohnungen in Tottenham profitieren würde, und sie stießen auf überzeugende Antworten, was Hautfarbe, Klasse, Wohlstand und Zugangsberechtigung betraf. Ein Aktivist sagte zu mir: »Wir sind nicht gegen Stadterneuerung. Diese Gegend braucht Erneuerung und Investitionen für die Bewohner, die hier leben.« Seine Ansicht teilte ein anderer Aktivist: »Die Leute würden gern Verbesserungen sehen. Aber was für Verbesserungen und für wen?«

Die Frage war, ob die bedürftigsten Bewohner mit niedrigem Einkommen – überwiegend Schwarze – überhaupt etwas von dem Projekt hätten. Die Kritik richtete sich vor allem gegen die Entscheidung der Kommune, »bezahlbarem Wohneigentum hohe Priorität zu geben«. Im Bericht des Stadtrats zu den Auswirkungen jener Wohnungsbaustrategie auf die Gleichberechtigung und -behandlung (*Equality Impact Assessment*, EQIA) stand: »Es besteht die Möglichkeit, dass schwarze Bewohner von Haringey im Lauf der Zeit nicht von den Plänen, mehr bezahlbares Wohnungseigentum zu fördern, profitieren werden. Weißen Haushalten werden sie eher zugute kommen.« Die 250 vorgesehenen Sozialwohnungen, die bis 2018 gebaut werden sollten, reichten gerade einmal für fünf Prozent der Personen auf der Warteliste, schloss der Bericht. Die Ergebnisse waren vernichtend. Doch der Stadtrat von Haringey argumentierte, dass er Wohnungen auch privat verkaufen musste, weil die von der Regierung zugesagten Finanzmittel nicht für das gesamte Projekt reichten.

Um wirklich zu verstehen, was hier passierte, muss man diese Wohnungsbaupläne im Kontext von Tottenhams ethnischer und sozialer Geschichte sehen. 2015 verdiente ein Bewohner von Haringey durchschnittlich 24 000 Pfund im Jahr. Diese Zahl liegt über dem landesweiten Durchschnitt von 22 044 Pfund, aber unter dem durchschnittlichen Gehalt von 34 473 Pfund in der Londoner City. Das Durchschnittseinkommen in Haringey wird jedoch von den erheblichen Einkommensunterschieden im Viertel verzerrt.

Der Stadtrat nennt das die »Ost-West-Teilung«. In Tottenham Hale, Ost-Haringey, wo die neuen Wohnungen gebaut werden sollten, arbeitet der größte Teil der Bewohner ungelernt im Verkauf und im Dienstleistungsgewerbe, als Putzkräfte, Kuriere, bei der Müllabfuhr. Im Vergleich dazu arbeiten 23,9 Prozent der Gesamtbevölkerung in Haringey als ausgebildete Fachkräfte. Das ist eine klare Trennung nach Klassen. Im wohlhabenden westlichen Teil von Haringey ist der Anteil an Eigentumswohnungen hoch – in Stadtteilen wie Muswell Hill, Crouch End und Highgate –, im Osten dagegen – in den Vierteln Seven Sisters, White Hart Lane oder Tottenham Hale – leben die Leute überwiegend in Sozialwohnungen. Dementsprechend sind die Einkommen in West-Haringey hoch und in Ost-Haringey niedrig. Dieser Graben wird noch tiefer, berücksichtigt man Hautfarbe, da die Weißen im Westen überproportional repräsentiert sind und Schwarze überproportional im Osten. Im Westen, in Muswell Hill, Crouch End und Highgate, sind über 80 Prozent der Bewohner weiß, in den östlichen Vierteln Northumberland Park und Tottenham Hale leben im Vergleich dazu nur 40 Prozent weiße Bewohner.

In einem Bericht des *Runnymede Trust* und der Manchester University wird Haringey zu einem der Orte in England und Wales erklärt, in dem die Ungleichheit am größten ist.[6] Und laut dem EQIA des Stadtrats ist in Tottenham die Wahrscheinlichkeit, obdachlos zu werden, für alleinerziehende Mütter am höchsten. Die Zahl der alleinerziehenden Mütter, die sich obdachlos meldeten, stieg 2015 an. Daraus kann man schließen, dass vor allem Frauen – höchstwahrscheinlich mehrheitlich schwarz, höchstwahrscheinlich Mütter – in prekäre Lebenssituationen gedrängt wurden. Der Stadtrat reagierte darauf, indem er ihre Bedürfnisse bei seinen Bauvorhaben ignorierte.

Im März 2015 schwappte die Unzufriedenheit mit den Wohnungsbauplänen des Stadtrats auf die Lokalpolitik über. Ein Ausschuss der Labour Party in Tottenham verabschiedete einstimmig einen Dringlichkeitsbeschluss, der die Besorgnis zum Ausdruck brachte, dass das Wohnungsbauprojekt des Stadtrats »den schwarzen Bewohnern die Bürde auferlegt, ihr Einkommen zu erhöhen, um sich die angebotenen neuen Wohnungen leisten zu können, und nicht in Betracht gezogen hat, was der Stadtrat unternehmen sollte, um Chancengleichheit herzustellen und Diskriminierung auszuschließen«. Der Beschluss gab nicht die Meinung der Stadträte der Labour Party wieder, aber er machte die allgemeine Unzufriedenheit öffentlich.

Als ich den Stadtrat von Haringey nachdrücklich um eine Erklärung für die ethnisch exklusiven Bauvorhaben bat, sagte Alan Strickland, zuständig für Bauwesen und Stadterneuerung: »Wo Leute aufgrund ihres Einkommens zu kämpfen haben, um Zugang zu verschiedenen Typen von Wohnungen zu haben, muss natürlich das Einkommen thematisiert werden. Das muss sich durch Qualifikation und Jobs, Ausbildung und Anstellung ergeben. Durch unsere wirtschaftliche Entwicklung und Arbeit wollen wir definitiv sicherstellen, das wir die Chancen verbessern, damit alle sich diese neuen Wohnungen leisten können.« Im Kontext systematischer hautfarbenspezifischer ökonomischer Benachteiligung schien das eine unrealistisch ehrgeizige Ausrede zu sein. Wenn wir das Problem noch nicht einmal auf nationaler politischer Ebene gelöst haben, wie soll das dann bitteschön ein einzelner Stadtrat schaffen? Aber die Pläne wurden weitergetrieben. Mitte 2016 erfuhr ich von einer Quelle mit Verbindungen zum Stadtrat von Haringey, dass dieser nicht vorhatte, eine Kehrtwende zu vollziehen – trotz der soliden Belege, dass die Pläne Schwarze aus dem Stadtteil vertreiben könnten.

Das ist nur ein Stadtteil in einer Großstadt. Aber es ist ein deutliches Beispiel dafür, wie Hautfarbe und Klasse in Großbritannien miteinander verwoben sind. In diesem Fall bedeutet der Bau von Wohnungen außerhalb der Reichweite der Arbeiterklasse, dass sie auch außerhalb der Reichweite von Schwarzen sind.

Wir sollten das Bild überdenken, das wir vor uns sehen, wenn wir uns einen Angehörigen der Arbeiterklasse vorstellen. Statt eines weißen Mannes mit Schiebermütze ist es heute eine schwarze Frau, die einen Kinderwagen schiebt. Es lohnt sich, genau nachzufragen, wer etwas von der Unterstellung hat, dass nur Weiße aus der Arbeiterklasse unser Mitgefühl verdienen oder dass es Menschen mit BME Hintergrund sind, die auf Kosten der weißen Arbeiterklasse, die auf der Verliererseite steht, rare Ressourcen horten.

In den letzten zehn Jahren ist ein scheinbar harmloser Ausdruck in der britischen Politik heimisch geworden. Der Ausdruck »weiße Arbeiterklasse« soll eine Gruppe benachteiligter und unterrepräsentierter Menschen in Großbritannien beschreiben. Als Liz Kendall, Unterhausabgeordnete der Labour Party für den Wahlkreis Leicester West, 2015 ihren Hut für die Wahl zur Parteivorsitzenden in den Ring warf, machte sie explizit deutlich, dass sie sich für weiße

Kinder aus der Arbeiterklasse einsetzen wollte. Um alle Zweifel an ihrer Kandidatur auszuräumen, traf sie sich mit Journalisten und sagte, sie wolle, dass Labour »sein Bestes für Kinder tut, besonders in weißen Arbeitergemeinden.«[7] Sie schien anzudeuten, dass diese Kinder nicht nur aufgrund ihrer Klassenzugehörigkeit diskriminiert und benachteiligt würden. Sondern auch aufgrund ihrer weißen Hautfarbe.

Und als die BBC den Plan verkündete, den Mitarbeiteranteil von People of Colour erhöhen zu wollen, um die Überrepräsentation von Weißen vor und hinter der Kamera zurückzufahren, nahm der konservative Politiker Philip Davies großen Anstoß an der Entscheidung. Mr Davies war so empört, dass er beschloss, es mit Tony Hall, dem Generaldirektor der BBC, aufzunehmen. In einer Sitzung des Unterhausausschusses für Kultur, Medien und Sport sagte Davies in einer Konfrontation mit Hall: »Wenn ich einen weißen Wähler aus der Arbeiterklasse habe, der diese Chance möchte … warum sollte man sie ihm verweigern, nur weil Sie sich ein politisch korrektes Ziel gesetzt haben?«[8] Erneut ist hier die Unterstellung am Werk, dass Hautfarbe und Klasse zwei unterschiedliche Hemmnisse sind, die direkt miteinander konkurrieren. Der Ausdruck *weiße Arbeiterklasse* spielt auch der extremen Rechten und ihrer Rhetorik in die Hände. Wenn man dem Wort »Arbeiterklasse« das Wort »weiß« voranstellt, impliziert man, dass diese Menschen strukturell benachteiligt sind, weil sie weiß sind, und nicht, weil sie der Arbeiterklasse angehören. Das sind erneut hochgewürgte alte Ängste, Ängste, die nahelegen, dass die wahren Opfer von Rassismus Weiße sind, und dass dieser umgekehrte Rassismus aufgrund einer unfairen »Sonderbehandlung« Schwarzer existiert. Als sich Philip Davies gegen positive Diskriminierung bei der BBC aussprach, schien er das Vorhaben als einen Angriff auf seine weißen Wähler aus der Arbeiterklasse zu interpretieren und nicht auf die weißen Mittelschichtmanager und -geschäftsführer der BBC.

Und so müssen wir uns mit eingebildetem umgekehrten Rassismus beschäftigen, statt mit den tatsächlich existierenden Klassenvorurteilen. Es ist erstaunlich, wie Nick Griffins Gerede über eine belagerte weiße Arbeiterklasse keine zehn Jahre nach seiner politischen Hochphase in den Mainstream eingegangen ist. Die Privilegien der Mittel- und Oberschicht werden nicht angegriffen, wenn wir uns nur auf das Elend der weißen britischen Arbeiterklasse fokussieren. Stattdessen rücken dunkelhäutige Menschen in den Fokus des Problems: Die Migranten. Es herrscht eine Mentalität der Knappheit. »Es gibt Menschen, denen der Wandel in ihren Gemeinden zu schnell geht. Sie sind der Meinung, dass die Regierung diese Gebiete nur mit unzureichenden Ressourcen ausgestattet hat, um auf diesen Wandel reagieren«, sagte Baronin Sayeeda Warsi 2009 in einer Folge von BBC *Question Time*. Damals war sie Schattenministerin für Gemeinwesenbeziehungen der Konservativen. »Das ist keine Debatte über Hautfarbe«, sagte sie. »Das ist eine Debatte über Ressourcen.«

Obwohl Baronin Warsi etwas optimistisch versuchte, die Bedingungen der Debatte zu verändern, richtet sich der Groll weiterhin gegen die Migranten. Die Politik der Regierung hat dieses Gefühl der Knappheit weiter geschürt. Maßnahmen wie das Vorkaufsrecht, das es Mietern von Sozialwohnungen in den 1980er Jahren ermöglichte, die Wohnung, in der sie lebten, zu äußerst günstigen Konditionen zu kaufen, reduzierten die Anzahl der Sozialwohnungen. Noch heute bemühen sich Stadträte, das verkaufte Eigentum zu ersetzen. Zwischen 2015 und 2016 wurden 12 246 Sozialwohnungen gemäß dem Vorkaufsrecht in England an Mieter verkauft; bis heute hat erst der Bau von 2055 Wohnungen begonnen.[9] Das ist eine Folge der Regierungspolitik und nicht habgierigen Migranten in die Schuhe zu schieben, die angeblich Wohnungen horten.

Ein Ende der Einwanderung würde nicht verhindern, dass Briten in Armut und prekären Wohnverhältnissen leben müssen. Es gibt keine Beweise dafür, dass das Leben für arme Weiße einfacher oder besser würde, wenn »Leute wie ich« alle »dorthin zurückgehen würden, woher wir gekommen sind«. Das System und die Methoden, die eine Klassenhierarchie etablieren, wären immer noch wirksam.

Wir müssen uns fragen, warum sich Politiker nur dann für Probleme der Klasse und Armut interessieren, wenn Weiße betroffen sind. Wenn die Hautfarbe nicht erwähnt wird, ist die Arbeiterklasse kein Objekt politischer Maßnahmen. Tatsächlich war Klasse ein politisches Tabu, bevor das Gerede von der weißen Arbeiterklasse einsetzte. Als Margaret Thatcher 1987 sagte, dass es so etwas wie Gesellschaft nicht gebe, verstärkte sie die landesweite Auffassung, dass ausschließlich individueller Ehrgeiz eine Person im Leben weiterbringen würde. Obwohl wir als Land von Klassenzugehörigkeit besessen sind, haben wir uns lange Zeit vorgemacht, sie sei überhaupt nicht wichtig.

Doch jetzt fürchte ich, dass wir die Ansichten der extremen Rechten über anständige, hart arbeitende weiße Briten, die von Migranten bedrängt werden, zu eilfertig übernommen haben. Laut einem Bericht des Marktforschungsinstituts Ipsos MORI von 2014 dachten Briten, dass der im Ausland geborene Bevölkerungsanteil im Land bei 31 Prozent liegt, während es tatsächlich nur 13 Prozent sind.[10] Derselbe Bericht stellt fest, dass die Wahrscheinlichkeit, Migranten für eine Belastung der öffentlichen Hand zu halten, mit der Höhe des Einkommens steigt. Heute wird die Arbeiterklasse nicht mehr für die Anmaßung ihrer bloßen Existenz beschimpft; es wird ihr stattdessen eine helfende Hand gereicht, solange es in Opposition zu diesen habgierigen ethnischen Minderheiten geschieht. Man stellt dem Wort Arbeiterklasse das Wort »weiß« voran, um Unterstellungen zu Ethnie, Arbeit und Armut zu machen, die die währungsgleichen Machtstrukturen des Weißseins verstärken.

Wenn es um den Dialog über Ethnien und Hautfarbe, Vielfalt oder auch nur die leiseste Andeutung von liberal gesinnter Inklusion geht, interessiert sich die eigennützige weiße Mittelschicht auf einmal wieder für das Vorankommen der weißen Arbeiterklasse. In den Händen derer, die alles haben, werden die Klasse und die Hautfarbe derer, die nichts haben, gegeneinander ausgespielt. Nichts könnte weiter weg sein von der Wahrheit als der Mythos der raffgierigen Migranten, die sich einschleichen und der weißen Arbeiterklasse die Chancen stehlen. Einer Recherche des *Economist* zufolge, in der Daten des *Office of National Statistics* ausgewertet wurden, nutzen die reichsten Briten Dienstleistungen wie öffentliche Verkehrsmittel und Gesundheitswesen signifikant öfter zu ihrem Vorteil als die ärmeren,[11] was beweist, dass die bereits Wohlhabenden gut darin sind, Ressourcen in Beschlag zu nehmen. Der Mythos des raffgierigen Migranten dient jedoch einem ganz bestimmten Zweck, nämlich die Interessen derer zu fördern, die die derzeitige Ordnung der Dinge unbedingt beibehalten wollen.

Das ist ein klassischer (und sehr erfolgreicher) Fall von »spalte und herrsche«. Es klingt nach Klischee, aber wenn jeder, der etwas gegen seine immigrierten Nachbarn hat, sich die Zeit nehmen und etwas über ihr Leben herausfinden würde, dann wüsste er wahrscheinlich, dass diesen Menschen nicht alles auf einem Silbertablett serviert wird, dass sie in ärmlichen beengten Verhältnissen leben und vermutlich noch schlimmere Bedingungen zurückgelassen haben.

Jahre, bevor in diesem Land eine signifikante Zahl Schwarzer und Migranten lebte, gab es eine fest verwurzelte Klassenhierarchie. Denen, die sie aufrechterhalten, waren die ganz unten gleichgültig, und sie sind es ihnen auch heute noch. Aber Personen, die alles den Migranten in die Schuhe schieben, wollen, dass wir mit dem Finger auf unsere Nachbarn zeigen und uns überzeugen, dass sie das Problem sind, statt zu fragen, wo sich der Reichtum in diesem Land konzentriert und *warum* genau Ressourcen so begrenzt sind. Leuten, die diese Form der Rhetorik verbreiten, ist es ohnehin völlig gleichgültig, solange wir mit dem Finger nicht auf sie deuten. Es stimmt einfach nicht, dass jeder Zuwachs an ethnischer Gleichheit einen Verlust für die weiße Arbeiterklasse zur Folge hat. Wenn sozial mobile Schwarze es schaffen, in von Weißen dominierte Sphären vorzudringen, ergreifen sie oft Maßnahmen (z. B. zur Diversifizierung), um andere mitzunehmen. Und sie sind einfach *sichtbarer* als Weiße. Wenn versucht wird, schwarze Repräsentation zu fördern, höre ich klassenbasierte Aufschreie von Leuten, die in der Position wären, Angehörige der Arbeiterklasse mitzuziehen, wenn sie wollten. Aus irgendeinem Grund tun sie es nicht, sind aber schnell dabei, andere Arten von Fortschritt zu blockieren.

Obwohl also Klasse und Hautfarbe untrennbar miteinander verwoben sind, kann die Vorstellung, voranzukommen und sozial aufzusteigen, für People of Colour bittersüß sein. Migrantenkindern wird von wohlmeinenden Eltern häufig versichert, dass Bildung ihnen den Zugang zur Mittelschicht öffnet und sie vom Rassismus befreit. Wir sollen uns anstrengen, an einer guten Universität studieren und eine gute Stelle finden.

Wir können unseren Eltern nicht vorwerfen, dass sie sich für uns ein besseres Leben und bessere Chancen wünschen, als sie hatten. Doch nach dem Abschluss des Studiums merkte ich schnell, dass mich soziale Mobilität nicht retten würde. Statistiken stützen diese Vermutung. Als die Gewerkschaften sich die Daten der *Labour Force Survey* des *Office for National Statistics* anschauten, stellten sie fest, dass schwarze Angestellte für die gleiche Arbeit zunehmend weniger verdienten als ihre weißen Kollegen, und dass dieser Gehaltsunterschied mit höherer Qualifikation *größer* wurde. Schwarze bis zur mittleren Reife bekamen elf Prozent weniger. Schwarze mit Abitur erhielten im Schnitt 14 Prozent weniger, und schwarzen Hochschulabsolventen wurde durchschnittlich 23 Prozent weniger gezahlt als weißen.[12] Ein Talar und ein Abschlusszeugnis schützen schwarze Akademiker nicht vor Diskriminierung.

Kinder von Migranten haben sich den Forderungen der Farbenblindheit still und leise gefügt und alle Anzeichen ihrer Kultur und ihres Erbes abgelegt, um sich anzupassen. Wir haben auf unsere sozial konservativen Eltern gehört und uns bis zum Abwinken gebildet. Wir haben unser Bauchgrimmen für uns behalten und unser Aussehen, unsere Namen, Akzente und Kleidung verändert, um uns dem Status quo anzupassen. Wir haben uns auf die Zunge gebissen, uns gängigen Urteilen angeschlossen und in dem Bemühen, keinen Staub aufzuwirbeln, weiße Gefühle mit Samthandschuhen angefasst. Wir waren tolerant bis zu dem Punkt, dass wir Hautfarbe nicht einmal mehr erwähnt haben, damit uns nicht vorgeworfen wird, die Ethnienkarte auszuspielen. Vergessen wir das Politikergerede über das angeblich tolerante Großbritannien. In dem Land, in dem man geboren wurde, ständig wie eine Außerirdische angeschaut zu werden, erfordert wahrhaft Toleranz.

Ich glaube nicht, dass Klassenprivilegien, Geld oder Bildung einen vor Rassismus bewahren können. Ich ermuntere Kinder aus armen Familien mit Nachdruck, die Ausbildung zu machen, die sie sich wünschen, und ihre Träume zu verfolgen, aber ich will, dass sie wissen, dass das allein dem Rassismus kein Ende setzen wird. Es ist nicht ihre Aufgabe, die Denkweise der Menschen mit schicken Anzügen, glatten Haaren und einem Job in einem börsennotierten Unternehmen zu verändern.

Sozialer Aufstieg erfordert ein Mindestmaß an Erfolg, und wenn man nicht weiß ist, ist Erfolg ein zweischneidiges Schwert. Selbst wenn du wirklich hart arbeitest und es ganz nach oben schaffst, wird darüber diskutiert werden, ob du es wegen oder trotz deiner Hautfarbe so weit gebracht hast. Als eine Frau, die nicht weiß war – die Dichterin Sarah Howe – den T. S. Eliot Preis für Dichtung gewann, der mit

20 000 Pfund dotiert ist, stellte die Satirezeitschrift *Private Eye* ihren Erfolg infrage und schrieb: »Als erfolgreiche und sehr ›vorzeigbare‹ junge Frau anglo-chinesischer Abstammung kann man Howe als salonfähigere Botschafterin der Dichtkunst sehen als die verdienten alten Griesgrame, die sie abserviert hat.«[13] Die Unterstellung könnte nicht deutlicher ausfallen: Ihr Erfolg war nichts weiter als eine Übung im Häkchen machen. Menschen, die nicht weiß sind und außerhalb der ihnen zugestandenen Bereiche Erfolg haben (für Schwarze sind diese Bereiche Gesang und Sport), sind verdächtig. Und wenn du eine junge Frau bist, werden manche glauben, dass du nur Erfolg hast, weil ein imaginierter männlicher Vorgesetzter mit dir schlafen will. Der Grund deines Erfolgs wird nie in deiner harten Arbeit, deinem Willen oder deiner Entschlossenheit vermutet. Für manche ist nichts bedrohlicher, als die Neuverteilung des kulturellen Kapitals.

Die Vorstellung durchzusetzen, dass Hautfarbe und Klasse miteinander verzahnt und nicht zwei getrennte Kategorien sind, wird harte Arbeit. Millionen Gedankenblasen, die den Diskurs über Klassenzugehörigkeit in diesem Land derzeit dominieren, müssen zum Platzen gebracht werden. Politiker und Kommentatoren müssen aufgerüttelt werden, und ihre Geschichten von der weißen Arbeiterklasse, die von egoistischen und undankbaren Migranten bedrängt wird, müssen als das bezeichnet werden, was sie sind – Unsinn, der Hass schürt. Die »spalte und herrsche«-Devise dient keinem sinnvollen Zweck, wenn es um Klassensolidarität geht, und sie hilft auch nicht gerade effektiv dabei, Menschen aus der Armut zu holen. Wir wissen, dass gezielte

Maßnahmen zur Verringerung der Ungleichheit zwischen den Klassen auch dazu beitragen, Ungleichheit aufgrund der Hautfarbe zu mildern, weil so viele schwarze Haushalte einkommensschwach sind. Aber wir dürfen nicht so naiv sein zu glauben, dass die Mächtigen auch nur das leiseste Interesse daran haben, zugunsten einer gerechteren Gesellschaft etwas von ihrer Macht abzugeben. Auch wenn Weiße aus der Arbeiterklasse und Menschen mit BME Hintergrund viel gemeinsam haben, dürfen wir nicht vergessen, dass ihre Erfahrungen einerseits sehr ähnlich, andererseits sehr unterschiedlich sind.

Die einen sind mit Klassenvorurteilen konfrontiert, die anderen mit rassistisch aufgeladenen Klassenvorurteilen. Diese Komplexität müssen wir in Rechnung stellen, wenn wir jemals wirklich verstehen wollen, was es in Großbritannien heute heißt, der Arbeiterklasse anzugehören.

7

Es gibt keine Gerechtigkeit, es gibt nur uns

»Wann glaubst du, werden wir einen Endpunkt erreicht haben?«

Ich bin in einem College im Süden Londons und diskutiere mit einer großen Gruppe Jugendlicher über Rassismus in Großbritannien. Eine 17-Jährige hat die Frage gestellt. Ihre Lehrerin wiederholt sie. Sie sind beide weiß.

»Es ist kein Ende in Sicht«, antworte ich. »Man kann nicht zum Ende springen und die schwierige chaotische Debatte davor einfach auslassen. Damit mühen wir uns immer noch ab.«

Nach der Veranstaltung schart sich eine aufgeregt diskutierende Gruppe schwarzer Teenager um mich. »Ich glaube, die Leute, die zu einem Ende springen wollen, sind die, die von dem Thema nicht wirklich betroffen sind«, sagt ein Mädchen. Ich bin beeindruckt von ihrer Einsicht.

Als Barack Obama zum Präsidenten der Vereinigten Staaten gewählt wurde, hieß es sofort, dass wir jetzt in Zeiten lebten, in denen Hautfarbe keine Rolle mehr spielt. Aber diesen Erfolg zu verkünden hieß, jede Diskussion über Rassismus zu unterbinden – darauf zu bestehen, dass wir nach vorn gespult hatten und jetzt alles okay war. Dass es keinen Grund zur Klage mehr gab. »Endpunkt« ist das neue »postethnisch«. Das Narrativ hat sich etwas verändert. »Postethnisch«, das hieß, nur den Rassismus in der Vergangenheit einzugestehen und darauf zu beharren, dass die Gegenwart ein antirassistisches Utopia ist. Mit »Endpunkt« gibt man den gegenwärtigen Rassismus zu, will sich aber nicht allzu lange damit aufhalten und hofft, dass das antirassistische Utopia gleich um die Ecke wartet. Vertreter beider Standpunkte sprechen nicht gern über Rassismus.

Ich wollte die Jugendlichen im College nicht enttäuschen, aber meine Rede hatte kein Happy End. Großbritanniens Verhältnis zu Hautfarbe und Rassismus ist keine nette Geschichte mit einer Wohlfühllösung. Veränderung vollzieht sich im Schneckentempo, und Rassismus wird es noch lange, nachdem ich gestorben bin, geben. Aber wenn du dich dem Antirassismus verschrieben hast, weißt du, dass es ein langer Weg bis zum Ziel ist. Es wird schwierig werden. Bis zum Endpunkt wird es ungemütlich.

In meinem ursprünglichen Blogpost von 2014 schrieb ich von einer Distanz in der Kommunikation, die so frustrierend war, dass ich nicht mehr mit Weißen über Hautfarbe sprechen wollte. Ich glaube noch immer, dass es diese Distanz gibt, und bin mir nicht sicher, ob wir sie jemals werden überwinden können. Wenn ich heute über Rassismus diskutiere, reagieren Weiße nach wie vor damit von ihrer Komplizenschaft abzulenken, indem sie über »schwarze Identität« und darüber, was es heißt, schwarz zu sein, sprechen. Vielleicht berichten sie händeringend über das, was sie »Identitätspolitik« nennen – ein Begriff, mit dem die Mächtigen heute den Widerstand der strukturell Benachteiligten beschreiben. Aber sie engagieren sich nicht wirklich im Gespräch, stattdessen verlangen sie, dass sich die Leute nicht in kleine Gruppen aufteilen sollen, und behaupten, dass wir alle eine Ethnie sind, »die Menschen«. Über Rassismus zu diskutieren ist nicht das Gleiche, wie über »schwarze Identität« zu diskutieren. Über Rassismus zu diskutieren heißt, über weiße Identität zu diskutieren. Über weiße Angst. Zu fragen, warum Weißsein das reflexhafte Bedürfnis hat, sich selbst als Gegenpol zum Schreckgespenst des Migranten zu definieren, um sich gut und sicher zu fühlen. Wie kommt es, dass Weiße, wenn ich etwas sage, etwas völlig anderes hören?

Weiße fragen mich oft sehr ernst, was sie tun können, um dabei zu helfen dem Rassismus ein Ende zu setzen. Antirassistische Arbeit – die Logistik, die Strategie, die Organisation – muss von den Menschen ausgehen, die der Angriffspunkt schmerzhaften Unrechts sind. Aber ich glaube auch, dass Weiße, die Rassismus zugeben, eine ungeheuer wichtige Rolle spielen. Diese Rolle können sie nicht ausfüllen, wenn sie sich in Schuldgefühlen ergehen. Weiße sollten Gruppen, die die entscheidende Arbeit tun, finanziell oder organisatorisch unterstützen. Oder in heiklen Situationen als Unbeteiligte einschreiten. Sich in exklusiv weißen Umfeldern für antirassistische Anliegen einsetzen. Weiße, ihr müsst mit anderen Weißen über Hautfarbe sprechen. Ja, ihr werdet vielleicht als radikal abgelehnt, aber ihr habt nur wenig zu verlieren.

Sprecht mit anderen Weißen, denen ihr vertraut. Sprecht mit Weißen in Bereichen eures Lebens, in denen ihr Einfluss habt. Wenn euch euer unverdientes Privileg belastet, nutzt es für etwas, und nutzt es, wo es zählt. Aber tretet nicht als Antirassisten auf, um euch wichtig zu machen. Weiß und im Privat- oder Berufsleben, wo kaum Lob zu erwarten ist, antirassistisch zu sein, ist viel schwieriger, aber letztlich wichtiger. Als Jeremy Corbyn 2015 zum Vorsitzenden der Labour Party gewählt wurde, waren viele im politischen Establishment aufgebracht, weil sie ihn für zu extrem hielten. Als er sein erstes Schattenkabinett vorstellte, waren politische Kommentatoren plötzlich besorgt, weil die wichtigsten Posten – Außenminister, Innenminister, Finanz- und Wirtschaftsminister – an weiße Männer gingen. Ein Kolumne dazu im *Telegraph* begann: »Der Labour-Vorsitzende ist ein weißer Mann. Sein Stellvertreter ist ein weißer Mann. Sein Schattenfinanzminister ist ein weißer Mann. Sein Schattenaußenminister ist ein weißer Mann. Sein Schatteninnenminister ist ein weißer Mann. Willkommen in der neuen Politik.«[1]

Dieses plötzliche Interesse am unerträglichen Weißsein der Politik erschien mir vollkommen unaufrichtig. Es war ein Beispiel dafür, wie die Sprache der Befreiung für politischen Fußball benutzt werden kann. Da diese politischen Kommentatoren den Antirassismus nur entdeckt hatten, um gegen Jeremy Corbyn ins Feld zu ziehen, hatten sie kein echtes Interesse daran, die überwältigend weiße politische Landschaft aufzumischen. Sie hatten kein Interesse daran, die klassen- und hautfarbenspezifischen Standards umzukrempeln, die People of Colour in der Berufspolitik marginalisieren. Es war Antirassismus zu Showzwecken.

Und online konnte die performative Natur des Antirassismus in den sozialen Medien nicht offensichtlicher sein als nach den Terroranschlägen in Paris. Mitte November 2015 sprengten sich Selbstmordattentäter in dicht bevölkerten Gegenden von Paris in die Luft. Zur selben Zeit stürmten bewaffnete Männer zwei Restaurants, eine Bar und den Konzertsaal Bataclan, schossen um sich, verletzten Hunderte und töteten 130 Menschen.

Auf die Anschläge von Paris folgte ein Ausbruch an Anteilnahme in den sozialen Medien. Facebook richtete für seine Nutzer in Paris eine spezielle Statusmeldung ein, auf der sie markieren konnten, dass sie in Sicherheit waren. Diese öffentliche Anteilnahme veranlasste manche, nicht nur auf Facebook, sondern auch bei Freunden und Bekannten zu fragen, warum sie um die einen trauerten, um andere aber nicht. Die Antworten hatten immer etwas mit Ethnie, Werdegang und Standort zu tun – wer ist ein Terroropfer, »mit dem man sich identifizieren kann«, und wer nicht. Und dann passierte etwas sehr Merkwürdiges. Während traditionelle Medien weiter über die Terroranschläge in Paris berichteten, wurde überall auf Facebook und Twitter die Geschichte des sieben Monate zurückliegenden Terroranschlags an der Garissa University, Kenia geteilt. Zwei Tage nach den Pariser Anschlägen war der Bericht über den Anschlag in Kenia der am meisten gelesene auf der Nachrichtenwebsite der BBC. Das Trending-Team der BBC gab bekannt: »Ungefähr drei Viertel der Zugriffe auf die Geschichte erfolgten über soziale Netzwerke und nicht über die Startseite der BBC Nachrichtenwebsite. Ungefähr die Hälfte der Zugriffe kam aus Nordamerika, ein Viertel aus Großbritannien. Insgesamt wurde die Geschichte in etwas über zwei Tagen mehr als 10 Millionen Mal abgerufen – oder viermal so oft wie zur tatsächlichen Zeit des Anschlags im April.«[2]

Hier wurde offenbar ein unbeholfener Versuch unternommen, Solidarität mit der kenianischen Bevölkerung zu zeigen, um nach den Anschlägen von Paris eine Aussage über Empathie, Ethnie und Mitgefühl zu treffen. Das Trending-Team der BBC meldete bezeichnenderweise, dass die Reaktion in den sozialen Medien nach dem Anschlag im April völlig lustlos ausgefallen war. Das Wiederaufleben der Geschichte, sollte Trauer hervorrufen – oder Schuldgefühle bei bereits Trauernden wecken –, um etwas zu beweisen, was ausschließlich auf oberflächlichen performativen Antirassismus zurückzuführen ist. Um es klar auszudrücken, die Kenianer hätten diese Solidarität und diese Aufmerksamkeit in den sozialen Netzwerken im April gebraucht. Nicht sieben Monate später im November als wichtigtuerischen Akt, um zu »beweisen«, dass Menschen in Großbritannien und den USA auch während der Berichterstattung über die Anschläge in Paris großes Mitgefühl für Länder mit dunkelhäutiger Bevölkerung aufbrachten, die von Terroranschlägen heimgesucht wurden. Der Anschlag in Kenia wurde zynisch als Gelegenheit missbraucht, sich selbst und Freunden zu beweisen, dass man über soziales Bewusstsein verfügte. Dass man zu den Guten gehörte. Dass man glaubte, schwarze Leben seien wichtig.

Solidarität als rein performativer Akt befriedigt nur den, der sie zum Ausdruck bringt. Eine ans Revers gesteckte Sicherheitsnadel nach dem Brexit-Referendum, das zu einem Referendum über Migration umgemünzt wurde, ist symbolisch, verhindert jedoch keine einzige Abschiebung. Wir müssen uns selbst gegenüber wirklich ehrlich sein und unsere eigene Voreingenommenheit eingestehen, bevor wir daran denken, für ein Publikum den Antirassisten zu spielen.

Das Perverse an unserer derzeitigen ethnischen Hierarchie ist, dass es denen ganz unten zufällt, sie zu verändern. Doch Rassismus ist ein weißes Problem. Er offenbart die Ängste, die Scheinheiligkeit und die doppelten Standards des Weißseins. Es ist ein Problem in der Psyche des Weißseins, und Weiße haben die Verantwortung, es zu lösen. Von außen kann man nur beschränkt Einfluss nehmen.

Nachdem ich 2014 erklärt hatte, dass ich mit Weißen nicht mehr über Hautfarbe sprechen wollte, wollten mich plötzlich viel mehr Leute, Weiße und andere, über Hautfarbe reden hören. Nachdem ich ausgesprochen hatte, wovon man mir stets abgeraten hatte, es öffentlich zu machen, wollten plötzlich alle wissen, was ich zu sagen hatte. Meine Grenzen zu ziehen hatte meine Erlaubnis zu sprechen erneuert.

Eins ist mir vollkommen klar: Über Hautfarbe zu schreiben kommt dem verzweifelten Hunger auf Diskussion entgegen, den diejenigen spüren, die von den Themen betroffen sind. In gewisser Weise kann ich diese Verzweiflung, diesen Hunger verstehen. Deswegen habe ich angefangen zu schreiben. Ich habe politische Kommentare verfasst, weil ich den Konsens verändern, die engen Grenzen politischer Ideen, die als akzeptabel gelten, öffnen wollte. Doch im Lauf der Jahre bin ich mir nicht nur der Notwendigkeit, sondern auch der Vergeblichkeit dieses Unterfangens bewusst geworden. Der Versuch, den Rassismus anzugreifen, der in politischen Debatten als akzeptabel gilt, wird schweigend toleriert, aber bei Weißen ein Gefühl des Unbehagens zu erzeugen, ist verboten.

Hält man sich politisch auf dem Laufenden, findet man jeden Tag einen neuen Grund, der es rechtfertigt, mit Weißen nicht mehr über Hautfarbe zu sprechen. Es gibt so viel Ungerechtigkeit und so viele Gründe, die Verzweiflung darüber für sich zu behalten. Vielleicht siehst du das Unrecht, traust dich aber aus Angst vor sozialen Sanktionen nicht, etwas zu sagen. Seit ich den Blogpost geschrieben habe, weiß ich, dass ich mit meiner Verzweiflung nicht allein bin, dass Tausende diesen Kampf jeden Tag fechten. Menschen, die Rassismus ausmerzen wollen, müssen nicht überredet oder gedrängt werden.

Ich weiß, dass Gespräche über Rassismus anfänglich unangenehm sind, weil zu viele Weiße zornig sind und die Augen vor der Wahrheit verschließen. Und ich verstehe, dass es Weißen, wenn sie beginnen zu begreifen, noch größeres Unbehagen bereitet darüber nachzudenken, wie ihnen ihre weiße Hautfarbe stets stillschweigend geholfen hat. Nachdem ich mein ganzes Leben lang gelernt habe, Empathie für die Geschichten von Weißen zu empfinden, verstehe ich das. Aber ich möchte keine weißen Schuldgefühle. Ebenso wenig möchte ich, dass Weiße wertvolle Zeit damit verschwenden, sich ausgiebig zu entschuldigen, statt etwas zu tun. Aus brennender Schuld ist noch nie eine nützliche Bewegung entstanden, die etwas verändert.

Werdet stattdessen wütend. Wut ist nützlich. Setzt sie für Gutes ein. Unterstützt die, die kämpfen, statt eure Zeit damit zu verbringen, euch zu bemitleiden. Im Gegensatz zu Weißen fragen mich People of Colour nicht oft um Rat, was sie tun sollen, um Rassismus zu bekämpfen. Stattdessen fragen sie mich, ob ich eine gute Strategie weiß, um damit fertigzuwerden. Ich kenne keine Zauberformel, aber ich bin sehr dafür, wenn nötig Grenzen zu setzen. Umgebt euch mit Menschen, deren Stärke auf euch übergeht. Wenn ihr aufhören wollt, mit Weißen über Hautfarbe zu sprechen, fühlt euch nicht schuldig. Ruht euch aus und ladet eure Batterien auf, damit ihr bereit seid, eure antirassistische Arbeit auf nachhaltige Weise zu tun. Ich möchte nicht, dass irgendjemand, gleichgültig welcher Hautfarbe, im Angesicht der furchterregenden Aufgabe, Rassismus zu bekämpfen, mutlos zusammenbricht. Als jemand, der seit langer Zeit an Depressionen leidet, weiß ich, wie sehr es lähmen kann, wie das Gefühl der Hoffnungslosigkeit Kreativität, Leidenschaft und Tatendrang vollständig paralysiert. Aber das sind die drei Dinge, die wir auf jeden Fall brauchen werden, wenn wir dieses Unrecht jemals beenden wollen. Wir müssen gegen Mutlosigkeit ankämpfen. Wir dürfen die Hoffnung nicht verlieren.

In einer Welt, in der unverblümte offensichtliche Akte nur die Spitze des Rassismus-Eisbergs sind, müssen wir den unsichtbaren Monolithen heben. Rassismus kann sich heute in den Rahmenbedingungen einer Debatte verstecken. Rassismus kann sich heute in codierter Sprache verstecken. Rassistische Rahmenbedingungen, Formen, Funktionen und Sprache anzugreifen, ohne über das Vokabular zu verfügen, um sie angemessen zu beschreiben, kann einem das Gefühl geben, sich des Problems als einziger bewusst zu sein. Wir müssen Rassismus als strukturell sehen, um seine Heimtücke zu erkennen. Wir müssen sehen, wie er wie giftiges Gas in alles strömt.

In einem Gespräch über strukturellen Rassismus wies mich eine Freundin auf eine Sache hin, die sofort ins Auge stach und zugleich schrecklich flüchtig war. Strukturen, sagte sie, bestehen aus Menschen. Wenn wir über strukturellen Rassismus reden, sprechen wir über die Zementierung persönlicher Vorurteile, über Gruppendenken. Es grassiert. Doch statt die derzeitige Lage als absolute Tragödie zu verdammen, sollten wir sie als Gelegenheit ergreifen, um uns auf eine kollektive Verantwortung für eine bessere Gesellschaft zuzubewegen, und unterwegs interne Hierarchien und Überschneidungen berücksichtigen.

Es muss nicht so sein, wie es ist, und die Lösung beginnt mit uns. Die kulturelle Reichweite des Rassismus ist so groß, dass wir selbst die Aufgabe auf uns nehmen müssen, unseren Arbeitsplatz und unsere sozialen Kreise zu verändern. In diesen Diskussionen meldet sich meist jemand und sagt, dass wir uns einig sein müssen, um zu gewinnen. Aber wenn wir warten, bis wir uns einig sind, werden wir bis in alle Ewigkeit warten. Die Menschen werden, was die Feinheiten des Fortschritts betrifft, immer unterschiedlicher Meinung sein. Auf Einigkeit zu warten heißt, Trägheit zuzulassen.

Noch ein Wort zu denen, die das Gewicht des Rassismus spüren, die deutlich spüren, wie er Freundlichkeit, Großzügigkeit und Potential erstickt. Wie er die Welt, in der wir leben, bremst. Dem Vermächtnis der Vergangenheit können wir nicht entgehen, aber wir können es nutzen, um die Zukunft zu gestalten. Der verstorbene Terry Pratchett schrieb einmal: »Es gibt keine Gerechtigkeit. Nur uns.« Ich kann mir kein anderes Motto vorstellen, das die vor uns liegende Aufgabe besser zusammenfasst.

Es ist an dir und mir, auseinanderzunehmen, was wir einst als Konsens akzeptierten. Das ist unsere Aufgabe. Sie muss mit allen uns zur Verfügung stehenden Ressourcen angegangen werden. Wir müssen Narrative verändern. Wir müssen die Rahmenbedingungen verändern. Wir müssen die gesamte britische Geschichte geltend machen. Wir müssen verbreiten, dass Schwarzsein britisch ist, dass dunkelhäutig britisch ist, und dass wir nicht weggehen werden. Wir können nicht auf einen Helden warten, der uns zu Hilfe kommt und alles besser macht. Statt gezwungenermaßen auf eine von Vorurteilen behaftete Agenda zu reagieren, sollten wir sie rundweg zurückweisen und eine eigene dagegensetzen. Vor allem müssen wir in diesem Schlamassel überleben, und das tun wir auf jede uns mögliche Weise.

Wenn dich anwidert, was du siehst, wenn du vor Zorn zitterst, dann liegt es an dir etwas zu tun. Du musst keine globale Bewegung anführen oder berühmt sein. Du kannst in kleinem Maßstab versuchen, die verzerrten Machtstrukturen an deinem Arbeitsplatz zu demontieren. Du kannst Wissen und Fähigkeiten an die weitergeben, die ansonsten keinen Zugang dazu haben. Es kann kreativ sein. Es kann informell sein. Es kann deine Arbeit betreffen. Es ist gleichgültig, was es ist, solange du nur etwas tust.

Nachspiel

Dieses Buch ist nichts ohne das politische Klima, in dem es zum ersten Mal veröffentlicht wurde.

Die Ereignisse des Jahres 2016 versetzten fortschrittlich denkende Menschen in der ganzen westlichen Welt in einen Schockzustand. Es begann damit, dass Großbritannien im Juni 2016 für den Austritt aus der Europäischen Union – dem Symbol für die Einheit des Kontinents – stimmte, und endete mit der Wahl eines unqualifizierten, unberechenbaren Opportunisten, Donald Trump, im November desselben Jahres. Der Brexit und Trump sorgten zu Beginn des Jahres 2017 für heftiges Kopfzerbrechen in progressiven Kreisen. Und wenn wir uns nicht damit quälten, nutzten wir die Wahlergebnisse als Grund, uns zu organisieren und dagegen Stellung zu beziehen. Weil diese scheinbar unerwarteten politischen Wahlausgänge in Großbritannien und den USA erfolgten, dominierten sie die Diskussion. Doch sie waren Teil eines politischen Trends, der ganz Europa erfasst hatte – ein extremer Rechtsruck. Wir hätten es kommen sehen sollen.

Fast ein Jahrzehnt nach der globalen Finanzkrise, in dem die Mehrheit der Bevölkerung in finanzieller Unsicherheit gelebt hatte, kam eine alte Art von Politik erneut zum Vorschein. Die brutalen, strafenden Werte des starken Mannes standen wieder auf der Tagesordnung. Davon zeugt das Erstarken der faschistischen, extrem fremdenfeindlichen Partei Goldene Morgenröte in Griechenland, einem Land, das hart von der Finanzkrise betroffen ist; 2015 wurde die Goldene Morgenröte die drittstärkste politische Kraft des Landes, mit Tentakeln, die bis ins Justizsystem und in Polizeikreise hineinreichen. Ende 2015 gewann die Schweizerische Volkspartei, die sich ebenfalls strikt gegen Einwanderung ausspricht, die Nationalratswahlen in der Schweiz. In den Niederlanden führte Geert Wilders rechtspopulistische Partei für die Freiheit 2016 die Meinungsumfragen an. Im selben Jahr wurden in Schweden die nationalistischen, rechtspopulistischen Schwedendemokraten, deren Wurzeln im Neo-Nazismus liegen, drittstärkste Partei. Bei den Präsidentschaftswahlen in Frankreich waren Marine Le Pen und ihr Front National 2016 so erfolgreich, dass sie es in die Stichwahl schafften, um dann mit immerhin 34 Prozent der Stimmen zu scheitern. Der unaufhaltsame Aufstieg rechter Bewegungen setzte sich bei Wahlen auf Zypern, in Dänemark, Österreich, der Slowakei, Deutschland, Italien, Polen und Ungarn fort. Ihre archaischen regressiven Werte verdeutlicht auch der Erfolg von Die Finnen, die bei der Wahl 2015 in Finnland den zweiten Platz belegten. Laut BBC stand in ihrem Parteiprogramm von 2011 implizit, dass junge weiße Finninnen sich von Bildung abwenden und stattdessen darauf konzentrieren sollten, die nächste Generation finnischer Arbeiter zu produzieren – auf diese Weise würde ein Bedarf an Fachkräften aus dem Ausland gar nicht erst entstehen.[1] In der weißen nationalistischen Revolution ist der Platz der Frau in der Küche, barfuß und schwanger.

Diese politischen Kräfte heizten die öffentliche Meinung während der katastrophalen Flüchtlingskrise 2015 an. Laut UN-Flüchtlingswerk wurden aufgrund des desaströsen Bürgerkriegs in Syrien fast fünfeinhalb Millionen Syrer im Ausland als Flüchtlinge registriert. Doch in Europa reagierten die Regierungen zum Großteil ambivalent auf ihre Bedürfnisse. Manche halfen. Deutschland nahm 2015 eine Million Flüchtlinge auf. Andere Länder waren weniger hilfsbereit. Statt eine mitfühlende Hand zu reichen, veröffentlichte die ungarische Regierung 2016 eine Broschüre, in der es hieß, dass Kultur und Traditionen des Landes in Gefahr wären, würde man Flüchtlinge aufnehmen.[2] Angela Merkel wurde von der rechtsextremen Alternative für Deutschland für ihr Mitgefühl hart kritisiert. Für diese Schelte wurde die Partei 2017 in den deutschen Bundestag gewählt.

Es schien, als würde die öffentliche Meinung überall in Feindseligkeit umschlagen. Die Zugbrücken wurden hochgezogen, und die Atmosphäre heizte sich auf. Jedes Land war voll, und jedes Land musste sich um seine eigenen Bürger kümmern. Die Welt hatte sich nach innen gewandt. Die Politik entschied sich für Strafmaßnahmen, statt emphatisch und großzügig zu reagieren. Flüchtlinge starben in gekenterten Booten auf dem Mittelmeer, und rechtspopulistische Politiker rieten uns nicht nur, wegzuschauen, sondern behaupteten auch, dass Menschen, die vor Krieg und Armut flohen, unsere Hilfe nicht brauchten. Wir waren voll ausgelastet. Und wie verzweifelt konnten sie schon sein, wenn manche von ihnen Handys hatten?

Rassismus hat mich schon immer beschäftigt, aber ich weiß, dass das nicht für alle People of Colour in Großbritannien gilt. Das hat sich nach dem Brexit-Votum geändert. Britischen Bürgern wurde gesagt, dass sie »nach Hause gehen« sollten, und Besuchern mit einem Visum verkündeten spöttische Fieslinge, dass ihre Zeit hier vorbei sei. Nigel Farage von UKIP war dauernd im Fernsehen zu sehen und tat so, als sei er ein Repräsentant des Durchschnittsbriten, während er mit einem Glas Bier in einem Pub saß oder vor einem Wahlkampfbus stand und erklärte, dass Großbritannien aufgrund der Einwanderung die Grenze der Belastbarkeit erreicht hatte. Die wachsende *Black Lives Matter*-Bewegung in den USA wurde weltweit bekannt und begann dank der Smartphone-Technologie ein hartes Licht auf das seit langem praktizierte Unrecht zu werfen, das Polizisten der schwarzen Bevölkerung antaten; die verschwommenen Videos wurden über soziale Netzwerke verbreitet und entfachten den berechtigten Zorn einer neuen Generation von Aktivisten. Amerika war kaum von der Flüchtlingskrise betroffen, aber das hinderte Donald Trump nicht daran, die Mexikaner als die von mir in Kapitel 4 beschriebene drohende »schwarze Gefahr« zu bezeichnen und im Wahlkampf den Bau einer Grenzmauer zu fordern, um sie daran zu hindern, ins Land zu kommen (das berüchtigte Zitat: »Sie bringen Drogen. Sie bringen Verbrechen. Sie sind Vergewaltiger. Und manche sind vermutlich auch gute Menschen.«[3]). Kurz nachdem Trump gewählt worden war, gelangte die randständige Hass-Website *Breitbart* ins Innerste der Weltmacht, als Trump ihren Direktor Steve Bannon zu seinem Chefstrategen ernannte. Nigel Farage gab damit an, sich mit Trump getroffen zu haben,[4] und Marine Le Pen wurde im Trump Tower gesehen.[5] Nicht nur feierte die bösartige extreme Rechte – die nach dem Zweiten Weltkrieg als besiegt galt – ein triumphales Comeback, sie schien zudem Bündnisse einzugehen.

Das Ganze war eine Horrorshow. Die Ideologien, die ich in meinem Buch kritisiert hatte, feierten ihre Wiederauferstehung. Die Verschwörungstheorie vom Genozid an den Weißen, die der Ideologie der extremen Rechten eigen ist, war wieder da. Jeder Wahlgewinn der Rechten ging mit Ethnonationalismus und Beschuldigungen einher, dass Migranten und Flüchtlinge die nationale Einheit bedrohten. In Kapitel 4 hatte ich über die Angst vor dem schwarzen Planeten und die dem weißen Nationalismus inhärente Frauenfeindlichkeit geschrieben – dann gelangte Finnlands Rechte an die Macht, den Blick auf die weiße Gebärmutter gerichtet. Ich hatte darüber geschrieben, dass Multikulturalismus zu einem Schimpfwort wurde, über Angstmacherei und die weiße Opferrolle – und plötzlich gehörte all das zu unserer Politik und beherrschte täglich die Diskussion. Brexit und Trump waren zwei Tiefschläge für fortschrittliche Politik, die locker zwei Jahre Verzweiflung nach sich zogen.

In Kapitel 6 hatte ich analysiert, wie sich ein Stadtrat im Nordosten Londons über die Bedürfnisse der Mieter von Sozialwohnungen hinwegsetzte, als Beispiel dafür, wie eng Hautfarbe und Klasse miteinander verwoben sind. Nur zwei Wochen nach Veröffentlichung des Buchs sahen ich und das ganze Land ohne jede Hoffnung und voller Trauer dabei zu, wie 71 Bewohner des Grenfell Tower in ihren eigenen Wohnungen verbrannten. Überlebende des Brandes verloren Familienangehörige und alles, was sie besaßen. Es war eine ekelerregende Fallstudie über Angehörige der am meisten marginalisierten Gruppen in Großbritannien: Arbeiter, Migrantenfamilien, weiße behinderte Rentner, Ausländer, Schulkinder, Neueingewanderte, Menschen, die seit Jahrzehnten in England zu Hause waren. Es dauerte so lange, die Zahl der Toten zu bestimmen, dass die Leute die Opfer anhand der in ganz Westlondon aufgehängten, selbstgefertigten Vermisstenanzeigen identifizierten. Von der tagelangen Berichterstattung gelähmt, fragte ich mich, warum der örtliche Stadtrat diese Menschen so katastrophal im Stich gelassen hatte. Es war unheimlich, dass ich eine Analyse von Hautfarbe, Klasse und sozialem Wohnungsbau so nahe an der Tragödie des Grenfell Tower durchgeführt hatte, um dann im Fernsehen mitansehen zu müssen, wie sich die im Buch beschriebene Hintanstellung menschlichen Lebens in einem brennenden Hochhaus manifestierte. Auch heute noch fühle ich mich schuldig, darauf zu verweisen. Es war eine politisch verursachte Tragödie, die ich nur ungern politisieren will, um niemanden zu verletzen.

All das machte das politische Klima aus, in dem das Buch in Großbritannien publiziert wurde. Meine Gedanken zu Hautfarbe waren seit einem halben Jahrzehnt unverändert und galten 2012 als äußerst radikal. Aber bis 2017 hatte sich die Politik der westlichen Welt drastisch verändert. Die Menschen suchten nach Antworten – nach einem lindernden Balsam oder einem Gegengift, um sich zu wehren.

Mein Ziel war einfach: Ich wollte mit dem Buch die Diskussion über Hautfarbe verändern. Als es veröffentlicht wurde, standen die Sterne günstig und die Leute waren bereit dafür. Zum Jahreswechsel 2017 war ich extrem besorgt, wie es aufgenommen würde. Mit der Unterstützung von meinem Lektor hatte ich beschlossen, den Titel des ursprünglichen Posts zu übernehmen. Es war mir wichtig, den Lesern gegenüber ehrlich zu sein und ihnen meine anfängliche Frustration und Verzweiflung nicht vorzuenthalten. Als ich den Entwurf für den Umschlag sah, wusste ich, dass es ernst wurde. Greg Heinimann, der Umschlaggestalter von Bloomsbury mit den magischen Händen, hatte die Worte in dem Blogpost in ein Bild umgesetzt, das nicht treffender hätte sein können. Als ich das Cover ungefähr ein Jahr vor der Veröffentlichung in den sozialen Netzwerken postete, wurde es unglaublich oft geteilt und eine gespannte Erwartung lag in der Luft. Die meisten Reaktionen beruhten auf einer Todsünde – ein Buch nach seinem Umschlag zu beurteilen. Der jedenfalls besagte zumindest: »Das hat keine weiße Person geschrieben.« Einer weißen Leserschaft sagte er schlimmstenfalls: »Das ist nichts für dich.« Und wie der Stier das rote Tuch fixiert, richtete sich die ganze Aufmerksamkeit darauf. Manche waren begeistert, andere wurden wütend. Unter das Lob mischten sich früh Anzeichen von weißem Zorn; die einen hielten mir Vorträge über Rassentrennung oder behaupteten, dass Martin Luther King das Buch nie gutgeheißen hätte. Wieder andere kritisierten mich für meine Voreingenommenheit.

Die hitzigen Reaktionen auf das Cover des Buchs haben nie nachgelassen. Ich habe Geschichten von Buchhändlern gehört, die das Buch im Schaufenster ausstellten, und Geschichten von Lesern, die mein Buch auf der Pendelstrecke zur Arbeit lasen. In jedem Beispiel versuchte eine weiße Person, einen Streit vom Zaun zu brechen. Als ich in ihre Buchhandlung im Osten Londons kam, um Bücher zu signieren, erzählte mir eine Buchhändlerin folgende Geschichte. Ein älterer weißer Mann, der das Buch im Schaufenster gesehen hatte, war in den Laden gekommen und hatte an der Theke, zitternd vor Wut, eine Szene gemacht, weil »es andersrum nicht erlaubt wäre«. »Er war so wütend, ich konnte nicht mit ihm reden«, sagte die Buchhändlerin. Ein junger schwarzer Mann, der das Buch in der Öffentlichkeit las, musste unangenehmerweise erdulden, dass ihn eine weiße Frau ansprach und sagte, das Buch »ist nicht wirklich hilfreich für die Diskussion«. Weiße aus der Mittelschicht sind in ihrem Unbehagen besonders berechnend. Ich kenne viele Leute, die am Rand etwas mit dem Buch zu tun haben – Buchhändler, Fotografen, Produzenten – und mir allen Ernstes erzählen, dass meine Arbeit provoziert. »Es ist sehr umstritten, oder?«, fragen sie mehrmals, in einer halbstündigen Unterhaltung. »Ist es das?«, antworte ich. »Haben Sie es gelesen?« »Nein«, sagen sie unweigerlich.

Abgesehen von der reflexartigen Reaktion auf den Umschlag, interessierte mich vor allem, ob sich der Inhalt des Buchs auf die britische Diskussion über Hautfarbe auswirken würde. Es ist immer beängstigend, die eigenen Ideen der Öffentlichkeit vorzustellen, die bereit ist, sie zu zerpflücken. Doch die ersten Reaktionen waren positiv. Einen Tag, bevor es erschien, veröffentlichte der *Guardian* einen Auszug von 4000 Worten. Mein Postfach füllte sich mit Leserreaktionen, von tiefempfunden über nachdenklich bis hin zu vollkommen verwirrend. Eine Person empfahl mir, yogisches Fliegen zu lernen, und versicherte mir, dass mich Rassismus nicht mehr tangieren würde, sobald ich schweben könnte. Doch jenseits des Absurden bildete sich ein Trend heraus. Ich konnte beobachten, wie Weiße die Dynamik ihres eigenen Lebens reflektierten und sich erstmals fragten, welchen Einfluss ihre Hautfarbe darauf hat. Bei People of Colour, die den Text lasen, löste er ein Druckventil, und sie berichteten mir, dass er ihnen das Selbstbewusstsein gab, einen streitsüchtigen Freund aufzugeben oder ein schwieriges Gespräch mit ihrem Chef zu führen.

Die erste Veranstaltung für das Buch fand ungefähr drei Monate vor der Veröffentlichung im Southbank Centre in London statt – ein Gespräch zwischen mir und der Journalistin Hannah Pool. Mir schnürte sich vor Angst die Kehle zu, als ich eine halbe Stunde vor Beginn sah, wie sich eine Schlange von Leuten, die dabei sein wollten, die ganze Treppe hinunterzog. Meine Freunde im Publikum erzählten mir später, dass die Atmosphäre »elektrisch aufgeladen« gewesen sei. Nachdem wir eine Dreiviertelstunde über meine Frustrationen mit Weißen, die ihre Gefühle in den Mittelpunkt stellen, diskutiert hatten, konnte das Publikum Fragen stellen. Eine weiße Frau hob die Hand, begann zu sprechen und brach prompt in Tränen aus. Ich hatte es kommen sehen, hatte gehört, wie ihre Stimme anfing zu zittern. Sie fühle sich schrecklich wegen all dem, sagte sie. Sie habe daran gedacht, sich etwas anzutun. Sie wusste nicht, was sie tun sollte. Ich biss die Zähne zusammen, unterbrach sie mitten in ihrem Monolog und sagte zuversichtlich, dass uns Verzweiflung nicht weiterbringen würde. Als ich den Druck spürte, die Atmosphäre im Saal zu steuern, wurde mir klar, dass ich auf einmal die Verantwortung für die Gefühle vieler Menschen trug.

Bei meinen Lesereisen musste ich oft die Emotionen anderer regulieren. Ich erlebte Tränen des Glücks, schuldbewusste Tränen, Gelächter und Wut. Die Frustration des Publikums richtete sich häufig gegen den historischen Veranstaltungsort – berechtigter Ärger, weil es einer der seltenen Anlässe war, bei denen sich diese Institutionen wirklich mit dem Thema befassten. Es waren inspirierende Kinder und Teenager im Publikum, die mir wirklich Hoffnung für die Zukunft machten. Es gab einen leibhaftigen Troll, einen Mann, der allein zu einer Lesung kam, alles ignorierte, was ich sagte, mir folgte, nachdem ich Bücher signiert hatte, mich nicht ruhig dasitzen oder in Ruhe essen ließ und mir eine Frage nach der anderen an den Kopf warf, bis ihn mein Verleger wegschickte.

Das Buch erschien zu einer Zeit, in der viele Menschen angesichts der politischen Richtung, die die Welt einschlug, verzweifelten. Wenn ich mir die Zeit nehme und in meinem Buch lese, bleibe ich immer im Kapitel über Feminismus hängen. Darin erinnere ich mich an einen Blogpost von 2014, in dem ich den Mangel an Diskussionen über Hautfarbe beklagte, die nicht von Farbenblindheit geprägt sind. »Überlegt mal, wann ihr zum letzten Mal eine umfassende Beschreibung von strukturellem Rassismus in den Mainstream-Medien gehört habt«, hatte ich geschrieben. »Dieses Thema bekommt in den UK-Medien einfach nicht die gleiche Sendezeit wie der Feminismus.« Meine damalige Einschätzung war nicht falsch. Die Berichterstattung in den Mainstream-Medien war dünn gesät. Großbritannien ist ein Land, in dem wenig in antirassistische Journalisten investiert wird, und es ist ein Land, in dem schwarze Akademiker in Dutzenden gezählt werden und nicht in Tausenden. Ich kann die Bücher an einer Hand abzählen, die in einer ähnlichen Tradition stehen und während der letzten drei Jahrzehnte in Großbritannien von Verlagen publiziert wurden, die genug Geld haben, ihre Erfolgschancen zu erhöhen. Wir verließen uns auf der Suche nach uns selbst fast ausschließlich auf das amerikanische Narrativ.

Ich kann kaum glauben, wie viel sich seitdem verändert hat. Schwarzes Kritisches Denken und schwarze Kultur erleben eine Renaissance. Ob von großen finanzstarken Unternehmen oder kreativen Individuen in den sozialen Netzwerken initiiert, es kommt mir vor, als befände sich die kritische antirassistische Perspektive auf dem Kamm einer Welle, getragen von einer Grundströmung der Unterstützung. Die britische Ausgabe der Modezeitschrift *Vogue* – selbst eine Institution – hat zum ersten Mal einen schwarzen Chefredakteur. Die scheidende Chefredakteurin Alexandra Shulman antwortete in einem Interview auf die Frage, warum die Zeitschrift unter ihrer Führung ein Diversitätsproblem gehabt habe, dass sie grundsätzlich gegen Quoten sei und einfach Personen eingestellt habe, die sie »interessant« fand[6] – und die zufälligerweise überwiegend weiß waren. Sie sei kein Fünkchen rassistisch, sagte sie, und außerdem habe ihr Enkel einen Verwandten, der ein Anführer der Bürgerrechtsbewegung sei, deswegen sei diese Unterstellung zutiefst kränkend für sie. Ihre Kommentare wurden von der Öffentlichkeit und Kollegen in der Modebranche scharf kritisiert. Die Mode-Website *Racked* nannte ihr Interview »eine Fallstudie für White Privilege«.[7] Ich bin überzeugt, dass diese kritische Reaktion vor nicht einmal fünf Jahren undenkbar gewesen wäre. Da war der Erfolg des Films *Get Out*, einem amerikanischen Horrorfilm, der von der subtilen Natur des weißen, liberalen, fetischisierenden Rassismus handelt, und da war Lubaina Himid, die erste schwarze Frau, die den Turner-Preis für ihr künstlerisches Werk erhielt, das Sklaverei und das Vermächtnis des Kolonialismus thematisiert. Das Tate Modern zeigte eine unglaublich erfolgreiche Ausstellung über Kunst zur Zeit von *Black Power*. Als sowohl Premierministerin Theresa May als auch der Oppositionsführer Jeremy Corbyn 2017 versprachen, ethnische Ungleichstellung bekämpfen zu wollen, begriff ich, dass Antirassismus kein Randphänomen mehr war – dass die öffentliche Meinung ihn zu einer politischen Priorität gemacht hatte. Mein kleines Buch wurde für prestigeträchtige Preise nominiert und errang einen Platz auf den Listen der »besten Bücher 2017«. Jo Swinson, Unterhausabgeordnete und stellvertretende Vorsitzende der Liberalen Demokraten, schrieb in den sozialen Netzwerken darüber und nannte es eine »brillante Lektüre«.[8] Diese Dynamik der Diskussion ist neu für mich. Ich bin stolz, zu einem neuen Gefühl der Dringlichkeit beigetragen zu haben. Wenn überhaupt, hoffe ich, dass der Erfolg dieses Buchs bedeutet, dass ich Teil einer zeitgenössischen Gruppe von Briten werde und keine vereinzelte Stimme bleibe.

Nichts davon heißt, dass offener und struktureller Rassismus der Vergangenheit angehören. Donald Trump ist nach wie vor Präsident der Vereinigten Staaten, und extrem rechte, weiße, nationalistische Gruppen fühlen sich von seinem Erfolg bestärkt.[9] Sie glauben, dass alle der Politik des Hasses nachgeben werden; dass es ihnen gelingen wird, dem Rest von uns die Welt wegzunehmen. Die extreme Rechte gewinnt immer noch bei Wahlen. Aber ich glaube, dass es einen Unterschied zwischen Unwissen und Bösartigkeit gibt – obwohl ersteres sich sehr wie letzteres anfühlen (und dazu werden) kann. Doch in der Mitte, glaube ich, wird der antirassistische Fortschritt gewinnen. Ich bin voller Hoffnung, und es ist eine Art politische Nahrung, wenn ich während meiner Veranstaltungen die Diskussionen höre. Bei jedem Event sehe ich das Publikum als einen Umschlagplatz von Wissen und Potential. Ich sehe Veränderung. Ich sehe Talent. Ich sehe all das in der Menschenmenge, und es vibriert in der Atmosphäre. Ich lerne außerdem viel von den People of Colour, die kommen und Experten auf ihrem Gebiet sind und in der Arbeit zusätzlich den Job des »Antirassisten im Raum« übernehmen. Bei diesen Frage-und-Antwort-Runden denke ich oft, dass Leute im Publikum sind, die viel qualifizierter als ich auf bestimmte Fragen antworten könnten. Das ist die Macht des Kollektivs. Wir haben einen Wendepunkt erreicht, und ich freue mich, dass mein Buch als Katalysator gewirkt hat. Mein Traum ist es, dass die Menschen bei meinen Lesungen die Gelegenheit nutzen, um sich kennenzulernen, Adressen auszutauschen und den lokalen Widerstand auszubauen.

Ich betrachte mich als Teil einer Bewegung, und ich glaube, wenn dich tief berührt, was du in diesem Buch liest, dann bist auch du Teil dieser Bewegung. Es geschieht genau jetzt.

Anhang

Anmerkungen

Vorwort

1 Dieser Dokumentarfilm von 1994 wurde bei seiner Veröffentlichung von Oprah empfohlen. Ihn anzuschauen ist ein beeindruckendes Erlebnis.

1 Geschichte(n)

1 Die Zeichnung der *Brooks* wurde vom Bristol Museum, *A History of the World in 100 Objects*, BBC & The British Museum zugänglich gemacht, http://www.bbc.co.uk/ahistoryoftheworld/objects/Akx q5WxwQOKAF5SiALmKnw

2 »Ports of the Transatlantic Slave Trade«, Vortrag von Anthony Tibbles bei der TextPorts-Konferenz, Liverpool Hope University College, April 2000.

3 *Britain's Forgotten Slave Owners*, Folge 1 & 2, David Olusoga und University College London, Erstausstrahlung BBC2, Juli 2015.

4 Populär geworden in den 1980er Jahren, wurde das Konzept des politischen Schwarzseins von Antirassismus-Aktivisten aus Solidarität für all jene benutzt, die nicht weiß waren.

5 »Remember the World as Well as the War: Why the Global Reach and Enduring Legacy of the First World War Still Matter Today«, British Council, 2013, Seite 12.

6 Ägypten, Frankreich, Deutschland, Indien, Russland, Türkei, Großbritannien.

7 »Why the Indian Soldiers of WW1 were forgotten«, Sashi Tharoor, BBC News Magazine, 2. Juli 2015, http://www.bbc.com/news/magazine-33317368

8 »A White Man's War? World War One and the West Indies«, Glenford D. Howe, BBC *History*, 3. Oktober 2011, http://www.bbc.co.uk/history/worldwars/wwone/west_indies_01.shtml

9 »Riots on the streets of Cardiff as poverty hits«, Wales Online, 7. Juli 2009.

10 »The Roots of Racism in City of Many Cultures«, *Liverpool Echo*, 3. August 2005.

11 National Archives, Spotlights on History, »Demobilisation in Britain, 1918–20«, http://www.nationalarchives.gov.uk/pathways/firstworldwar/spotlights/demobilisation.htm

12 *Mother Country: Britain's Black Community on the Home Front, 1939–45*, Stephen Bourne, The History Press, 2010, Seite 17.

13 *Staying Power: The History of Black People in Britain*, Peter Fryer, Pluto Press, 1984, Seite 326.

14 *The Keys*, mit freundlicher Genehmigung der British Library, The League of Coloured Peoples, 1933, https://www.bl.uk/learning/

citizenship/campaign/myh/newspapers/gallery1/paper2/thekeys2.
html

15 *The Keys*, mit freundlicher Genehmigung der British Library, The
League of Coloured Peoples, 1933, https://www.bl.uk/learning/
citizenship/campaign/myh/newspapers/gallery1/paper5/thekeys5.
html

16 Dr Moody heiratete eine weiße Frau, Olive Tranter. Sie hatten sechs
Kinder, und sein Sohn, Charles Arundel »Joe« Moody, war zu Beginn
des Zweiten Weltkriegs nicht nur alt genug, um zu kämpfen, sondern auch willens. Als er sich meldete, wurde ihm von einem weißen
Offizier mitgeteilt, dass dies nicht möglich sei, da er nicht »reiner
europäischer Abstammung« war. Aufgebracht nutzte Dr Moody
The Keys, um dagegen vorzugehen, und tat sich mit anderen schwarzen Organisationen zusammen, um größtmöglichen Einfluss auszuüben. Im Oktober 1939 wurde die Entscheidung revidiert. Joe war
der zweite schwarze Offizier, der in der britischen Armee diente.

17 Es gab nur sehr wenige schwarze Frauen in Hafenstädten aufgrund
der geschlechtsspezifischen Arbeiten beim Militär und auf Schiffen.

18 *Report on an Investigation into the Colour Problem in Liverpool and
Other Port Cities*, Liverpool: Association for the Welfare of Half-
Caste Children, Muriel Fletcher, 1930.

19 »The Fletcher Report 1930: A Historical Case Study of Contested
Black Mixed Heritage Britishness«, Mark Christian, *Journal of
Historical Sociology*, Band 21, Ausgabe 2–3, Seite 213–241, Juni /
September 2008.

20 *Empire Windrush* 1948, Exploring 20th Century London, Renaissance London Museum, http://20thcenturylondon.org.uk/empire-
windrush-1948

21 Peach, Ceri, »Patterns of Afro-Caribbean Migration and Settlement
in Great Britain: 1945–1981«. In Brock, Colin, *The Caribbean in*

Europe: Aspects of the West Indian Experience in Britain, France and the Netherlands, London: Frank Cass & Co. Seite 62–84.

22 Immigration Patterns of Non-UK Born Populations in England and Wales in 2011, Office for National Statistics, 17. Dezember 2013.

23 »White Riot: The Week Notting Hill Exploded«, Mark Olden, *The Independent*, 28. August 2008.

24 *Chambers 21st Century Dictionary*, Hrsg. Mairi Robinson, Cambridge University Press.

25 »Notting Hill Riots – 50 years on«, Alice Bhandhukravi, bbc.co.uk, 21. August 2008.

26 »White Riot: The Week Notting Hill Exploded«, Mark Olden, *The Independent*, 28. August 2008.

27 »After 44 Years Secret Papers Reveal Truth About Five Nights of Violence in Notting Hill«, *The Guardian*, 24. August 2002.

28 Race Discrimination Bill 1960, Parliamentary Archives, HL/PO/PU/"/119.

29 »The Race Relations Act 1965 – Blessing or Curse?«, Jenny Bourne, Institute of Race Relations, 13. November 2015, http://www.irr.org.uk/news/the-race-relations-act-1965-blessing-or-curse/

30 UK Government summary of immigration acts, The Immigration Acts, gov.uk, https://assets.publishing.service.gov.uk/government/uploads/system/uploads/attachment_data/file/632326/immigrationacts.pdf

31 »1965: New UK race law ›not tough enough‹«, BBC: On This Day, http://news.bbc.co.uk/onthisday/hi/dates/stories/december/8/newsid_4457000/4457112.stm

32 »The Origins of the Race Relations Act«, Philip N. Soben, Centre for Research in Ethnic Relations, University of Warwick, September 1990, Forschungsbericht Seite 1.

33 *Population*, Edition No.: Social Trends 41, Hrsg. Jen Beaumont, Palgrave Macmillan, UK Office for National Statistics, 2011, Seite 3.

34 »1968: Race discrimination law tightened«, BBC: On This Day, bbc.co.uk, 26. November 1968.

35 BBC Newsnight-Bericht über den Busboykott in Bristol, 27. August 2013.

36 »Protest Revealed City Had Its Own ›Dream‹«, *Bristol Post*, 27. August 2013.

37 »Stop and search: what can we learn from history?«, BBC *History Magazine*, 12. August 2009, https://www.historyextra.com/period/stop-and-search-what-can-we-learn-from-history/

38 *Policing the Crisis: Mugging, the State, and Law and Order* (Critical Social Studies), 30. April 1978, Macmillan Press, Seite 40.

39 »The Power to Stop and Search«, bbc.co.uk, 14. Dezember 2000.

40 »Black People Still Far More Likely to be Stopped and Searched by Police than Other Ethnic Groups«, *The Independent*, 6. August 2015.

41 *Ethnic Unemployment in Britain (1972–2012)*, Yaojun Li, Runnymede Trust / University of Manchester Institute for Social Change, Januar 2014, https://www.runnymedetrust.org/blog/ethnic-unemployment-in-britain

42 *Network – Paint it Black: A Portrait of Handworth*, Teil 2, 1982, LBC/IRN Digitisation Archive, Global Radio UK Ltd. Hörfunkdokumentation, Erstausstrahlung BRMB Radio Birmingham, 1982.

43 »The Legacy of the Brixton Riots«, bbc.co.uk, 5. April 2006.

44 »1981: Brixton Riots Report Blames Racial Tension«, bbc.co.uk, 26. November 1981.

45 *Violent Racism: Victimization, Policing and Social Context*, Benjamin Bowling, Oxford University Press, 1999, Seite 53.

46 Newham Monitoring Project Annual Report 1983, mit freundlicher Genehmigung der Black Cultural Archives, Seite 22.

47 »Neighbourhood Policing: Past, Present and Future. A Review of the Literature«, Police Foundation, Abie Longstaff, James Willer, John Chapman, Sarah Czarnomski und John Graham, Mai 2015, Seite 9.

48 Camden Committee for Community Relations Annual Report 1984, mit freundlicher Genehmigung der Black Cultural Archives.

49 Aufsätze der Kadetten in der Metropolitan Police Training School, Hendon, 1982, mit freundlicher Genehmigung der Black Cultural Archives.

50 »Police Racism and Union Collusion: the John Fernandes Case«, National Convention of Black Teachers, keine Jahresangabe, Seite 31.

51 *Labour Party Black Sections: Here to Stay! The Vauxhall Experience*, Vauxhall Labour Party, 1984, Seite 1.

52 Bernie Grant beim Parteitag der Labour Party, 1984. Archiv der Bishopsgate Library.

53 *Darcus Howe on Black Sections in the Labour Party*, Race Today Publications, Black Rose Press, 1985, Seite 8.

54 »Police Blamed Over 1985 Cherry Groce Brixton Shooting«, bbc.co.uk, 10. Juli 2014.

55 »This is the room where police shot my mum, Cherry Groce«,
Interview von Simon Israel, Channel 4 News, 10. Juli 2014.

56 BBC-Archiv: »1985: Riots in Brixton after police shooting«,
bbc.co.uk, 28. September 1985.

57 »Riots in Brixton after police shooting«, *Guardian*-Archiv,
30. September 1985.

58 *The Killing of Constable Keith Blakelock: The Broadwater Farm Riot*,
Tony Moore, Waterside Press, 2015, Seite 103.

59 »The Broadwater Farm Uprising«, Stafford Scott,
tottenhamrights.org.uk, 28. Februar 2014.

60 Bericht der unabhängigen Untersuchungskommission zu den Unruhen im Oktober 1985 in Broadwater Farm Estate, Tottenham,
unter Vorsitz von Lord Gifford, QC, Broadwater Farm Inquiry 1986,
Seite 76, 84.

61 »Cherry Groce Inquest: ›Astonishing‹ Police Failures Blamed for
1985 Brixton Riots Trigger Shooting«, *International Business Times*,
10. Juli 2014.

62 »Inner cities policy and problems: regeneration of Liverpool and
London; Docklands Urban Development Corporation«, Archbishop
of Canterbury's Commission on Urban Priority Areas, Teil 7, The
National Archives, Kew 1985–86.

63 *Selma*-Star David Oyelowo: »I had to leave Britain to have an acting
career«, *Radio Times*, 7.–13. Februar 2015.

2 Das System

1 »Condon's Apology is Not Enough, Say Lawrences«, *The Independent*,
1. Oktober 1998.

2 »Lawrence Family Unimpressed By Police Apology«, bbc.co.uk, 17. Juni 1998.

3 »The Stephen Lawrence Inquiry, Report of an Inquiry«, Sir William Macpherson of Cluny, beraten von Tom Cook, The Right Reverend Dr John Sentamu, Dr Richard Stone, Februar 1999, Kapitel 46.1, 6.34.

4 »30 years of British Social Attitudes self-reported racial prejudice data«, NatCen Social Research, 27. Mai 2014.

5 »Racism on the Rise in Britain«, *The Guardian*, 27. Mai 2014.

6 Permanent and Fixed Period Exclusions From Schools and Exclusion Appeals in England, 2011/12, Department for Education, 25. Juli 2013.

7 The Centre for Market and Public Organisation, Test Scores, Subjective Assessment and Steroryping of Ethnic Minorities, Simon Burgess und Ellen Graves, September 2009.

8 Destinations of Key Stage 4 and Key Stage 5 Pupils by Characteristics, 2010/11, Department for Education, 23. Juli 2013.

9 Equality in HE Statistical Report 2013 Students, Equality Challenge Unit.

10 »The sorry state of ›equality‹ in UK universities«, *Times Higher Education*, 11. Dezember 2016, https://www.timeshighereducation.com/blog/sorry-state-equality-uk-universities

11 »A Test for Racial Discrimination in Recruitment Practice in British Cities«, Martin Wood, Jon Hales, Susan Purdon, Tanja Sejerson und Oliver Hayllar, National Centre for Social Research, 2009.

12 Youth Unemployment and Ethnicity, Trades Union Congress Report, 2012, Seite 6–7.

13 »Have Ethnic Inequalities in Employment Persisted Between 1991 and 2011?«, Dynamics of Diversity Evidence From the 2011 Census,

Esrc Centre on Dynamics of Ethnicity (CoDE), University of Manchester und Joseph Rowntree Foundation, September 2013, Seite 2.

14 »The numbers in black and white: ethnic disparities in policing and prosecution of drug offences in England and Wales«, Niamh Eastwood, Michael Shiner und Daniel Bear, Release & London School of Economics, 2013, Seite 15, 16, 31.

15 »Police and Racism: What Has Been Achieved 10 Years After the Stephen Lawrence Inquiry Report?«, Jason Bennetto, Equalities and Human Rights Commission, 2009, Seite 5, 29, 39.

16 »Inside Outside – Improving Mental Health Services for Black and Minority Ethnic Communities in England«, National Institute for Mental Health in England, 2003, Seite 40.

17 Independent Inquiry into the Death of David Bennett, 2003, Seite 42.

18 »Black and Minority Ethnic People with Dementia and their Access to Support and Services«, Jo Mariarty, Nadira Sharif und Julie Robinson, Social Care Institute for Excellence, März 2011, Seite 4.

19 »Not-So-Positive-Discrimination«, *Spiked Online*, 9. August 2006.

20 »Is Football Failing Black Managers?«, BBC Sport investigates, Simon Stone, BBC Sport, 16. April 2015.

21 »Oyston: Rooney Rule Would Be Ridiculous«, *Blackpool Gazette*, 14. Oktober 2014.

22 »Keith Curle: I've Not Seen Anything to Suggest ›Rooney Rule‹ Would Work«, *The Guardian*, 3. Oktober 2014.

23 »Rooney Rule ›Unnecessary‹, Says Premier League Chief Scudamore«, bbc.co.uk, 14. November 2014.

24 Im Januar 2018 verkündete die Football Association, dass sie die Rooney-Regel für alle englischen Mannschaften einführen wird.

25 The Green Park Leadership 10 000, Juni 2015.

26 »Ethnic Board Target ›Too Ambitious‹«, *The Daily Telegraph*, 3. November 2014.

27 Sir Brian Leveson, Präsident der Queen's Bench Division, Justice for the 21st Century, Caroline Weatherill Lecture, Isle of Man, 9. Oktober 2015.

28 The Story of Dame Linda Dobbs, *First 100 Years*, 8. März 2016, https://first100years.org.uk/the-story-of-dame-linda-dobbs/

29 »City Women Call for Quotas to Combat Sexism«, *The Financial Times*, 15. Januar 2015.

30 »Construction Industry Calls for Quotas to Ease Gender Inequality«, *Architects' Journal*, 30. Januar 2013.

31 »Ofsted ›Positive Discrimination‹ Call«, BBC News, 7. Januar 2015.

32 »Police Chief Calls for Positive Discrimination«, *The Daily Telegraph*, 28. Januar 2013.

3 Was ist White Privilege?

1 »Can White Workers Radicals Be Radicalized?«, Theodore W. Allen, Pamphlet, Brooklyn, New York, 1967.

2 »How I Started the Diane Abbott Twitter Storm«, theguardian.com, 5. Januar 2012.

3 »Was Diane Abbott's Tweet Racist?«, telegraph.co.uk, 5. Januar 2012.

4   »Abbott, White People and Twitter«, labourlist.org, 5. Januar 2012.

5   »Ethnic Minorities in Politics and Public Life House of Commons
    Library Briefing Paper«, Lukas Audickas, 28. Juni 2016.

6   »Diane Abbott's Tweet and the Red Herring of Anti-White Racism«,
    theguardian.com.uk, 6. Januar 2012.

7   »Stephen Lawrence's Familiy Criticise Police over Alleged Spy Plot«,
    theguardian.com.uk, 2. März 2016.

8   »IS Network: Self-Flagellation and the ›Kinky Split‹«,
    weeklyworker.co.uk, 13. Februar 2014.

9   »Safe Space or Free Speech? The Crisis Around Debate at UK
    Universities«, Ian Dunt, theguardian.com.uk, 6. Februar 2016.

10 »Letter from the Birmingham Jail«, 16. April 1963, Martin Luther
    King Jr., Martin Luther King Jr. Research and Education Institute.

11 »Into the Melting Pot«, *The Economist*, 8. Februar 2014.

12 »This Rush to Downplay Race Ignores the Truth of Inter-Racial
    Adoption«, theguardian.com.uk, 2. November 2010.

13 »Michael Gove Speech on Adoption in Full«, politics.co.uk,
    23. Februar 2012.

4 Die Angst vor dem schwarzen Planeten

1   »Enoch Powell's ›Rivers of Blood‹ Speech«, *The Daily Telegraph*,
    6. November 2007.

2   Ich habe wiederholt versucht, Kontakt zu Mr Farage aufzunehmen,
    um ihn zu bitten, ihn zu diesem Thema interviewen zu dürfen,

doch einer seiner Mitarbeiter sagte, dass er kein Interesse hätte, mit mir zu sprechen.

3 »Farage ›Felt Awkward‹ on Train«, *Evening Standard*, 28. Februar 2014.

4 »BRIEFING: The EU Immigration System is Immoral and Unfair«, voteleavetakecontrol.org, ohne Datumsangabe.

5 »Passport Checks Considered for Pregnant NHS Patients«, bbc.co.uk, 11. Oktober 2016.

6 »EU Referendum: Vote Leave Focuses on Immigration«, bbc.co.uk., 25. Mai 2016.

7 »Immigration is Now the Top Issue for Voters in the EU Referendum«, Ipsos MORI Political Monitor, ipsos-mori.com, Juni 2016.

8 »Nick Griffin Posts Address of B & B Case Gay Couple Online«, theguardian.com, 19. Oktober 2012.

9 »Rescue Boats? I'd Use Gunships to Stop Migrants«, *The Sun*, 17. April 2015.

10 Hermione Granger: A Thesis, youtube.com/rosianna, 22. Dezember 2015.

11 *Himmel und Hölle* von Malorie Blackman ist ein dystopisches Jugendbuch, in dem ein anderer Verlauf der Geschichte dazu führt, dass Afrika die Macht über Europa hat.

5 Die Feminismusfrage

1 Caroline Criado-Perez, Laura Bates, Allegra McEvedys perfektes Katerfrühstück, *Woman's Hour*, BBC *Radio 4*, Erstsendung 31. Dezember 2013.

2   »Ex-Tory MP Attacks Black Feminist on Twitter«, voice-online.co.uk,
    6. Januar 2014.

3   »Ain't I a Woman?«, *Anti-Slavery Standard*, 2. Mai 1863, https://
    www.thesojournertruthproject.com/compare-the-speeches/

4   »Intersectionality is an Icepick«, sarahditum.com, 18. Oktober 2012.

5   »In Defence of Caitlin Moran and Populist Feminism«, *New
    Statesman*, 22. Oktober 2012.

6   »There's No Point in Online Feminism if It's an Exclusive, Mean
    Girls Club«, *New Statesman*, 21. März 2013.

7   »The Problem With Privilege-Checking«, *New Statesman*,
    17. Dezember 2012.

8   »A Lexicon of Social Justice«, *Breitbart London*, 24. März 2015.

9   »An A-to-Z Guide to the New PC«, *The Spectator*, 7. Februar 2015.

10 »Check My Privilege? I Have, Thanks. You're Still Wrong«,
    The Spectator, 8. Juni 2013.

11 »RIP This Britain: With Academic Objectivity, Oxford Professor
    and Population Expert David Coleman Says White Britons Could
    Be in the Minority by the 2060s – Or Sooner«, dailymail.co.uk,
    28. Mai 2016.

12 BBC *Radio 4*, *Today*, 18. Januar 2016.

13 Crime Statistics, Focus on Violent Crime and Sexual Offences,
    2012/13 Release, Kapitel 2 – Homicide, Office for National Statistics,
    13. Februar 2014, Seite 11.

14 An Overview of Sexual Offending in England and Wales, Ministry
    of Justice, Home Office & the Office for National Statistics – Statis-
    tics Bulletin, 10. Januar 2013, Seite 6.

15 »Jack Straw Criticised for ›Easy Meat‹ Comments on Abuse«, bbc.co.uk, 8. Januar 2011.

16 »Naomi Campbell: Fashion Industry ›Guilty of Racist Acts‹«, Channel 4 News, 16. September 2013.

6 Hautfarbe und soziale Klasse

1 »Identity, Awareness and Political Attitudes: Why Are We Still Working Class?«, *British Social Attitudes* 33, Social Class, NatCen Social Research, 2016, Seite 2.

2 »A New Model of Social Class: Findings from the BBC's Great British Class Survey Experiment«, *Sociology*, 2. April 2013.

3 »Poverty Among Ethnic Groups: How and Why Does It Differ?«, Guy Palmer und Peter Kenway, Joseph Rowntree Foundation, 2007, Seite 5.

4 »2011 Census Analysis: Ethnicity and the Labour Market, England and Wales«, Office for National Statistics, 13. November 2014.

5 »London's Demography, Gentrification Blues«, *The Economist*, 9. August 2013.

6 *Local Ethnic Inequalities: Ethnic Differences in Education, Employment, Health and Housing in Districts of England and Wales, 2001–2011*, University of Manchester und Runnymede Trust, Seite 10.

7 »Liz Kendall ›Will Back White Working-Class Young‹«, theguardian.com, 29. Mai 2015.

8 »›BBC Plan to Promote Ethnic Minorities is Racist‹, says MP«, telegraph.co.uk, 15. Juli 2014.

9 »Right to Buy Sales: January to March 2016, England«, Department for Communities and Local Government, Housing Statistical Release, 30. Juni 2016.

10 »10 Things We Should Know About Attitudes to Immigration in the UK«, Bobby Duffy & Tom Frere-Smith, Ipsos MORI, *Perceptions and Reality*, Januar 2014.

11 »Sharper Elbows: The Well-Off are Grabbing an Ever-Larger Share of Spending«, *The Economist*, 14. November 2015.

12 »Black Workers With Degrees Earn a Quarter Less Than White Counterparts, Finds TUC«, tuc.org.uk, 1. Februar 2016.

13 *Private Eye*, 22. Januar 2016.

7 Es gibt keine Gerechtigkeit, es gibt nur uns

1 »No Women in Top Jobs? Welcome to the Hypocrisy of the Jeremy Corbyn Era«, *Daily Telegraph*, 14. September 2015.

2 »Millions Are Sharing Attack Stories That Aren't About Paris«, BBC Trending, 16. November 2013.

Nachspiel

1 »Who are the nationalist Finns Party?«, Jan Sundberg, bbc.co.uk, 11. Mai 2015, http://www.bbc.com/news/world-europe-32627013

2 »Expel Hungary from EU for hostility to refugees, says Luxembourg, Matthew Weaver and Patrick Kingsley«, theguardian.com, 13. September 2016, https://www.theguardian.com/world/2016/sep/13/expel-hungary-from-eu-for-hostility-to-refugees-says-luxembourg

3 »Here Are All the Times Donald Trump Insulted Mexico«, Katie Reilly, time.com, 31. August 2016, http://time.com/4473972/ donald-trump-mexico-meeting-insult/

4 »Farage says UK can ›do business‹ with Trump after becoming first British politician to meet President-elect«, Lizzie Dearden, independent.co.uk, 12. November 2016, https://www.independent. co.uk/news/world/americas/us-elections/donald-trump-president-us-election-win-nigel-farage-visits-trump-tower-first-british-politician-new-a7413961.html

5 »Marine Le Pen visits Trump Tower in New York, David Lawler and Ruth Sherlock«, https://www.telegraph.co.uk/news/2017/01/12/ marine-le-pen-visits-trump-tower-new-york/

6 »Former *Vogue* editor Alexandra Shulman: ›I find the idea that there was a posh cabal offensive‹«, Decca Aitkenhead, theguardian.com, 10. November 2017, https://www.theguardian.com/media/2017/ nov/10/former-vogue-editor-alexandra-shulman-find-idea-that-there-was-a-posh-cabal-offensive

7 »Alexandra Shulman's *Guardian* Interview Is a Case Study on White Privilege«, Nadra Nittle, racked.com, 12. November 2017, https://www.racked.com/2017/11/12/16641058/alexandra-shulman-guardian-interview-british-vogue-racism

8 https://www.instagram.com/p/BbExUv3nwqi/?taken-by=jo_swinson

9 »British Far-Right Group Exults Over Attention From Trump, Dan Bilefsky and Stephen Castle«, nytimes.com, 29. November 2017, https://www.nytimes.com/2017/11/29/world/europe/britain-first-trump.html

Bibliographie

Adams, Carol J., *The Sexual Politics of Meat: A Feminist-Vegetarian Critical Theory,* New York: Continuum, 1990

Allen, Theodore W., *Die Erfindung der weißen Rasse, Bd. 1: Rassistische Unterdrückung und soziale Kontrolle,* Berlin: ID-Verlag, 1998

Bourne, Stephen, *Dr Harold Moody,* London: London Borough of Southwark, Southwark Local History Library, 2008

— *Mother Country: Britain's Black Community on the Home Front 1938–45,* Stroud, Gloucestershire: The History Press, 2010

Crenshaw, Kimberlé, *Mapping the Margins: Intersectionality, Identity Politics, and Violence against Women of Color,* Stanford Law Review Vol. 43, No. 6 (July, 1991), pages 1241–99, Stanford, California: Stanford Review, 1991

Das, Santanu, *The Indian Sepoy in the First World War,* London: British Library, https://www.bl.uk/world-war-one/articles/the-indian-sepoy-in-the-first-world-war

de Beauvoir, Simone, *Das andere Geschlecht,* Hamburg: Rowohlt, 1951

Fanon, Frantz, *Schwarze Haut, weiße Masken,* Frankfurt am Main: Syndikat, 1980

Hall, Stuart; Critcher, Chas; Jefferson, Tony; Clarke, John; Roberts, Brian; *Policing the Crisis, Mugging, the State and Law and Order,* London: Macmillan, 1978

hooks, bell, *Ain't I a Woman: Black Women and Feminism,* London: Pluto Press, 1987

Lorde, Audre, *Sister Outsider: Essays and Speeches,* Trumansburg, New York: Crossing Press, 1984

Spelman, Elizabeth V., *Inessential Woman: Problems of Exclusion in Feminist Thought,* Boston: Beacon Press, 1990

Vaughan, David A., *Negro Victory: The Life Story of Dr Harold Moody,* London: Independent Press Ltd, 1950

Wallace, Michele, *Black Macho and the Myth of the Superwoman,* New York: Dial Press, 1979.

Dank

Danke, Rupert, dass du es mit mir riskiert hast, und danke Alexa von Hirschberg und Angelique Tran Van Sang dafür, dass ihr eine bessere Autorin aus mir gemacht habt. Danke an alle bei Bloomsbury, die an dieses Buch geglaubt haben, ich hoffe, ich habe euch stolz gemacht.

Danke an Jessica und Jenny, die für dieses Buch ihre Seele vor mir ausgebreitet haben, ich kann euch nicht oft genug danken, dass ihr so aufrichtig mit mir wart.

Danke an John Fernandes und andere, die für meine Recherchen unerlässlich und hilfreich waren.

Danke an die, die mir unterwegs die richtige Richtung für meine Nachforschungen gewiesen haben: Kirsty, Aisling und Yasmin.

CC, nur mit deiner Unterstützung war es möglich. Du bist mein Rückgrat.

Register